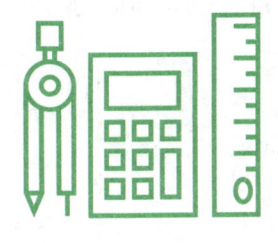

大学生
创新创业实践

数学类

主　编　◆　吴天庆

副主编　◆　邵树祥

中国水利水电出版社
www.waterpub.com.cn

内 容 提 要

本书以提升学生创新精神、创业意识和创业能力为核心，系统地介绍了创新创业基本思维方式以及相关技能的训练方法。

本书主要包括理论篇与实践篇两个部分。其中理论篇包括创新创业的价值和大学生数学竞赛；实践篇包括函数、极限与连续、一元函数微分学、一元函数积分学、多元函数微分学等。

本书符合高等院校转型发展的应用型创新人才培养需要，既可作为普通高等本科院校"创新创业"课程的教材，也可作为创新创业教育教学改革研究的参考用书。

图书在版编目(CIP)数据

大学生创新创业实践：数学类 / 吴天庆主编．— 北京：中国水利水电出版社，2024.6． -- ISBN 978-7-5226-2495-2

Ⅰ．G647.38

中国国家版本馆 CIP 数据核字第 2024TK9651 号

策划编辑：崔新勃　　责任编辑：鞠向超　　加工编辑：刘 瑜　　封面设计：苏 敏

书　　名	大学生创新创业实践——数学类 DAXUESHENG CHUANGXIN CHUANGYE SHIJIAN — SHUXUELEI
作　　者	主　编　吴天庆 副主编　邵树祥
出版发行	中国水利水电出版社 （北京市海淀区玉渊潭南路 1 号 D 座　100038） 网址：www.waterpub.com.cn E-mail：mchannel@263.net（答疑） 　　　　sales@mwr.gov.cn 电话：（010）68545888（营销中心）、82562819（组稿）
经　　售	北京科水图书销售有限公司 电话：（010）68545874、63202643 全国各地新华书店和相关出版物销售网点
排　　版	北京万水电子信息有限公司
印　　刷	三河市德贤弘印务有限公司
规　　格	184mm×260mm　16 开本　15 印张　310 千字
版　　次	2024 年 6 月第 1 版　2024 年 6 月第 1 次印刷
印　　数	0001—2000 册
定　　价	45.00 元

凡购买我社图书，如有缺页、倒页、脱页的，本社营销中心负责调换

版权所有·侵权必究

前　言

为贯彻落实教育部新时代高等教育有关会议精神，加强高等学校课程教学过程管理，推动江苏省大学数学教学改革，增加课程难度，拓展课程深度，打造"金课"，适当"增负"，激发和提高学生学习的积极性，提升大学数学教学质量，根据2015年江苏省教育厅《关于举办江苏省普通高等学校第十三届高等数学竞赛的通知》（苏数教会〔2016〕8号）精神，江苏省高等学校高等数学竞赛每年举办一次，委托江苏省高等学校数学教学研究会主办。

本书围绕创新创业的价值，大学生数学竞赛，函数、极限与连续，一元函数微分学，一元函数积分学，多元函数微分学等论述了解题方法和做题技法，内容丰富，案例新颖翔实，可操作性强，是一本培养高校应用型创新人才的教材和开展创新创业教育教学改革研究的参考书。

本书参考了国内外有关创新创业教育、高等数学竞赛方面的文献，同时吸收了有关专家学者在创新创业教育方面的研究成果，以及创业者的成功经验与教训，在此深表谢忱。

吴天庆任本书主编，负责全书的统稿、修订、定稿工作，邵树祥任副主编。主要编写人员分工如下：吴天庆编写第1~3章，仓义玲、姜楠编写第4章，衡美芹、张巧玲编写第5章，邵树祥、周坚编写第6章。

同时本书也得到新工科背景下大学公共数学课程培养大学生双创能力的研究（2022年江苏省高校"高质量公共课教学改革研究"专项课题，课题编号：2022JDKT106），新工科背景下应用型高校大学数学教学范式创新与实践探索研究（中国高等教育学会2023年度高等教学科学研究规划课题，编号：23SX0203）等课题的支持以及江苏高校"青蓝工程"的资助。

由于时间仓促，编者能力与水平有限，书中可能存在不足与疏漏之处，敬请同行专家和广大读者多提宝贵意见，不吝赐教！

编者
2023年6月

目　录

前　言

第 1 部分　理论篇

第 1 章　创新创业的价值 ... 002

本章导读 ... 002

本章要点 ... 002

1.1　创新创业理念 ... 004
1.1.1　创新的概念 ... 004
1.1.2　创新的类型 ... 005
1.1.3　创业的概念 ... 007
1.1.4　创业理念 ... 007
1.1.5　创业理念的重要性 ... 008

1.2　创新创业的意义 ... 009
1.2.1　创新的重要性 ... 009
1.2.2　创业的重要性 ... 011
1.2.3　创新创业的未来 ... 012

本章小结 ... 014

第 2 章　大学生数学竞赛 ... 015

本章导读 ... 015

本章要点 ... 015

2.1　常见的大学生数学竞赛 ... 015
2.1.1　美国大学生数学竞赛（Putnam 竞赛） ... 015
2.1.2　全国大学生数学建模竞赛 ... 016
2.1.3　国际数学建模挑战赛（IM2C） ... 018
2.1.4　全国大学生数学竞赛 ... 019

2.2　参与大学生数学竞赛的好处 ... 020
2.2.1　提高数学水平 ... 020
2.2.2　锻炼解决问题的能力 ... 020

		2.2.3 增强竞争力	021
		2.2.4 展示才华	022
2.3	参与大学生数学竞赛的准备工作		022
		2.3.1 深入学习数学	022
		2.3.2 解决样题	023
		2.3.3 加入校内数学俱乐部和工作坊	024
		2.3.4 团队合作	025
2.4	数学竞赛与创新创业的联系		026
		2.4.1 解决问题的能力	026
		2.4.2 创造性思维	027
		2.4.3 逻辑思考	028
		2.4.4 竞争意识	029
2.5	数学竞赛融入课程思政的方法		030
		2.5.1 培养创新精神	030
		2.5.2 强调伦理和社会责任	030
		2.5.3 实际案例分析	031
		2.5.4 创业项目和实践	031
		2.5.5 团队合作	031
		2.5.6 创业道德教育	031
本章小结			031

第 2 部分　实践篇

第 3 章　函数、极限与连续 ... 034

本章导读 ... 034

本章要点 ... 034

3.1	函数		035
	3.1.1	知识回顾	035
	3.1.2	典型例题分析与讲解	037
	3.1.3	典型真题分析与讲解	040
3.2	极限		041
	3.2.1	知识回顾	041
	3.2.2	典型例题分析与讲解	045
	3.2.3	典型真题分析与讲解	053

基础训练题（一） ... 055

拔高训练题（一） ... 058

基础训练题答案（一） 060
拔高训练题答案（一） 060
3.3 连续 061
3.3.1 知识回顾 061
3.3.2 典型例题分析与讲解 062
3.3.3 典型真题分析与讲解 065
基础训练题（二） 066
拔高训练题（二） 067
基础训练题答案（二） 068
拔高训练题答案（二） 068
本章测试题(A) 068
本章测试题(B) 070
本章测试题答案(A) 073
本章测试题答案(B) 073
本章小结 074

第4章 一元函数微分学 075

本章导读 075
本章要点 075
4.1 导数与微分 076
4.1.1 知识回顾 076
4.1.2 典型例题分析与讲解 078
4.1.3 典型真题分析与讲解 083
基础训练题（一） 085
导数与微分的计算 090
高阶导数与微分 092
拔高训练题（一） 094
基础训练题答案（一） 096
导数与微分的计算答案 096
高阶导数与微分答案 097
拔高训练题答案（一） 097
4.2 微分中值定理 098
4.2.1 知识回顾 098
4.2.2 典型例题分析与讲解 101
4.2.3 典型真题分析与讲解 104

基础训练题（二） ... 106
拔高训练题（二） ... 111
基础训练题答案（二） ... 113
拔高训练题答案（二） ... 114
4.3 导数的应用 ... 115
 4.3.1 知识回顾 ... 115
 4.3.2 典型例题分析与讲解 ... 117
 4.3.3 典型真题分析与讲解 ... 120
基础训练题（三） ... 121
拔高训练题（三） ... 123
基础训练题答案（三） ... 125
拔高训练题答案（三） ... 125
本章测试题（A） ... 126
本章测试题（B） ... 127
本章测试题答案（A） ... 129
本章测试题答案（B） ... 130
本章小结 ... 131

第5章　一元函数积分学 ... 133

本章导读 ... 133
本章要点 ... 133
5.1 不定积分 ... 134
 5.1.1 知识回顾 ... 134
 5.1.2 典型例题分析与讲解 ... 137
 5.1.3 典型真题分析与讲解 ... 141
基础训练题（一） ... 143
拔高训练题（一） ... 144
基础训练题答案（一） ... 145
拔高训练题答案（一） ... 146
5.2 定积分和反常积分 ... 147
 5.2.1 知识回顾 ... 147
 5.2.2 典型例题分析与讲解 ... 149
 5.2.3 典型真题分析与讲解 ... 150
基础训练题（二） ... 152
拔高训练题（二） ... 153

基础训练题答案（二） ... 154
拔高训练题答案（二） ... 154
5.3 定积分的应用 ... 155
5.3.1 知识回顾 ... 155
5.3.2 典型例题分析与讲解 ... 156
5.3.3 典型真题分析与讲解 ... 157
基础训练题（三） ... 158
拔高训练题（三） ... 158
基础训练题答案（三） ... 159
拔高训练题答案（三） ... 159
本章测试题（A） ... 160
本章测试题（B） ... 166
本章测试题答案（A） ... 171
本章测试题答案（B） ... 173
本章小结 ... 175

第6章 多元函数微分学 ... 178

本章导读 ... 178
本章要点 ... 178

6.1 多元函数的概念、极限与连续性 ... 179
6.1.1 知识回顾 ... 179
6.1.2 典型例题分析与讲解 ... 180
6.1.3 典型真题分析与讲解 ... 182

6.2 偏导数与全微分 ... 183
6.2.1 知识回顾 ... 183
6.2.2 典型例题分析与讲解 ... 185
6.2.3 典型真题分析与讲解 ... 187

基础训练题（一） ... 194
拔高训练题（一） ... 197
基础训练题答案（一） ... 203
拔高训练题答案（一） ... 204

6.3 二重积分 ... 206
6.3.1 知识回顾 ... 206
6.3.2 典型例题分析与讲解 ... 208
6.3.3 典型真题分析与讲解 ... 210

基础训练题(二) ... 212
拔高训练题(二) ... 214
基础训练题答案(二) ... 217
拔高训练题答案(二) ... 218
本章测试题（A） ... 218
本章测试题（B） ... 220
本章测试题答案（A） ... 222
本章测试题答案（B） ... 223
本章小结 ... 224
参考文献 ... 228

第1部分
理论篇

第1章
创新创业的价值

本章导读

本章主要介绍创新创业的基本概念、创新的类型和方式、创业理念及其重要性、创新创业的重要性、创新创业的未来等内容. 读者应在理解创新创业概念的基础上重点掌握创新创业的重要性和未来等内容.

本章要点

- 创新创业的基本概念
- 创新的意义
- 创新能力的培养
- 创业成功的关键

案例导入

喜羊羊与灰太狼：成功源于创新

《喜羊羊与灰太狼》作为中国最成功的动画片之一，其成功的秘诀就在于创新，主要体现在以下四点.

一是雕琢内容，吸引观众. 动漫作品形式的唯美无疑是很重要的，它以视觉冲击力首先给观众带来震撼，但是如果内容贫乏，那么这种视觉冲击力就难以长久.《喜羊羊与灰太狼》创造较高收视率，就在于内容，以内容打动观众. 在中国传统文化中，狼是邪恶的化身，而羊是善良的体现者，在儿童的世界里，简单纯粹的两极世界中善与恶的争斗，就是羊和狼的战争这种单纯的两极思维，这符合儿童的欣赏特点. 每集羊与狼斗争的故事情节貌似简单，内容却丰富多彩，或穿越时空，或寻找宝藏，或遭遇自然灾害，或进行武器创造．有限时间里，羊与狼斗智斗勇，引人入胜，扣人心弦．此外，在每一集的独立故事中，简单的搞笑之后还时有令人回味的哲理性东西，这使得剧本内容富有内涵而免于肤浅，吸引大量成年观众．

二是精心设计人物形象，幽默包装．著名动画片皆有独特的人物造型与鲜明的人物性格，《喜羊羊与灰太狼》的人物造型也很有特点，制作者集结了100多个设计师，用了3个多月时间，创造出了如今广为人知的懒羊羊、美羊羊、慢羊羊、灰太狼和红太狼．这些造型设计搞笑夸张又富有童趣，简单而又符合各自的身份和性格．每个人物都个性鲜明又形象突出，简单的人物和关系，矛盾对立的角色，好人好得不完善，坏人坏得也可爱，勾勒出的一个个生动的故事，给人留下深刻印象．幽默轻松是该剧的一大特点，这满足了欣赏该剧观众的心理和情感需要．动漫连续剧的主要观众是儿童这一群体，他们有着活泼好动的本性，却被繁重的学习压抑着．看电视几乎是他们为数不多的娱乐，这决定了他们对剧情关注点在于释放压力，在于"是否好玩"．《喜羊羊与灰太狼》在"好玩"上很用心思，情节上除了勾勒羊与狼的趣味横生的斗争，还创造了灰太狼与红太狼间富有喜剧色彩的夫妻矛盾，平添故事的轻松搞笑，吸引大批年轻"羊迷"和"狼迷"，以至于网上流传"做人要做喜羊羊，嫁人要嫁灰太狼"的说法．

三是长期打造的品牌效应．国产电视动画片《喜羊羊与灰太狼》自2005年开播以来，已陆续在全国近50家电视台热播近500集，长盛不衰．在北京、上海、广州等城市，《喜羊羊与灰太狼》最高收视率达17.3%，大大超过了同时段播出的境外动画片．同名漫画书推出后，也立刻成为畅销书，销量超过百万册．这些品牌化、系列化、持续化、高产量、低成本的设计制作，为《喜羊羊与灰太狼》品牌的滚动传播打下了深厚基础．

四是颇具创意的营销策略．作为《喜羊羊与灰太狼》投资方的上海文化广播影视集团有限公司，在营销策略上采用分化产业的运作模式，有利于产品一经公布就开始推广．经授权的一大批一线厂商，对"羊狼"的附加值进行挖掘，打造出一个以"羊狼"为中心的蜘蛛网产业网络，衍生产品遍及各个角落，而后相继出现了喜羊羊服饰、喜羊羊文具、喜羊羊日用品、喜羊羊QQ头像、喜羊羊纪念邮票册等．大到图书出版，小到文体用品的衍生产品出现，提高了"羊狼"的知名度，也创造了高额的社会财富．

总之，《喜羊羊与灰太狼》立足于雕琢内容，以简单生动的人物形象、娱乐哲理性的故事、充满机智幽默的情节与台词，吸引了大批观众，在打造娱乐效果之际又积极向上，传达着一种乐观、自信、勇敢的精神，加上重视营销，积极开辟市场，使其在激烈的竞争中独占鳌头，成为中国动漫的一匹黑马．

1.1 创新创业理念

1.1.1 创新的概念

1. 创新的含义

顾名思义，创新可以理解为"创立或创造新的"，简称"创新".《广雅》：创，始也；新，与旧相对. 一词出现很早，如《魏书》有革弊创新，《周书》中有创新改旧. 在英文中，Innovation 这个词起源于拉丁语. 它原意有三层含义：一是更新，就是对原有的东西进行替换；二是创造新的东西，就是创造出原来没有的东西；三是改变，就是对原有的东西进行发展和改造. 创新是人类特有的认识能力和实践能力，是人类主观能动性的高级表现形式. 从不同角度看，"创新"具有不同的理解.

（1）哲学上说创新

创新从哲学上说是人的实践行为，是人类对发现的再创造，是对物质世界矛盾的再创造. 创新在哲学中被理解为事物自身蕴含着自我否定的因素，当自我否定向着积极方面发展的时候，创新便产生了.

创新就是要站在上升的、前进的、发展的立场上，去促进旧事物的灭亡，新事物的成长和壮大，实现事物的发展. 创新是一种辩证的否定，是一种扬弃的过程，是一种新事物代替旧事物的向上的过程，本质就是发展. 因此，树立创新意识就是唯物辩证法的要求.

（2）社会学上看创新

从社会学上看，创新是指人们为了发展的需要，运用已知的信息，不断突破常规，发现或产生某种新颖、独特的有社会价值或个人价值的新事物、新思想的活动.

创新的含义是指在物质文明、精神文明的一切领域、一切层面上，能先于他人，见人之所未见，思人之所未思，行人之所未行，从而获得人类文明的新发展、新突破.

（3）经济学上谈创新

从经济学上谈，创新概念的起源为美籍经济学家约瑟夫·熊彼特在 1912 年出版的《经济发展理论》. 熊彼特在其著作中首次提出创新理论 (Innovation Theory)："创新是指把一种新的生产要素和生产条件的'新结合'引入生产体系. 它包括五种情况：一是开发新产品或改造原来的产品；二是运用新的生产方法；三是发现或开辟一个新的市场；四是发现新的原料或半成品；五是创建新的产业结构."

创新是指人类为了满足自身需要，不断拓展对客观世界及自身认知的过程和结果的活动。或具体讲，创新是指人为了一定的目的，遵循事物发展的规律，对事物的整体或其中的某些部分进行变革，从而使其得以更新与发展的活动。

2. 创新的内涵

（1）创新的要义是变革

亚马逊创始人杰夫·贝佐斯曾经说过："创新就是让事情变得更简单，更容易让大家接受你的产品、服务方式等，包括你的服务理念。因而我说，创新就是让世界更简单的一种神奇力量。"

创新意味着改变，即推陈出新、气象万新、焕然一新；创新意味着付出，因为惯性作用，没有外力是不可能有改变的，这个外力就是创新者的付出。

（2）创新的本质是突破

创新不是重复的过程，而是包括许多基本概念、规则的突破，不过有些可传递的知识和过程可以重复使用。但是，就大部分情况而言，创新包括许多规则的突破。创新就是要突破旧的思维定式、旧的常规戒律。

创新是人们在认识世界和改造世界的过程中对原有理论、观点的突破和对过去实践的超越。创新者必须在探索的道路上，发明解决问题的方法。许多解决各种新问题的方法，常常令传统智慧止步。跳出旧思维的束缚，用先进的创新思维"武装自己"，才能够让自己拥有比竞争对手更强大的竞争力。

（3）创新的核心是新颖

创新是以新思维、新发明和新描述为特征的一种概念化过程。创新说出来简单，可一般人想不到。能想到别人没想到的，做法总是与别人不一样，这就是新颖性的体现。

所谓的"新颖"，就是指前所未有的，或称"首创"。它或者是产品的结构、性能和外部特征的变革，或者是造型设计、内容的表现形式和手段的创造，或者是内容的丰富和完善。新颖性可能以各种形式出现，从新技术到新过程，到独特的市场导入，甚至到成本等。

1.1.2 创新的类型

1. 依据创新所涉及的范围分类

（1）延伸创新

延伸创新是最常见的创新形式，就是在原来的基础上加以改进、提高，使其在材质、功能、用途、外观、形状等多方面更实用和多样化。如产品创新，创新的动力源自方便生活。每一个改进都是一种创新，如果是为方便自己使用，就是一个生活日用品的改进或改造；如果是为服务社会而主动且有目的地设计和研发，就是一个有市场需要和竞争力的创新产品．其实，创新开始时或许非常微不足道，只需很小的改变，就能使现有的产品做得更好，实现有的产品在一个全新的目标群体中变得更有吸引力，使其更能取悦消费者．

（2）拓展创新

拓展创新是对产品的产业链的展开和辐射，针对某些产品的上下游产品进行开发，使产品形成一个可持续的发展过程，同时不断满足人们对其相关产品的心理和精神需求．如文化产品的拓展创新发展．

2. 依据企业发展战略和产品竞争优势分类

（1）主动创新

主动创新是一个企业能自觉地、前瞻性地开发适合未来市场的新产品，真正把产品做到"人无我有，人有我优"的境地．在当今激烈的市场竞争中，能否做到主动创新是企业生存、长久发展、做大做强的基础．目前，很多企业都投入大量人力、物力、财力组建研发机构或团队，抢占市场先机，掌握市场的主动权、话语权，从而掌握产品的定价权．对于任何企业来说，创新来源不仅仅是企业的研发中心，创新的动力也同样来源于消费者的信息反馈，来源于所有员工自身的经验、知识和智慧，要让消费者和所有员工参与到企业产品的创新中来，哪怕仅仅是一个新想法，都有可能成为发现盈利的机会．

（2）被动创新

被动创新是企业面对产品日益萎缩的市场份额和设备、管理方式等日趋老化、落后，到企业难以维系生存的时候，迫不得已必须淘汰落后的产能、老化的设备、陈旧的工艺流程和管理方式等内容，更新设备，引进先进工艺和生产线、研发新产品，提高生产率、产品质量及服务，从而为企业生存发展开拓出一条新路．被动创新首先解决的是思想观念、思维方式的与时俱进．就像只有经历短暂的、剧烈的阵痛，才会有新生命的诞生一样，只有经过创新，一个全新的拥有无限希望的新企业，才会在不久的将来茁壮成长、发展壮大，屹立在竞争激烈的市场之林．

创业者要善于抓住市场潜在的盈利机会，或技术的潜在商业价值，以获取利润为目的，对生产要素和生产条件进行新的组合，建立效能更强、效率更高的新生产经营体系，从而推出新的产品、新的生产（工艺）方法、开辟新的市场，获得新的原材料或半成品供给来源，它包括科技、组织、商业和金融等一系列活动的综合过程．

党的十八大以来，我国大力实施创新驱动发展战略，创新型国家建设取得明显成效，创新能力大大增强，国际竞争力显著增强．2022年，我国创新指数居全球第11位，连续10年稳步提升，位居36个中高收入经济体之首．中国的创新与发展呈现出良好的正向关系，创新投入转化为更多更高质量的创新产出．

1.1.3 创业的概念

创业是指某个人发现某种信息、资源、机会或掌握某种技术，利用或借用相应的平台或载体，将其发现的信息、资源、机会或掌握的技术，以一定的方式，转化、创造成更多的财富、价值，并实现某种追求或目标的过程．创业是一种劳动方式，是一种无中生有的财富现象，是一种需要创业者组织并运用服务、技术、器物作业的思考、推理、判断的行为．

近年来，我国新登记市场主体快速增长，2022 年日均新设企业超过 2.38 万户、市场主体总量超过 1.6 亿户，创业热情不断迸发，创业群体更加多元，创业意愿和创业潜力高于国际平均水平；创业投资大幅增长，新三板挂牌数持续增长，首次公开募股（Initial Public Offering，IPO）活跃度不断攀升；相关体制机制改革深入推进，创业生态不断完善．对推动经济结构升级、扩大就业和改善民生、实现社会公平和社会纵向流动发挥了重要作用，为促进经济增长提供了有力支撑．

在此带动下，新技术、新产品、新业态、新模式不断涌现，极大促进了经济发展新动能的成长，催生了多种灵活的就业形态，在经济增速放缓的情况下，我国就业实现了不降反增．据统计，仅仅是"平台+就业者"的电商生态就提供了 1 500 万个直接就业机会，此外在关联产业还产生了超过 3 000 万个间接就业机会．创业的带动效应可见一斑．

当前创业的发展水平与推动经济高质量发展的要求还有一定距离，主要表现为"三多三少"：一是在商业模式方面体现较多，在技术方面尤其是在颠覆性、原始性技术方面体现较少；二是在"互联网+"领域的体现较多，在生物技术、先进制造等领域的体现较少，特别是紧密结合当地资源和实体经济开展的创业较少；三是创业集聚区较多，但有特色、高水平的较少，而且地区之间的差距也比较大．

1.1.4 创业理念

企业理念是企业在持续经营和长期发展过程中，继承企业优良传统，适应时代要求，由企业家积极倡导，全体员工自觉实践，从而形成的代表企业信念、激发企业活力、推动企业生产经营的团体精神和行为规范．企业理念表现为群体的理想、信念、价值观、道德标准、心理等方面，它一旦形成，则不易发生变化，具有相当长的延续性和结构稳定性．

那何为创业理念呢？创业理念是创业者在创业实践活动中表现出来的思想意识、价值取向、道德规范、创业精神、创新能力、行为方式等要素的结合，具有时代性、科学性和实践性．在新时代，高校可结合学生社团等各类学生组织，培养学生自我创业意识、增强学生自我创业能力、提升学生自我创业素养，让学生在创业文化的熏陶下把创业变成自我认同、自发运用的自觉行为. 变以教师为主导的"说教式创业文化"为以学生为主体的"践行式创业文化", 树立和谐共生的创业文化理念.

有了创业理念和一定的创业意识, 才会让大学生在校期间形成良好的创业氛围, 这样可以使大学生更有积极性, 更加热情地去创造自己的价值.

1.1.5 创业理念的重要性

通过学校培养和社会培养, 知识性培养和社会性培养, 可以丰富创业者的人生观、价值观, 开阔创业者的眼界. 那创业理念的培养对以后的创业有哪些重要的作用呢?

1. 对所处的环境有充分的认知

有些创业者将创业报告拟定好, 也完成了融资, 开始创业了. 但是对环境没有充分的认识, 导致最终的失败.《孙子兵法》中有句"知己知彼, 百战不殆", 连自己所处的环境都没有充分的认知, 到最后的结果就只能是失败.

2. 优化团队组合

可能有人要问了, 创业理念的培养中没有涉及团队啊, 怎么能优化团队呢? 其实不然, 在素质培养中的后天培养, 其实就包含了关于团队意识的培养与强化. 还有, 在知识培养中, 创业者根据自己本身具备的技能知识, 可以根据自己的缺陷和不足, 来寻找适合的创业伙伴, 以达到优势互补、弥补劣势的目的. 团队的重要性在这里不多细说.

3. 锻炼对问题的应对意识

通过进行知识性培养和社会性培养, 可以让创业者学到很多成功的、不成功的案例, 通过对案例的分析, 可以培养应对问题、解决问题、分析问题的能力, 并且可以很好地发现隐藏的问题, 及时解决, 从而避免企业在刚开始阶段出现不必要的危机. 尤其对刚开始创业的创业者来说, 资金是最为缺乏的, 需要提高资金的使用效率, 把每一分钱都花在刀刃上.

4. 培养诚信

诚信的重要性对每个企业都是至关重要的, 也是企业立足于社会的基础. 每个企业的创业者、管理者都希望自己的企业是个诚信的企业, 那诚信企业的前提必须是具有一个诚信的团队, 诚信的团队创造了诚信的企业, 以承担企业的社会责任. 通过创业理念的培养, 可以把这种诚信的精神深深地烙在创业者的骨头中, 让创业者时刻保持诚信, 同时也可以组建一支诚信的团队, 从而实现企业的真正成功.

5. 增强企业的社会责任意识

企业社会责任是指企业在创造利润、对股东承担法律责任的同时, 还要承担对员工、消费者、社区和环境的责任. 企业的社会责任要求企业必须超越把利润作为唯一目标的传统理念，强调要在生产过程中对人的价值的关注，强调对消费者、对环境、对社会的贡献．增强社会责任意识，可以使创业者在企业发展过程中，心系社会，不忘企业的社会责任，从而做一个对社会、对环境有利无害的企业，增加企业在社会中的影响力．

1.2 创新创业的意义

1.2.1 创新的重要性

1. 创新的意义

在现代市场经济条件下，面对日趋激烈的竞争，一个国家如何提升自己的综合国力？一个民族如何才能屹立于世界先进民族之林？一个企业如何才能立于不败之地？一个人如何才能取得事业的成功？重要的一点就是要有创新精神、创新能力，要不断创新．创新要求人们以科学的理论为指导，面对实际，敢于提出新问题、解决新问题．

不论是在企业发展上，还是社会生活中，创新始终占主导地位，对于企业来说就是使产品升级换代、推陈出新，降低成本提高效率抢占市场．创新使企业得以生存和发展，企业生存发展、做大做强的直接受益者是本企业的员工，但不应该局限于本企业的员工，更多的间接受益者应该是社会大众．创新的主体是人，充分发挥人的主观能动性和创造力是创新的动力和源泉．牢牢把握以人为本这一核心，组织才能走向健康发展、和谐发展的康庄大道．

没有创新就缺乏竞争力，没有创新也就没有价值的提升．在企业发展中，技术创新尤其重要．技术创新为企业创新活动的核心内容，它为组织的实施与过程管理提供必要的支撑与保障，越来越多的公司认识到了其重要性．跨国企业每年的研发投入都高达数十亿美元，主要用于支持自己的强大研发机构与团队的创新实践，使企业保持旺盛的创新活力，在国际市场竞争中成为赢家．近些年来，我国的华为、比亚迪等公司也加大了研发投入．更令人惊奇的就是中小企业也锐意技术创新，在市场竞争中获取高回报．如分布在我国各地高新技术开发区中的大量中小企业，都是以自身的技术创新成就来创业发展，成为今天以知识为基础的经济发展最重要部分．技术上的创新在产品的生产方法与工艺的提高过程中起着举足轻重的作用：一方面技术创新提高物质生产要素的利用率，减少投入；另一方面又通过引入先进设备与工艺，从而降低成本．在企业的竞争中，成本与产品的差异化一直都是核心因素，技术的创新可以降低产品的成本，同样，一种新的生产方式也会为企业的产品差异提供帮助,如果企业能够充分利用其创新的能量,就能在市场中击败竞争对手,占据优势地位. 当然技术创新本身具有高投入、高风险性,因此在技术创新的过程中,必须通过建立良好的市场环境与政策条件,才能充分激发企业创新的内在动力,为企业创造最大价值. 另外,技术创新也逐渐成为企业一项极其重要的无形资产,而企业作为利益分配主体,就意味着在照章纳税后,企业有权对技术创新收入进行自主分配. 这样企业不仅可以有效补偿技术创新投入,而且可以有效地激励研究与开发人员,尤其是对技术创新有突出贡献的人员实行特殊的报酬机制. 再者,企业可以根据有效的经济原则,组建有效的研究与开发组织,按要素、贡献分配报酬,激励研究与开发的有效增长. 创新还可以促进企业组织形式的改善与管理效率的提高,从而使企业不断提高效率,不断适应经济发展的要求. 管理上的创新可以提高企业的经济效益,降低交易成本,可以开拓市场,从而形成企业独特的品牌优势.

在产品创新上,美国"硅谷"地区公司以其创新精神、独特的经营模式和雄厚的科技实力闻名世界."硅谷"地区公司有两个特点:一是从事高新技术开发和应用的研究与开发;二是不断推出新产品和新技术. 创新不仅在这些公司中表现得非常突出,而且在整个社会中得到了广泛的应用.

2. 创新能力

创新能力是指人在观察、思考活动的基础上形成的掌握知识、运用知识,进行创新的本领,具体由创造性观察能力、创造性思维能力和动手实践能力等组成.

大学生有一定的专业知识,对一些事物有强烈的好奇心,并能发现事物的一些基本特点,观察出事物的构造,附带自己的一些想法;要有创新精神,要大胆去创新,敢于去创新. 敢于标新立异,善于发现新问题,开辟新思路,建立新理论、提出新设计,要具有敢于创新的精神.

影响大学生创新能力的因素有很多,包括创新学习能力、创新个性品质、创新思维、创新技能等.

创新学习能力是指学习者在学习已有知识的过程中,不拘泥于书本,不迷信于权威,以已有知识为基础并结合当前实践,独立思考、大胆探索,积极提出自己的新思想、新观点、新方法的学习能力.

创新个性品质是创新者各种心理品质的总和,主要表现为具有很强的创新意识、强烈的好奇性、坚韧不拔的毅力、科学理性的独立精神以及热情洋溢的合作精神. 良好的创新个性品质,是形成和发挥创新学习能力的动力和底蕴.

创新思维是人脑对客观事物进行有价值的求新探索而获得独创成果的思维过程,是创新能力的灵魂和核心. 大学生的创新思维处于核心地位. 大学生的观察、发现、联想、想象需要创新思维的指导;大学生的创新动机、创新目标的确立需要经过创新思维的审视;

大学生的创新活动需要创新思维进行全程判断、分析和验证.创新思维是一种突破常规的能动的思维发展过程,求新的、无序的、立体的思维方式,是发挥人的自主创新能力,以超越常规的眼界从特异的角度观察思考问题、提出全新方案解决问题的思维方式.它是人类思维的一种高级形式.

创新技能是创新能力成果转化的重要途径,它反映创新主体行为技巧的动作能力.创新技能主要包括动手能力或操作能力以及熟练掌握和运用创新技法的能力、创新成果的表达能力和表现能力及物化能力等.创新技能同样也居于创新教育的核心地位,尤其在我国目前的学校教育中,更要加强以实验基本技能为中心的科学能力和科学方法的训练.由于某些原因,大家也很少去动手实践自己的理论知识,因此想要提高创新能力,必须要大胆去实践,动手操作,以提高动手操作能力.

大学生应该培养坚韧不拔、善始善终的创新精神,积极参加学校举办的各类科技创新大赛等活动,可以激发自身的学习兴趣以及创新潜力,培养迎难而上、开拓进取的创新精神,提高创新能力.要积极利用好学校资源,如图书馆、实验室等,这些场所通常是培育和激发创新灵感的绝佳环境;同时,大学生不应该仅仅囿于大学校园,还应该主动走出校门,参加社会调研,让理论和实践相结合,在社会实践中发现问题、思考问题、解决问题,并在实际活动中及时反馈,形成最后的成果.

提高大学生创新能力任重而道远,它对于提高我国自主创新能力,振兴民族科技和发展民族经济起着重大作用,也是提高大学生自身综合素质,使其能担负建设中国和谐社会重任的必然要求.作为大学生,应该积极响应国家的号召,刻苦学习、深入钻研,积极主动地成为创新活动的重要角色,为成功推进自主创新战略的实施作出自己的应有贡献.

1.2.2　创业的重要性

1. 创业的必要性

当前,我国经济已由高速增长阶段转向高质量发展阶段,正处在转变发展方式、优化经济结构、转换增长动力的攻关期,国际环境也发生了复杂深刻变化.新的内外部形势,使推动创新创业向纵深发展,成为一个"必选项".

一是更好把握新一轮科技革命和产业变革的迫切需要.当前,以人工智能、量子信息、移动通信、物联网、生物医药、新能源、新材料等为代表的重大技术加速应用、实现突破,自然科学与人文社会科学之间、科学与技术之间、技术与技术之间交叉融合,引发人类生产、流通、社交等领域发生深刻变化,为解决人口在健康、食品、资源、环境等重要领域的问题提供新的手段.创新创业不仅符合全球科技革命和产业变革的历史潮流,也符合当今世界进入互联网时代的历史潮流,是大势所趋.

二是推进供给侧结构性改革、实现经济高质量发展的必然要求. 创新创业是一个不断解放和发展生产力、变革生产关系的过程, 是提高生产效率的动力之源. 把握高质量发展阶段的现实要求, 推进供给侧结构性改革, 根本上要靠创新. 无论是降低企业成本, 促进产业转型升级, 提升企业发展水平和质量, 还是提高要素质量和配置效率, 从根本上讲都必须大力推进以科技创新为核心的全面创新, 必须激发和保护企业家精神, 鼓励更多社会主体投身创新创业.

三是建设社会主义现代化国家、实现中华民族伟大复兴中国梦的现实选择. 建设社会主义现代化强国, 必须大力实施创新驱动发展战略, 切实加强基础研究和应用基础研究, 突破一批关键核心技术, 提高原始创新能力; 必须大力推动创新创业, 推进科技成果转化, 促进产业结构升级, 大力弘扬创新和企业家精神, 建设强大的科技实力, 切实提升创业能力.

2. 创业成功的关键

在创业过程中, 不可能是一帆风顺的, 都会遇到各种各样的危机、困难, 关键就在于创业者能否审时度势、量力而行.

（1）政策

很多成功的企业者在教育和教导中, 提到过这样一点: 每天七点准时收看《新闻联播》. 收看《新闻联播》可以准确地知道政府的政策走向, 了解政策. 有这样一句话: 跟着政府走的企业都会成功. 政策对于一个企业的帮助可以说是巨大的, 例如政府推行的汽车下乡、家电下乡等政策, 使得一些企业, 尤其是一些以出口为主的民营企业, 在出口受挫后, 打开了中国本土市场, 转向本土化, 从而恢复了元气, 而且还扩大了生产, 实现了企业的做大做强. 目前, 国家推出的一些面向大学毕业生的无息创业贷款, 使得一些苦于没有资金的创业者看到了希望, 开始投入创业.

（2）能力

具备创新能力、行动力、学习能力、团队合作能力、领导能力、抗压能力等多种能力的人更有可能在创业中获得成功, 因为这些能力可以帮助他们克服各种困难, 实现自己的创业目标.

（3）环境

这里的环境是指创业者在创业经营过程中所处的外部的、不可改变的环境, 如经济、人口等, 这个对企业的影响是很大的. 如现在中美贸易出现摩擦, 大量出口美国市场比较困难, 那能不能改变方向, 转向欧洲或者本土呢? 这个是创业者可以控制和决定的.

1.2.3 创新创业的未来

随着互联网、大数据、新能源、新材料等新技术的发展, 全球已经进入智能化、数字化和信息化时代，美欧的"再工业化"、德国工业 4.0，都说明当前全球已经掀起新一轮的产业变革和科技革命．发展"四新经济"是未来我国在全球竞争中抢占制高点的重要战略举措，通过新科技突破、新产业兴起、新业态诞生、新模式应用，培育新市场主体，为经济增长带来新活力、新动力，这是实现经济高质量发展的内在要求，也是当前阶段我国生产力发展的客观要求．中国发展仍具有诸多有利条件，中国经济韧性强、潜力大、活力高，长期向好的基本面没有改变．中国这个庞大的市场正在一点点地发挥着应有的效应，14 亿中国人也正在为经济的发展贡献自己的力量，而且越来越大，对于创新创业者来说是个好机会．但是，我们看到机遇的同时，也要看到挑战．我国要实现 2035 远景目标，经济增长速度要维持在潜在增长速度 5% 左右，所以经济增长的任务比较紧；我们的储蓄率目前是 45%，还是比较高的，高储蓄率可以转化成投资，是技术进步的资金保障．如果储蓄率下降太快，低于 35%，就会对创新发展造成一定的挑战．过去几年中国经济的主要问题是需求不足，因而我国提出扩内需要把恢复和扩大消费摆在优先位置．但是长远来看，消费占 GDP 比重如果上升太快，也就是储蓄率下降太快，这样就会影响投资和科技进步．因此，到 2035 年，储蓄率至少还得保持在 35%．怎么来统筹调节经济与保持经济活力之间的关系，政府如何保持政策的连续性和稳定性，给市场稳定的预期，这些都是我们要面临的挑战．面对挑战，我们需要完整、准确、全面贯彻新发展理念，加快构建新发展格局，着力推进高质量发展，更好地统筹发展与安全，保持经济运行在合理区间．对创新创业者来说，只要认清自身，培养良好的创新创业理念，将其运用到工作和创业过程中，依托中国庞大的市场，就一定会成功．从政府角度看，要更好推动创新创业向纵深发展，要重点在以下几个方面发力．

1. 大力推进技术创业

进一步完善科技成果产权管理体制，改革科研人员评价机制，打通科技成果转移转化的"最后一公里"．加快科研体制改革，打破体制机制障碍，大力促进有创业意愿的科研人员更好创业，让更多科研成果得到及时转化，让更多科研人员释放创新活力．

2. 加强对种子期、初创期和高速成长期创业企业的融资扶持

对政府引导基金的投资重点、投资阶段、运作模式以及管理制度进行调整，加大对重点行业、起步及成长阶段企业的支持力度，调动民间资本投资的积极性．适应创业投资高风险的特点，建立投资失败容错机制，加大现有支持创业投资税收优惠政策的落实力度，同时支持金融机构开发适应"双创"的融资新产品．

3. 为创业者提供更多专业指导

推动创新创业创造服务平台向提升服务功能、增强造血能力转变，进一步完善创业服务产业链，开展强强合作、互补合作，形成资源和信息共享平台，为创业企业提供从项目到产业化的全链条创业服务．充分发挥大企业在市场渠道、资金等方面的优势，加

强创业者与大企业的联系，促进创业企业成长.

4. 建立审慎包容、公平竞争的市场环境

适应新技术、新业态融合发展的趋势，进一步完善开办企业的程序，简化中小创业者的审批手续和办事流程. 降低创业者进入重点领域的门槛，取消和减少阻碍创业者进入养老、医疗等领域的附加条件，加强事中事后监管. 加强知识产权保护，完善相关法律法规.

5. 大力促进国际合作

进一步加大国际先进技术、人才、资金等要素"引进来"的力度，按照优势互补、合作共赢原则，充分发挥我国市场、人力资源等优势，在信息、生物、节能环保等领域建设国际科技创新合作园区，加强孵化、工程化平台建设，推动重大技术产业化示范和应用.

6. 营造宽容失败的文化氛围

加大对成功创业者和创业事迹的宣传力度，推广优秀创业企业及创业团队的先进模式和经验；在全社会大力弘扬创新和企业家精神；积极倡导敢为人先、宽容失败的创新文化，树立崇尚创新、创业致富的价值导向.

本章小结

创新创业理念涵盖了创新和创业的基本概念、内涵、类型和重要性. 创新是通过更新、创造和变革推动社会和经济发展的动力，从哲学、社会学和经济学角度对其进行了不同解释. 创业是将信息、资源和机会转化为财富和价值的过程，近年来在我国呈现快速增长的趋势. 创业理念是创业者在实践中体现的思想意识和行为方式，对创业成功至关重要. 培养创业理念不仅有助于对环境的认知、优化团队组合，还能增强应对问题的能力、诚信和社会责任意识，推动企业长久发展. 创新在现代市场经济中至关重要，是提升国家综合国力、确保企业竞争力和个人成功的关键. 技术创新特别重要，因为它能提高生产效率、降低成本，使企业在市场中占据优势. 大学生应具备创新能力，包括创造性思维和实践能力，这对提升我国自主创新能力、振兴科技和经济发展具有重大作用. 创业同样重要，是实现高质量经济发展的必然要求，需把握政策支持、个人能力和市场环境. 未来，随着新技术的发展和政府政策的支持，创新创业将成为推动经济增长的新动力.

第 2 章
大学生数学竞赛

本章导读

本章主要介绍常见的大学生数学竞赛、参与大学生数学竞赛的好处和准备工作、数学竞赛与创新创业的联系以及在数学竞赛中融入课程思政的方法等内容. 读者应在了解大学生数学竞赛流程的基础上, 把握数学竞赛与创新创业之间的联系.

本章要点

- 全国大学生数学竞赛
- 全国大学生建模竞赛
- 创新创业大赛
- 课程思政

2.1 常见的大学生数学竞赛

2.1.1 美国大学生数学竞赛（Putnam 竞赛）

美国大学生数学竞赛, 通常称为 Putnam 竞赛, 是美国境内举办的最负盛名的大学生数学竞赛之一. 这项竞赛以其高难度和挑战性而闻名, 吸引着全美顶尖大学的学生参赛. 以下是关于 Putnam 竞赛的详细介绍.

1. 历史背景

Putnam 竞赛得名于其创办者 Henry L. Putnam（亨利·普特南），于 1938 年首次举办. 自那时以来，它已成为美国数学界的重要赛事，吸引了来自全美各大学的优秀数学学生参与.

2. 竞赛形式

Putnam 竞赛的形式与许多其他数学竞赛不同. 它通常包括以下要素.

（1）时间限制：竞赛在一天内举行，通常于每年 12 月的第一个星期六进行，时间为 6 个小时.

（2）题目数量：竞赛包括 6 道数学问题，每道题目分为 A 部分和 B 部分，每个部分分数独立计算. 这意味着竞赛共有 12 个分数.

（3）问题类型：Putnam 竞赛的问题非常抽象且具有极高的挑战性，涵盖了代数、几何、组合数学、数论等多个数学领域. 问题通常需要深刻的数学洞察力和创新思维来解决.

（4）解答方式：参赛者需要以书面方式提供详细的解答，包括推导、证明和解决方案. 解答需要清晰、准确，而且应该能够完全解决问题.

3. 参赛资格

Putnam 竞赛通常面向美国境内的本科生，但研究生也有资格参加. 每所大学可以派遣一支队伍，队伍通常由 3 名学生组成. 每个学生在竞赛中有两个身份：他们可以独自竞赛，也可以与其他学生组成团队.

4. 奖项和荣誉

Putnam 竞赛的奖项包括一等奖、二等奖、三等奖以及荣誉奖. 获奖者不仅可以获得奖金，还会被授予荣誉，并在竞赛的官方记录中留名. 竞赛的前列获奖者通常备受大学、学术界和潜在雇主的关注.

5. 准备和参与

要在 Putnam 竞赛中取得出色的成绩，学生通常需要进行充分的准备. 这包括研究过去的竞赛题目，练习解决高难度数学问题，参加数学俱乐部和工作坊，以及积累数学知识和技巧. 参赛者还需要培养解决问题的创新思维和逻辑推理能力.

总之，Putnam 竞赛是美国大学生数学竞赛的顶级竞赛之一，对于数学热爱者来说，它提供了一个展示自己才华和挑战极限的机会. 这项竞赛鼓励深入的数学思考和创新，吸引了数学界最优秀的学生. 获得 Putnam 竞赛的奖项可以为学生的学术和职业生涯带来巨大的好处.

2.1.2 全国大学生数学建模竞赛

全国大学生数学建模竞赛是中国举办的一项面向大学生的数学建模竞赛活动，旨在培养学生的数学建模、问题解决和团队合作能力. 以下是有关全国大学生数学建模竞赛的详细介绍.

1. **竞赛类型**

全国大学生数学建模竞赛通常分为以下几个主要类别.

（1）连续建模竞赛：这类竞赛要求参赛队伍在一定时间内，通常为 24 到 48 小时，解决一个实际问题，该问题通常与科学、工程、社会或其他领域相关. 参赛队伍需要建立数学模型，分析数据，提出解决方案，并撰写一份完整的报告.

（2）离散建模竞赛：与连续建模竞赛不同，这类竞赛通常关注离散的问题，如图论、网络流、组合优化等. 参赛队伍需要使用离散数学工具解决问题，通常也需要进行编程和算法设计.

2. **参赛队伍**

通常，参赛队伍由 3 名大学生组成，他们一起解决竞赛中提出的问题. 队伍成员可以来自不同的专业，这有助于提供多样化的思路和方法.

竞赛过程如下.

（1）问题发布：竞赛开始时，组织者会发布一个或多个实际问题，问题通常涉及某个领域的实际挑战.

（2）建模阶段：参赛队伍需要花费大部分时间来构建数学模型、收集和分析数据，并设计解决方案. 这个过程通常需要深入思考和团队协作.

（3）报告编写：队伍需要将他们的模型和解决方案详细写入一份报告，包括问题陈述、数学模型、分析过程和结果.

（4）答辩：在竞赛结束前，队伍需要向评审团口头答辩，解释他们的模型和结果，并回答评审团的问题.

3. **评审和奖项**

竞赛的报告和答辩通常由专业评审团评估，评审标准包括模型的质量、数据分析、解决方案的创新性和报告的清晰度. 最终，获奖队伍将获得一等奖、二等奖、三等奖或优秀奖等不同级别的奖励，同时也有可能获得荣誉奖项.

4. **参与和准备**

为了成功参加全国大学生数学建模竞赛，学生需要具备数学建模、数据分析和问题解决的技能. 参赛队伍通常会提前练习，熟悉竞赛的规则和要求，并学习相关的数学工具和编程技能. 参赛者还需要展示团队协作和沟通能力，因为这些都是成功的关键要素.

总之，全国大学生数学建模竞赛是一个挑战性的数学竞赛，强调实际问题的数学建模和团队协作能力. 它为大学生提供了锻炼数学技能和解决实际问题的宝贵机会，也有助于培养创新思维和职业发展所需的关键能力.

2.1.3　国际数学建模挑战赛（IM2C）

国际数学建模挑战赛（International Mathematical Modeling Challenge，IM2C）是一项国际性的数学建模竞赛，旨在鼓励全球的中学生和大学生参与数学建模和实际问题的解决. 以下是关于 IM2C 的详细介绍.

1. 竞赛类型

IM2C 是一项数学建模竞赛，竞赛通常包括以下要素.

（1）团队竞赛：IM2C 鼓励学生以团队的形式参赛，通常一个团队由 3 名学生组成. 每个团队的成员需要共同解决一个给定的实际问题.

（2）时间限制：IM2C 通常在一个周末内进行，为期约 48 小时，学生需要在这段时间内构建数学模型、分析数据、提出解决方案，并撰写一份完整的报告.

2. 参赛队伍

IM2C 竞赛开放给全球各地的中学生和大学生参加. 学生可以自己组队，也可以由学校或教育机构组织参赛队伍. 竞赛的参与年龄范围通常为 13～25 岁.

3. 竞赛过程

IM2C 的竞赛过程通常分为以下步骤.

（1）问题发布：竞赛开始时，组织者会发布一个实际问题，通常与科学、工程、社会或其他领域相关. 问题陈述包括问题的描述、数据和需求.

（2）建模阶段：参赛队伍需要在规定的时间内解决问题，包括建立数学模型、收集和分析数据，设计解决方案. 这个过程通常需要深入思考和团队协作.

（3）报告编写：队伍需要将他们的模型和解决方案详细写入一份报告，报告包括问题陈述、数学模型、分析过程和结果.

（4）答辩：在竞赛结束前，队伍需要向评审团口头答辩，解释他们的模型和结果，并回答评审团的问题.

4. 评审和奖项

IM2C 的报告和答辩通常由专业评审团评估，评审标准包括模型的质量、数据分析、解决方案的创新性和报告的清晰度. 最终，获奖队伍将获得不同级别的奖励，包括金奖、银奖、铜奖以及荣誉奖等.

5. 目的和意义

IM2C 的主要目的是促进全球中学生和大学生参与数学建模、数据分析和实际问题的解决. 通过这个竞赛，学生可以锻炼数学建模和团队合作能力，培养解决复杂问题的能力，同时也能够了解数学在实际生活中的应用.

总之，国际数学建模挑战赛（IM2C）是一个鼓励全球中学生和大学生参与数学建模和实际问题解决的国际性竞赛. 它强调团队协作、数学建模和创新思维, 为年轻的数学爱好者提供了一个锻炼自己技能的机会, 同时有助于培养未来的问题解决者和创新者.

2.1.4　全国大学生数学竞赛

全国大学生数学竞赛是中国境内的大学生数学竞赛活动, 旨在鼓励大学生在数学领域中发展自己的数学兴趣、提高解决问题的能力. 以下是关于全国大学生数学竞赛的详细介绍.

1. 竞赛的类型

全国大学生数学竞赛通常分为不同层次和阶段.

（1）本科生赛事: 针对普通本科生举办的竞赛, 包括大一、大二和大三的学生.

（2）研究生赛事: 面向研究生的数学竞赛, 包括硕士和博士研究生.

（3）数学建模竞赛: 一些竞赛还包括数学建模赛事, 要求参赛者在有限时间内解决实际问题.

2. 竞赛的形式

全国大学生数学竞赛的形式可能有所不同, 但通常包括以下要素.

（1）笔试阶段: 参赛者需要在一定时间内解决一系列的数学问题, 这些问题通常分为单选题、多选题和解答题, 涵盖了各个数学领域, 如代数、几何、微积分等.

（2）团队合作: 一些竞赛鼓励团队合作, 参赛者需要在团队中共同解决问题.

（3）口头答辩: 在某些赛事中, 参赛者需要对他们的解决方案进行口头答辩, 向评审团解释他们的思路和方法.

3. 竞赛的级别

全国大学生数学竞赛通常分为不同级别, 包括本地级、省级、全国级等. 参赛者需要在较低级别的竞赛中表现出色, 才能晋级到更高级别的竞赛. 全国级别的竞赛通常是最高级别, 吸引了来自全国各地高校的顶尖学生.

4. 奖项和荣誉

获得全国大学生数学竞赛的奖项和荣誉对于参赛者来说具有重要意义. 奖项通常包括一、二、三等奖, 以及优秀奖等级别. 获奖者可以获得奖金、证书、奖杯等奖励, 并且这些荣誉可以增加在学术和职业领域的竞争力.

5. 参与和准备

为了参与全国大学生数学竞赛并在其中表现出色, 学生通常需要进行充分的准备. 这包括深入学习高级数学知识、解决数学问题、参加模拟竞赛和参加数学俱乐部或工作坊以及与其他竞赛者分享经验和学习资源.

全国大学生数学竞赛为有志于数学的大学生提供了一个展示自己才华的平台，也是培养数学兴趣、锻炼数学技能和挑战自我的重要机会．获得这些竞赛的荣誉对于学术和职业生涯都有着积极的影响．

2.2 参与大学生数学竞赛的好处

2.2.1 提高数学水平

首先，数学竞赛通常包括复杂、高难度的数学问题，要求学生深入理解和运用数学知识．这迫使学生掌握更多的数学概念和技巧，推动他们超越课堂教育，追求更高水平的数学理解．

其次，竞赛问题的多样性涵盖了代数、几何、概率统计、数论等多个数学领域．这有助于学生建立更广泛的数学知识体系，促进跨领域的学习和思考．

再次，数学竞赛强调解决问题和创新思维．参赛者需要独立思考，提出新颖的解决方案，这培养了他们的批判性思维和创造性思考．

另外，竞赛中的时间限制和竞争环境也迫使学生提高解决问题的效率和应对压力的能力．这对于实际生活和职业中的问题解决都非常有帮助．

最后，数学竞赛通常鼓励学生加入数学俱乐部或团队，与其他热爱数学的同学分享经验和学习资源．这种合作和交流可以加速数学知识的积累和技能的提高．

总的来说，数学竞赛是一个独特的机会，可以激发学生对数学的兴趣，提高他们的数学水平，培养解决问题的能力和创新思维，为他们未来的学术和职业发展打下坚实的基础．因此，参与数学竞赛对于学生来说是非常有益的．

2.2.2 锻炼解决问题的能力

首先，数学竞赛的问题通常非常具有挑战性．这些问题涵盖了各种数学领域，包括代数、几何、概率统计、数论等，而且难度往往高于常规课程．参与者需要在有限的时间内思考并解决这些复杂问题．这种挑战迫使他们不断寻找新的方法和思路，提高了解决问题的能力．

其次，数学竞赛强调创新思维．竞赛问题通常不是标准的教科书问题，而是涉及实际问题或需要独创性解决方案的问题．参赛者需要在解决问题时展现创造性思考，提出新颖的解决方法. 这种创新性思维对于解决复杂问题以及在学术和职业生活中提出创新性方案至关重要.

再次, 数学竞赛注重细节和精确性. 解决竞赛问题时, 参赛者需要进行严密的数学推导和证明, 确保他们的解决方案是完全准确的. 这培养了他们的细致和精确性, 这些品质在问题解决中非常重要.

另外, 数学竞赛还锻炼了合作和团队协作能力. 一些竞赛允许团队参赛, 成员需要共同合作解决问题. 这有助于他们学会与他人合作、交流和分享思想, 这些能力对于团队项目和职业生涯至关重要.

最后, 竞赛中的时间限制和竞争环境迫使参赛者提高解决问题的效率和应对压力的能力. 他们需要在有限的时间内完成任务, 这培养了时间管理和决策能力.

综上所述, 数学竞赛是一种锻炼解决问题的能力的卓越方式. 通过挑战性的问题、创新性思维、细致精确的工作、团队合作和应对压力的训练, 参赛者不仅提高了数学水平, 还培养了解决各种复杂问题的综合能力, 为未来的学术和职业生涯打下坚实的基础. 因此, 数学竞赛对于个人成长和职业发展都具有重要价值.

2.2.3 增强竞争力

首先, 数学竞赛提高了数学水平. 参赛者需要深入研究各种数学领域, 解决高难度的数学问题. 这使他们对数学知识有更深刻的理解和掌握, 为进一步的学术和职业发展奠定了坚实的基础.

其次, 数学竞赛培养了解决问题的能力和创新思维. 竞赛问题通常涉及实际问题或需要独创性解决方案的问题, 参赛者需要提出新颖的思路和方法. 这种创新思维对于在职业领域中找到新的解决方案和应对挑战至关重要.

再次, 竞赛经历加强了细致和精确性. 解决竞赛问题需要严密的数学推导和证明, 确保解决方案的准确性. 这培养了参赛者在工作中处理细节和保持精确性的能力.

另外, 数学竞赛还锻炼了时间管理和压力应对能力. 竞赛通常有时间限制, 参赛者需要在有限的时间内完成任务. 这有助于他们学会高效利用时间和在压力下工作.

最后, 竞赛中的团队协作经历也增强了参赛者的社交和沟通技能. 一些竞赛允许团队参赛, 成员需要共同合作解决问题. 这有助于他们学会与他人合作、协调和分享思想, 这些技能在职业生涯中至关重要.

获得数学竞赛的奖项和荣誉可以增加个人的履历和声誉. 这对于学术界和职业领域都具有吸引力, 可以在申请学校和奖学金、工作及升职时提供竞争优势.

综上所述, 数学竞赛不仅可以提高数学水平, 还可以培养问题解决、创新、细致、时间管理、团队合作和沟通等多种能力,从而显著增强个人的竞争力. 它为个人的学术和职业生涯提供了有力的支持,是一个值得投入时间和精力的活动.

2.2.4 展示才华

首先,数学竞赛提供了一个展示数学知识和技能的机会. 竞赛问题通常涵盖了代数、几何、概率统计、数论等多个数学领域,要求参赛者运用所学知识解决复杂问题. 通过在竞赛中表现出色,参赛者能够向他人展示他们在数学领域的深度和广度.

其次,竞赛强调解决问题的能力和创新思维. 参赛者需要提出新颖的解决方案,不仅仅是应用传统的方法. 这展示了他们的创造性思考和解决问题的能力,吸引他人的注意.

再次,数学竞赛是一个国际性的竞争平台,吸引来自世界各地的参赛者. 在这种多样化的竞争环境中,参赛者有机会与其他国家和地区的顶尖数学爱好者竞争. 脱颖而出的表现可以引起广泛的关注,为他们树立国际性的声誉.

另外,竞赛中的时间限制和竞争环境也考验了参赛者的应对压力和高效工作的能力. 那些能够在有限时间内出色表现的参赛者表现出了在压力下保持冷静和高效率的才能.

总之,数学竞赛为参赛者提供了一个展示数学才华和解决问题能力的卓越机会. 通过具有挑战性的问题、创造性思考、国际竞争以及应对压力的表现,参赛者可以向他人展示他们的才智和实力,为未来的学术和职业生涯打下坚实的基础. 这使得数学竞赛成为数学热爱者的理想选择.

2.3 参与大学生数学竞赛的准备工作

2.3.1 深入学习数学

学生需要掌握高级数学领域的知识,包括代数、几何、分析和组合数学.

1. 拓宽数学知识领域

数学竞赛通常涵盖广泛的数学领域,包括代数、几何、概率统计、数论等. 通过解决竞赛问题,参赛者有机会接触到不同领域的数学概念和技巧,从而拓展自己的数学知识.

2. 深入理解数学概念

竞赛问题往往要求深刻理解数学概念,而不仅仅是应用它们. 这鼓励参赛者深入研究数学背后的原理，而不仅仅是记住公式和方法.

3. 解决高难度问题

竞赛问题通常非常复杂和具有高难度，需要深思熟虑和创新的解决方案．这促使参赛者提高解决问题的能力，锻炼他们的批判性思维和创新思维．

4. 自主学习

竞赛通常要求个人或团队独立解决问题，这鼓励参赛者自主学习和独立思考．他们需要主动探索新的数学概念和方法，积极寻找解决问题的途径．

5. 学习问题解决策略

数学竞赛教会参赛者有效的问题解决策略．他们学会了如何分析问题、拆解问题、建立数学模型、验证解决方案，这些策略在解决实际问题和学术研究中都非常有用．

6. 应对挑战

数学竞赛是一个充满挑战的过程，参赛者需要不断克服难关．这培养了他们的毅力和韧性，使他们能够在面对学术或职业上的困难时保持冷静和持之以恒的态度．

7. 加入数学社区

竞赛提供了一个机会，让参赛者加入数学社区，与其他数学爱好者交流和分享经验．这有助于建立联系，获取反馈，进一步促进深入学习.

综上所述，数学竞赛不仅是一种竞争活动，也是一个深入学习数学的重要途径．通过深入理解数学概念、解决高难度问题、自主学习和学习问题解决策略等，参赛者可以提高数学水平，培养综合能力，并为未来的学术和职业生涯打下坚实的基础．因此，数学竞赛对于追求深入学习数学的学生来说是一种非常有价值的活动．

2.3.2 解决样题

参赛者可以练习解决过去的竞赛题目和模拟竞赛，以熟悉题型和提高解题速度．

1. 仔细阅读问题

参赛者应该仔细阅读问题陈述，确保理解问题的要求和条件．问题中的关键信息对于解题非常重要，因此要确保不遗漏任何细节．

2. 分析问题

一旦理解了问题，接下来要对问题进行分析．这包括确定问题的数学性质，识别相关概念和定理，以及考虑可能的解决方法．通常，问题可以分为不同的子问题，需要逐一解决．

3. 制定解决方案

基于问题分析，制定一个解决方案．这可能涉及建立数学模型，列出方程或不等式，设计证明或推导,或者使用特定的数学工具和技巧.

4. 执行解决方案

根据计划开始执行解决方案. 这可能包括数学计算、图形绘制、数据分析等一系列操作. 要确保在此过程中保持精确性和准确性.

5. 验证解决方案

一旦执行完解决方案,需要验证其是否符合问题的要求. 这可能需要进行逐步的证明或测试,以确保解决方案是正确的.

6. 复盘和改进

即使得到了正确答案,也要回顾解决问题的过程,考虑是否有更高效或更优雅的方法. 这有助于不断提高解题能力.

7. 尝试不同题型

在解决样题时,要尝试不同类型的数学问题,包括代数、几何、概率、数论等. 这有助于扩展数学知识,提高应对不同题型的能力.

8. 积累经验

解决样题不仅要注重结果,还要注重过程. 通过不断练习解题,积累经验,学会灵活应对各种问题,提高解决问题的效率.

9. 参考解答和讨论

可以查看竞赛官方的解答和讨论,了解更多解决问题的方法和技巧. 也可以与其他竞赛者交流,分享经验和学习他们的解题方法.

总之,解决数学竞赛的样题需要有系统的方法和良好的问题解决能力. 通过不断练习和学习,参赛者可以提高数学竞赛的水平,更好地应对竞赛中的复杂问题. 这些技能不仅对竞赛有益,还在学术和职业领域中具有重要价值.

2.3.3 加入校内数学俱乐部和工作坊

加入校内数学俱乐部和工作坊有以下好处.

1. 学习资源共享

校内数学俱乐部和工作坊通常会汇集来自不同年级和水平的数学爱好者,这为竞赛者提供了与同龄人或学长学姐互动的机会,他们可以分享不同数学竞赛的学习资源、书籍、课程材料和解题技巧. 这种资源共享可以帮助竞赛者更好地准备竞赛,获得更多学习材料和指导.

2. 合作解题

加入校内数学俱乐部和工作坊的学生通常会组队解决数学问题. 在团队合作中,竞赛者可以与同伴共同探讨问题，互相提供建议和反馈．这种合作不仅有助于解决问题，还能够互相激发思维，培养批判性思维和创新思维．

3. 培养创新思维

与其他数学爱好者互动可以激发竞赛者的创新思维．他们可以在讨论和合作中接触到不同的观点和方法，从而提高解决问题的灵活性和多样性．这对于在数学竞赛中应对各种类型的问题非常有帮助．

4. 分享经验

学习经验的分享是校内数学俱乐部和工作坊的一大优势．在这些场合，竞赛者可以听取那些在数学竞赛中表现出色的同学分享他们的经验，包括解题策略、时间管理、比赛策略等．这些宝贵的经验可以帮助竞赛者更好地应对竞赛的挑战．

5. 建立交流网络

加入校内数学俱乐部和工作坊也为竞赛者提供了建立交流网络的机会．他们可以结识志同道合的同学，建立友谊和合作关系，这对于未来学术或职业发展都可能非常有益．

总之，加入校内数学俱乐部和工作坊是一种极好的方式，可以与其他竞赛者分享经验和学习资源．这不仅有助于竞赛水平的提高，还为个人成长和未来的学术和职业生涯提供了有力的支持．在这些社交和学习环境中，竞赛者能够互相学习、激发思维，并建立有价值的联系，从而更好地应对数学竞赛中的挑战．

2.3.4 团队合作

如果竞赛允许团队参赛，那么学生可以彼此合作，分享思想并共同准备．

1. 分享知识和资源

团队成员可以彼此分享不同领域的数学知识和学习资源．这种知识的交流可以使每个团队成员更广泛地了解数学概念，从而提高整个团队的综合素养．

2. 多角度解决问题

团队中的每位成员都有自己独特的思维方式和解决问题的方法．这使团队能够从不同的角度来解决问题，从而增加找到最佳解决方案的机会．

3. 分担工作负担

团队成员可以根据自己的兴趣和专长来分担工作负担．一些人可能擅长问题分析，而其他人可能更善于进行数学计算或证明．这种合作可以提高团队的效率．

4. 提供反馈和讨论机会

团队内的成员可以互相提供反馈和讨论，帮助彼此理解问题，改进解决方法，并纠正错误．这有助于团队不断改进和学习．

5. 培养合作技能

参与团队竞赛培养了合作和团队协作技能，这对于未来的职业生涯非常有价值. 团队成员需要学会有效沟通、协调工作、分工合作，这些技能对于团队项目和职场都非常重要.

6. 分享竞赛经验

团队成员可以分享他们的竞赛经验，包括解题策略、时间管理、比赛策略等. 这些经验对于整个团队的竞赛准备非常有帮助.

7. 增加自信心

在团队中工作并取得成功可以增加竞赛者的自信心. 他们知道自己不是独自奋斗，而是有一个支持系统，这有助于他们更自信地面对竞赛挑战.

总的来说，团队参赛不仅提供了一种协作和学习的机会，还有助于提高竞赛水平. 团队成员可以相互学习、分享资源和经验，从而更好地应对数学竞赛中的复杂问题. 这种协作精神和团队合作技能在数学竞赛之外的各个领域都具有重要价值，为学生未来的学术和职业发展打下了坚实的基础. 因此，允许团队参赛是一个有益的数学竞赛模式.

大学生数学竞赛是一个激动人心的机会，可以挑战学生的数学能力，提高他们的问题解决技能，并为未来的学术和职业发展打下坚实的基础. 参与这些竞赛可以提高对数学的兴趣，锻炼思维，并在学术和职业中获得巨大的成就感.

2.4 数学竞赛与创新创业的联系

2.4.1 解决问题的能力

数学竞赛培养了学生解决问题的能力. 这种能力是创新创业中至关重要的，因为创业者需要不断解决新问题、应对挑战并找到创新的解决方案.

1. 分析问题和建模

数学竞赛通常涉及复杂的数学问题，要求参赛者深入分析并建立数学模型. 这一过程培养了学生的问题分析和建模能力，这些技能对于创业中的市场分析、资源规划等非常重要.

2. 创新思维

数学竞赛问题不仅仅要求学生运用传统方法，还鼓励他们提出创新的解决方案. 这有助于培养学生的创新思维，使他们能够在创业过程中找到新颖的方法和独特的竞争优势.

3. 批判性思维

参与数学竞赛要求学生审慎考虑问题，验证解决方案的正确性．这有助于培养批判性思维，使他们能够在创业中审慎评估风险和机会．

4. 应对压力

数学竞赛通常在有限的时间内进行，这迫使学生在高压环境下工作．这种经验有助于培养学生应对压力的能力，这对于创业者在面对挑战和竞争时非常重要．

5. 团队协作

有些数学竞赛允许团队参赛，这鼓励学生与他人合作解决问题．团队协作是创新创业中的关键因素，学生在竞赛中培养的团队合作技能在创业过程中非常有用．

6. 持之以恒

参与数学竞赛需要学生坚持不懈地学习和练习，不轻言放弃．这种坚持的品质对于创业者在面对困难时坚持前进非常重要．

7. 多领域知识

数学竞赛涵盖多个数学领域，这促使学生建立广泛的数学知识体系．在创新创业中，跨领域知识通常能够帮助解决复杂的问题和发现新的商机．

综上所述，数学竞赛培养了学生解决问题的能力，这种能力对于创新创业来说至关重要．学生通过竞赛中的训练，不仅提高了数学水平，还培养了创新思维、批判性思维、团队协作能力和应对压力的能力，这些品质在创业者成功创办新企业或推出新产品时非常有价值．因此，数学竞赛为年轻一代创业者提供了宝贵的准备机会．

2.4.2 创造性思维

数学竞赛鼓励创造性思维，寻找不同于传统方法的解决方案．在创新创业中，创造性思维可以帮助创业者发现新的商业机会和市场差距．

1. 题目多样性和挑战性

数学竞赛问题通常涵盖不同领域，包括代数、几何、概率统计、数论等．解决这些问题需要学生思考并尝试不同的方法，有时甚至需要创造新的数学模型或技巧．这种多样性和挑战性激发了创造性思维，培养了学生寻找不同于传统方法的解决方案的能力．

2. 提倡多种解决途径

数学竞赛鼓励多种解决途径，不仅仅是套用标准公式或方法．这激发了学生探索不同的思考路径，从而培养了他们的创新思维．在创新创业中，创业者也需要尝试多种方法，以找到最佳解决方案．

3. 新规则或技巧

参与数学竞赛的学生有时需要用新规则或技巧来解决复杂的问题. 这种经验有助于培养创新意识, 让他们意识到可以打破传统思维定式, 寻找新的方式来解决问题.

4. 跨学科思维

数学竞赛涉及多个学科领域, 鼓励学生进行跨学科思考. 这有助于他们将不同领域的知识和技巧结合起来, 产生新的见解和创新的解决方案. 在创新创业中, 跨学科思维可以帮助创业者发现新的市场机会和创新点.

5. 探索未知领域

有时, 数学竞赛问题可能涉及学生以前未接触过的领域. 这迫使他们走出舒适区, 探索未知领域, 从而培养了勇于尝试和冒险的创新心态.

6. 从失败中吸取教训

在数学竞赛中, 学生可能会遇到挫折和失败. 然而, 这种经验教育他们从失败中学习, 找到改进的机会, 这对创新创业者来说至关重要, 因为创新往往伴随着失败和反复尝试.

总之, 数学竞赛为学生提供了一个培养创造性思维的独特平台. 这种思维方式在创新创业中至关重要, 因为它有助于创业者发现新的商业机会、解决市场问题和推出独特的产品或服务. 数学竞赛培养了学生寻找不同于传统方法的解决方案的能力, 为他们未来的创新创业之路打下了坚实的基础. 因此, 数学竞赛的价值不仅限于数学领域, 还延伸到创新和创业的广泛范畴.

2.4.3 逻辑思考

数学竞赛强调逻辑推理和精确性, 这些能力在创业中非常有用, 因为创业者需要清晰地分析问题和决策.

1. 逻辑推理能力

（1）问题分析：数学竞赛通常涉及复杂的问题, 要求学生清晰地分析问题并提出逻辑合理的解决方案. 这种逻辑分析的能力在创业中非常有用, 因为创业者需要识别问题、挖掘机会和制定战略.

（2）推导和证明：数学竞赛要求学生进行推导和证明, 这有助于培养严密的逻辑思维, 使他们能够在创业中构建清晰的思维框架和逻辑链条.

（3）决策：创业者需要经常作出重大决策, 包括市场进攻策略、资源分配和合作伙伴选择等. 逻辑推理能力帮助他们分析信息、权衡利弊, 作出明智的决策.

2. 精确性和细致性

（1）数学计算：数学竞赛要求学生进行复杂的数学计算, 这需要高度的精确性和细致性. 在创业中，精确性至关重要，尤其是在财务管理、预算制定和数据分析方面.

（2）项目执行：创业者需要确保项目按计划进行，每个环节都要细致入微地管理. 精确性和细致性在项目管理和执行中非常关键，可以避免错误和延迟.

3. 数据分析和优化

（1）数学建模：数学竞赛鼓励学生建立数学模型，以解决实际问题. 这培养了他们的数据分析和优化能力，这些技能在创业中用于市场研究、成本控制和效率提升.

（2）决策支持：数学竞赛让学生学会如何使用数据来支持决策，这对于创业者在不确定的市场环境中作出明智的决策至关重要.

4. 高效时间管理

数学竞赛通常在有限时间内进行，这要求学生高效地管理时间. 创业者也面临时间压力，需要有效地安排工作和任务，以确保项目的顺利推进.

综上所述，数学竞赛培养了逻辑推理和精确性等关键能力，这些能力在创业中至关重要. 创业者需要能够清晰地分析问题、作出明智的决策、精确地管理资源和数据，以应对商业挑战. 因此，数学竞赛为创业者提供了宝贵的机会，通过数学竞赛培养的思维方式和技能，可以为他们在创业中取得成功提供坚实的基础.

2.4.4 竞争意识

数学竞赛是一种竞争性的活动，可以培养竞争意识和应对竞争的能力，这对于市场竞争激烈的创新创业环境来说是重要的.

1. 竞争意识的培养

（1）了解对手：参与数学竞赛的学生需要了解自己的竞争对手，分析他们的强项和弱点. 在创业中，了解竞争对手是关键，可以帮助创业者制定更有效的市场策略.

（2）学习竞争对手：参与竞赛时，学生有机会学习其他优秀参赛者的解题方法和策略. 这有助于创业者学习市场上成功企业的经验，从而改进自己的业务模式和战略.

2. 压力和挑战的应对

（1）竞争压力：数学竞赛通常在有限的时间内进行，学生需要在高压环境下表现出色. 这培养了他们在竞争激烈的创新创业环境中应对压力的能力.

（2）解决问题的技能：数学竞赛要求学生迅速解决复杂问题，这有助于培养创业者在面对突发问题或挑战时快速作出决策和行动的能力.

3. 自我激励和毅力

（1）追求卓越：数学竞赛鼓励学生追求卓越，不满足于平庸. 这种追求卓越的态度对创业者非常重要，因为他们需要不断改进产品或服务，以满足市场需求.

（2）克服挫折：参与竞赛可能会面临失败和挫折，但学生们学会从中吸取教训，坚持不懈地追求成功．这种毅力在创业过程中也是必不可少的品质．

4. 推动创新和进步

（1）竞争激励创新：竞争环境激发了学生寻找创新的解决方案，这对于创新创业者来说非常重要．创新是创业成功的关键，能够帮助企业在市场中脱颖而出．

（2）不断改进：数学竞赛教会学生不断改进自己的方法和技巧．创业者也需要持续改进产品、服务和运营，以满足客户需求．

5. 团队合作

团队竞赛：有些数学竞赛允许团队参赛，这培养了学生与他人合作的团队合作技能．在创新创业中，团队协作通常是成功的关键，因为多数创业者需要与合作伙伴、员工和投资者合作．

6. 设定目标和制定战略

追求胜利：竞争者通常追求在竞赛中获胜，这需要设定目标和制定战略．类似地，在创业中，创业者需要设定明确的目标并制定战略来实现这些目标．

总之，数学竞赛培养了竞争意识和应对竞争的能力，这对于市场竞争激烈的创新创业环境来说是至关重要的．创业者需要了解竞争对手、应对压力、追求卓越、推动创新、团队合作和设定目标，这些都是数学竞赛培养的关键技能．因此，数学竞赛不仅仅是数学水平的提高，还为年轻一代的创业者提供了竞争优势．

2.5 数学竞赛融入课程思政的方法

2.5.1 培养创新精神

将数学竞赛中的创新思维和问题解决方法融入课程，鼓励学生在学术领域以外的情境中也运用这些技能，培养他们的创新精神．

2.5.2 强调伦理和社会责任

课程思政应该强调创新创业中的伦理和社会责任．创业者需要考虑到社会和环境的影响，确保创新不仅仅是追求经济利益．

2.5.3 实际案例分析

引入实际创业案例和成功故事，让学生学习成功的创新创业经验，并从中汲取启发.

2.5.4 创业项目和实践

鼓励学生参与创业项目和实践，提供实际的创业体验，让他们将课堂学习应用到实际情境中.

2.5.5 团队合作

数学竞赛和创新创业都强调团队合作的重要性. 通过小组项目和合作任务，培养学生的团队合作技能.

2.5.6 创业道德教育

课程思政可以包括创业道德教育，引导学生在创新创业过程中遵循道德准则.

总之，数学竞赛可以为学生培养在创新创业领域取得成功所需的核心技能，而将这些技能融入课程思政可以帮助学生更好地理解和应用这些概念，并将其与社会伦理和责任联系起来. 这有助于培养全面发展的创新创业人才.

本章小结

数学竞赛在全球范围内为数学爱好者提供了展示才华、锻炼技能的宝贵机会。从美国的 Putnam 竞赛到中国的全国大学生数学建模竞赛和全国大学生数学竞赛，每个竞赛都有其独特的形式和特点。Putnam 竞赛以其高难度和深度的数学问题著称，吸引着来自全美顶尖大学的学生参与，对于数学的深入思考和创新能力有极高的要求。全国大学生数学建模竞赛强调实际问题的数学建模和团队合作，通过解决具体的实际问题来培养学生的实际应用能力。而 IM2C 国际数学建模挑战赛则促进了全球学生之间的交流与竞争，激发了年轻一代对数学建模和实际问题解决的兴趣。这些竞赛不仅是学术上的挑战，也是展示个人才能和提升职业发展竞争力的重要机会。

第 2 部分
实践篇

第3章
函数、极限与连续

本章导读

迄今为止数学已有数千年历史,伴随着数学思想的发展,函数概念由模糊逐渐严密. 有别于初等数学的研究对象大多是不变的量,高等数学的主要研究对象是变动的量,也就是函数. 我国古代数学家刘徽的极限思想给出了研究变量的一种方法,在此基础上极限的理论不断完善. 极限是研究函数的重要方法,也是微积分中研究问题的基本工具,连续性是非常广泛的一类函数所具有的重要特性,本章将对函数概念进行复习和补充,学习如何利用极限思想研究函数,讨论函数的连续性,极限理论的学习与讨论,将为我们奠定学习高等数学的基础. 读者应在理解相关概念的基础上重点掌握函数极限的求法、连续相关结论等内容.

本章要点

- 函数(函数列)极限的概念
- 无穷小量和无穷大量的概念及关系
- 无穷小量的性质及无穷小量的比较
- 极限的四则运算
- 两个重要极限
- 函数连续与间断的概念
- 初等函数在闭区间上连续函数的性质

3.1 函 数

"函数"一词来自清朝数学家李善兰的译著《代微积拾级》，其中记载有"凡此变数中函彼变数者，则此为彼之函数"，即函数指一个量随着另一个量的变化而变化，或者说一个量中包含另一个量．17世纪初，人们首先从对运动（如天文、航海等问题）的研究中引出了函数这个基本概念，从那以后的 200 多年间，这个概念几乎在所有的科学研究工作中占据了中心位置．函数是用数学术语描述现实世界的主要工具，也是高等数学研究的主要对象在自然科学、工程技术、经济数学等领域中，函数是应用非常广泛的数学概念之一．从温度变化到行星运动，从脑电波到商业循环，从心跳模式到人口（种群）增长，很多函数由于它们所描述的形态而具有特殊的重要性，本节主要讨论函数的基本概念与性质，以及在高等数学中常用的若干重要函数．

3.1.1 知识回顾

1. 重要概念

（1）区间

在数轴上来说，区间是指介于某两点之间的线段上点的全体，包含有限区间和无限区间．

（2）邻域

设 $a, \delta \in \mathbb{R}$，且 $\delta > 0$，称满足不等式 $|x-a| < \delta$ 的实数 x 的全体为点 a 的 δ 邻域，记作 $U(a, \delta)$，即 $U(a, \delta) = (a-\delta, a+\delta) = \{x \mid |x-a| < \delta\} = \{x \mid a-\delta < x < a+\delta\}$．

（3）函数的定义

定义 1 设非空数集 $D \subset \mathbb{R}$，若存在一个对应法则 f，使得对任一 $x \in D$，都有唯一确定的一个实数 y 与之对应，则称 f 为定义在 D 上的函数，其中 x 称为自变量，y 称为因变量，D 称为定义域．x 所对应的 y 称为 f 在 x 的函数值，通常简记为 $y = f(x)$，全体函数值的集合 $f(D) = \{y \mid y = f(x), x \in D\}$ 称为函数的值域．

（4）反函数

定义 2 设有函数 $y = f(x), x \in D$，若在函数的值域内任取一个 y 值时，在函数的定义域内有且仅有一个 x 值与之对应，则变量 x 是变量 y 的函数．称此函数为 $y = f(x), x \in D$

的反函数. 一般记为 $x = f^{-1}(y), y \in f(D)$.

（5）复合函数

设函数 $y = f(u)$ 的定义域为 E，函数 $u = g(x)$ 在 D 上有定义且 $g(D) \cap E \neq \varnothing$，记 $E^* = g(D) \cap E$，则对于 $\forall x \in E^*$，可通过函数 $g(x)$ 对应 D 内唯一的一个值 u，而 u 又通过函数 $f(u)$ 对应 E 内唯一的一个值 y. 这样就确定了一个定义在 E^* 上的函数，它以 x 为自变量，y 为因变量，记作 $y = f(g(x)), x \in E^*$. 称此函数为由函数 $u = g(x)$ 和函数 $y = f(u)$ 构成的复合函数，u 称为中间变量，也可称 $f(u)$ 为外函数，$g(x)$ 为内函数.

至此，初等数学中讨论的函数大多是由下列最常见的六种函数构成的，它们分别是：常量函数、幂函数、指数函数、对数函数、三角函数及反三角函数. 通常，将上述六类函数统称为基本初等函数，具体如下：

常量函数：$y = C$（C 是常数）；

幂函数：$y = x^\mu$（$\mu \in \mathbb{R}$ 是常数）；

指数函数：$y = a^x$（$a > 0$ 且 $a \neq 1$）；

对数函数：$y = \log_a x$（$a > 0$ 且 $a \neq 1$）；

特别地，当 $a = e$ 时，记为 $y = \ln x$（自然对数）；当 $a = 10$ 时，记为 $y = \lg x$（常用对数）；

三角函数：$y = \sin x$（正弦函数），$y = \cos x$（余弦函数），$y = \tan x$（正切函数），$y = \cot x$（余切函数），$y = \sec x = \dfrac{1}{\cos x}$（正割函数），$y = \csc x = \dfrac{1}{\sin x}$（余割函数）；

反三角函数：$y = \arcsin x$（反正弦函数），$y = \arccos x$（反余弦函数），$y = \arctan x$（反正切函数），$y = \text{arccot}\, x$（反余切函数）.

（6）初等函数

由基本初等函数经过有限次四则运算和有限次函数复合构成并可用一个式子表示的函数，称为初等函数.

2. 函数的四则运算

设函数 $f(x)$、$g(x)$ 的定义域依次为 D_1、D_2，$D = D_1 \cap D_2 \neq \varnothing$，则可以定义这两个函数的下列运算：

和（差）$f \pm g$：$(f \pm g)(x) = f(x) \pm g(x), x \in D$；

积 $f \cdot g$：$(f \cdot g)(x) = f(x) \cdot g(x), x \in D$；

商 $\dfrac{f}{g}$: $\left(\dfrac{f}{g}\right)(x) = \dfrac{f(x)}{g(x)}$, $x \in D$, $g(x) \neq 0$.

3. 数学中常出现的非初等函数

（1）用极限表示的函数

1）$y = \lim\limits_{n \to \infty} f_n(x)$，例 $f(x) = \lim\limits_{n \to \infty}\left[\left(\dfrac{x^{2n}-1}{x^{2n}+1}\right) - x\right]$；

2）$y = \lim\limits_{t \to x} f(t, x)$，例 $f(x) = \lim\limits_{t \to x}\left(\dfrac{\sin t}{\sin x}\right)^{\frac{x}{\sin t - \sin x}}$.

（2）用变上、下限积分表示的函数

1）$y = \int_a^x f(t)\mathrm{d}t$ 其中 $f(t)$ 连续，则 $\dfrac{\mathrm{d}y}{\mathrm{d}x} = f(x)$；

2）$y = \int_{\varphi_1(x)}^{\varphi_2(x)} f(t)\mathrm{d}t$ 其中 $\varphi_1(x)$、$\varphi_2(x)$ 可导，$f(t)$ 连续，则 $\dfrac{\mathrm{d}y}{\mathrm{d}x} = f(\varphi_2(x))\varphi_2'(x) - f(\varphi_1(x))\varphi_1'(x)$.

4. 函数的几种性质

有界性、奇偶性、单调性、周期性.

3.1.2 典型例题分析与讲解

1. 定义域与值域

【例 3-1】 设 $f(x)$ 的定义域为 $[-a, a]$（$a > 0$），求 $f(x^2-1)$ 的定义域.

【案例分析】 要求 $-a \leq x^2 - 1 \leq a$，则 $1-a \leq x^2 \leq 1+a$.

当 $a \geq 1$ 时，因为 $1-a \leq 0$，所以 $x^2 \leq 1+a$，则 $|x| \leq \sqrt{1+a}$；

当 $0 < a < 1$ 时，$1-a > 0$，所以 $\sqrt{1-a} \leq |x| \leq \sqrt{1+a}$.

也即定义域为 $\sqrt{1-a} \leq x \leq \sqrt{1+a}$ 或 $-\sqrt{1+a} \leq x \leq \sqrt{1+a}$.

【例 3-2】 求 $y = f(x) = \begin{cases} 3-x^3, & x < -2 \\ 5-x, & -2 \leq x \leq 2 \\ 1-(x-2)^2, & x > 2 \end{cases}$ 的值域，并求它的反函数.

【案例分析】 当 $x < -2$ 时，$y > 3+8 = 11$，$x = \sqrt[3]{3-y}$；

当 $-2 \leq x \leq 2$ 时，$3 \leq y = 5-x \leq 7$，$x = 5-y$；

当 $x > 2$ 时，$y = 1-(x-2)^2 < 1$，$x = 2+\sqrt{1-y}$.

所以 $y=f(x)$ 的值域为 $(-\infty,1)\cup[3,7]\cup(11,+\infty)$，

反函数为 $x=\begin{cases}2+\sqrt{1-y}, & y<1\\ 5-y, & 3\leqslant y\leqslant 7\\ \sqrt[3]{3-y}, & y>11\end{cases}$.

2. 求复合函数有关表达式

【例 3-3】 设 $f(x)=\dfrac{x}{\sqrt{1+x^2}}$，求 $f(f(\cdots f(x)))=f_n(x)$.

【案例分析】 $f_2(x)=f(f(x))=\dfrac{f(x)}{\sqrt{1+f^2(x)}}=\dfrac{x}{\sqrt{1+x^2}}\bigg/\sqrt{1+\dfrac{x^2}{1+x^2}}=\dfrac{x}{\sqrt{1+2x^2}}$；

若 $f_k(x)=\dfrac{x}{\sqrt{1+kx^2}}$，则 $f_{k+1}(x)=\dfrac{f_k(x)}{\sqrt{1+f_k^2(x)}}=\dfrac{x}{\sqrt{1+kx^2}}\bigg/\sqrt{1+\dfrac{x^2}{1+kx^2}}=\dfrac{x}{\sqrt{1+(k+1)x^2}}$.

根据数学归纳法可知，对正整数 n，$f_n(x)=\dfrac{x}{\sqrt{1+nx^2}}$.

【例 3-4】 已知 $f'(\mathrm{e}^x)=x\mathrm{e}^{-x}$，且 $f(1)=0$，求 $f(x)$.

【案例分析】 令 $\mathrm{e}^x=t$，$x=\ln t$，因此 $f'(\mathrm{e}^x)=f'(t)=\dfrac{\ln t}{t}$，$f(x)-f(1)=\int_1^x\dfrac{\ln t}{t}\mathrm{d}t=\dfrac{1}{2}\ln^2 t\big|_1^x=\dfrac{1}{2}\ln^2 x$.

因为 $f(1)=0$，所以 $f(x)=\dfrac{1}{2}\ln^2 x$.

3. 有关四种性质

【例 3-5】 设 $F'(x)=f(x)$，则下列结论正确的是（ ）.

A. 若 $f(x)$ 为奇函数，则 $F(x)$ 为偶函数

B. 若 $f(x)$ 为偶函数，则 $F(x)$ 为奇函数

C. 若 $f(x)$ 为周期函数，则 $F(x)$ 为周期函数

D. 若 $f(x)$ 为单调函数，则 $F(x)$ 为单调函数

【案例分析】 若 $f(x)$ 为奇函数则 $f(-x)=-f(x)$，

所以 $(F(-x))'=-F'(-x)=-f(-x)=f(x)=F'(x)$，

所以 $F'(x)$ 为偶函数，所以答案为 A.

【例 3-6】 求 $I=\int_{-1}^{1}x\left[x^5+(\mathrm{e}^x-\mathrm{e}^{-x})\ln(x+\sqrt{x^2+1})\right]\mathrm{d}x$.

【案例分析】 $f_1(x)=\mathrm{e}^x-\mathrm{e}^{-x}$ 是奇函数，因为 $f_1(-x)=\mathrm{e}^{-x}-\mathrm{e}^x=-f_1(x)$.

$f_2(x)=\ln(x+\sqrt{x^2+1})$ 是奇函数，因为

$$f_2(-x) = \ln(-x+\sqrt{x^2+1}) = \ln\frac{(x^2+1)-x^2}{x+\sqrt{x^2+1}}$$

$$= \ln 1 - \ln(x+\sqrt{x^2+1}) = -f_2(x)$$

因此 $x(e^x - e^{-x})\ln(x+\sqrt{x^2+1})$ 是奇函数.

于是 $I = \int_{-1}^{1} x^6 dx + 0 = 2\int_{0}^{1} x^6 dx = \frac{2}{7}$.

【例 3-7】 设 $f(x)$、$g(x)$ 是恒大于零的可导函数，且 $f'(x)g(x) - f(x)g'(x) < 0$，则当 $a < x < b$ 时，下列结论成立的是（   ）.

A. $f(x)g(b) > f(b)g(x)$ B. $f(x)g(a) > f(a)g(x)$

C. $f(x)g(x) > f(b)g(b)$ D. $f(x)g(x) > f(a)g(a)$

【案例分析】 令 $F(x) = \dfrac{f(x)}{g(x)}$，则 $F'(x) = \dfrac{f'(x)g(x) - f(x)g'(x)}{g^2(x)} < 0$，

所以 $F(a) < F(x) < F(b)$，即 $\dfrac{f(a)}{g(a)} < \dfrac{f(x)}{g(x)} < \dfrac{f(b)}{g(b)}$，所以答案为 B.

4. 函数方程

【例 3-8】 设 $f(x)$ 在 $[0, +\infty)$ 上可导，$f(0) = 0$，反函数为 $g(x)$，且 $\int_0^{f(x)} g(t)dt = x^2 e^x$，求 $f(x)$.

【案例分析】 两边对 x 求导得 $g(f(x))f'(x) = 2xe^x + x^2 e^x$，于是 $xf'(x) = x(2+x)e^x$，故 $f'(x) = (x+2)e^x$，$f(x) = (x+1)e^x + C$，由 $f(0) = 0$，得 $C = -1$，则 $f(x) = (x+1)e^x - 1$.

【例 3-9】 设 $f(x)$ 满足 $\sin f(x) - \dfrac{1}{3}\sin f\left(\dfrac{1}{3}x\right) = x$，求 $f(x)$.

【案例分析】 令 $g(x) = \sin f(x)$，则

$$g(x) - \frac{1}{3}g\left(\frac{1}{3}x\right) = x,$$

$$\frac{1}{3}g\left(\frac{1}{3}x\right) - \frac{1}{3^2}g\left(\frac{1}{3^2}x\right) = \frac{1}{3^2}x,$$

$$\frac{1}{3^2}g\left(\frac{1}{3^2}x\right) - \frac{1}{3^3}g\left(\frac{1}{3^3}x\right) = \frac{1}{3^4}x,$$

⋮

$$\frac{1}{3^{n-1}}g\left(\frac{1}{3^{n-1}}x\right) - \frac{1}{3^n}g\left(\frac{1}{3^n}x\right) = \frac{1}{3^{2(n-1)}}x,$$

各式相加，得 $g(x) - \dfrac{1}{3^n}g\left(\dfrac{1}{3^n}x\right) = x\left(1 + \dfrac{1}{9} + \cdots + \dfrac{1}{9^{n-1}}\right).$

因为 $|g(x)| \leq 1$，所以 $\lim\limits_{n\to\infty} \dfrac{1}{3^n} g\left(\dfrac{1}{3^n}x\right) = 0$.

$\lim\limits_{n\to\infty}\left(1 + \dfrac{1}{9} + \cdots + \dfrac{1}{9^{n-1}}\right) = \dfrac{1}{1-\dfrac{1}{9}} = \dfrac{9}{8}$，因此 $g(x) = \dfrac{9}{8}x$，于是 $f(x) = \arcsin\dfrac{9}{8}x + 2k\pi$ 或 $(2k+1)\pi - \arcsin\dfrac{9}{8}x$（$k$ 为整数）.

3.1.3 典型真题分析与讲解

【例 3-10】 设 $f(x)$ 为周期为 π 的奇函数，当 $x \in \left(0, \dfrac{\pi}{2}\right]$ 时，$f(x) = \sin x - \cos x + 2$，则当 $x \in \left(\dfrac{\pi}{2}, \pi\right]$ 时，$f(x) = $ _____.

【案例分析】 因为 $f(x)$ 为奇函数，所以 $-\dfrac{\pi}{2} < x < 0$ 时，有
$$f(x) = -f(-x) = -(\sin(-x) - \cos(-x) + 2) = \sin x + \cos x - 2$$
又因为 $f(x)$ 的周期为 π，所以当 $x \in \left(\dfrac{\pi}{2}, \pi\right]$ 时，有
$$f(x) = f(x-\pi) = \sin(x-\pi) + \cos(x-\pi) - 2 = -\sin x - \cos x - 2$$

【例 3-11】 已知 $f'(0)$ 存在，求满足 $f(x+y) = \dfrac{f(x) + f(y)}{1 - f(x)f(y)}$ 的函数 $f(x)$.

【案例分析】 因为 $f(x+y) = \dfrac{f(x)+f(y)}{1-f(x)f(y)}$，所以 $x = y = 0$ 时，得 $f(0) = 0$.

$$f'(x) = \lim_{y\to 0}\dfrac{f(x+y)-f(x)}{y} = \lim_{y\to 0}\dfrac{\dfrac{f(x)+f(y)}{1-f(x)f(y)} - f(x)}{y}$$

$$= \lim_{y\to 0}\left(\dfrac{f(y)}{y} \cdot \dfrac{1+f^2(x)}{1-f(x)f(y)}\right) = \lim_{y\to 0}\dfrac{f(y)}{y} \cdot \lim_{y\to 0}\dfrac{1+f^2(x)}{1-f(x)f(y)}$$

$$= \lim_{y\to 0}\dfrac{f(y)-f(0)}{y}\cdot(1+f^2(x)) = f'(0)(1+f^2(x))$$

变形为 $\dfrac{f'(x)}{1+f^2(x)} = f'(0)$，对方程两侧从 0 到 x 积分，得 $\arctan f(x) = f'(0)x$. 于是 $f(x) = \tan(f'(0)x)$.

【例 3-12】（填空题，2020 年竞赛真题）函数 $z = f(x,y)$ 满足 $\dfrac{\partial z}{\partial y} = \dfrac{x}{xy+2} + 2x^2 y$，且 $f(x,1) = 1 + x^2$，则 $f(1,-1) = $ _____.

【案例分析】因为 $\dfrac{\partial z}{\partial y} = \dfrac{x}{xy+2} + 2x^2 y$，所以

$$f(x,y) = \int \dfrac{x}{xy+2} \mathrm{d}y + \int 2x^2 y \mathrm{d}y = \ln(xy+2) + x^2 y^2 + \varphi(x)$$

从而 $f(x,1) = \ln(x+2) + x^2 + \varphi(x)$．因为 $f(x,1) = 1 + x^2$，所以
$\varphi(x) = 1 - \ln(x+2)$，故 $f(x,y) = \ln(xy+2) + x^2 y^2 + 1 - \ln(x+2)$．
于是 $f(1,-1) = 2 - \ln 3$．

【例 3-13】（填空题，2018 年竞赛真题）设 $f(x)$ 可微，$f(0) = 6$，且 $f'(x) \int_1^2 f(x)\mathrm{d}x = -6$，则 $f(x) = $ _____．

【案例分析】令 $\int_1^2 f(x)\mathrm{d}x = t$（常数），则 $f'(x) = -\dfrac{6}{t}$，两边积分得

$$f(x) = \int f'(x) \mathrm{d}x = \int -\dfrac{6}{t} \mathrm{d}x = -\dfrac{6x}{t} + C$$

由于 $f(0) = 6$，因此 $C = 6$．即 $f(x) = -\dfrac{6x}{t} + 6$，代入得

$$t^2 - 6t + 9 = 0$$

解之得 $t = 3$，所以 $f(x) = 6 - 2x$．

3.2 极 限

极限理论是微积分的基础理论，贯穿整个微积分．极限思想作为一种重要的数学思想，在整个数学发展史上占有重要地位，是研究数学、应用数学、推动数学发展必不可少的有力工具．数学中的很多问题，如用有理数逼近无理数、用逼近法求方程的根、求曲边图形的面积、把复杂的函数表示成简单形式函数的无穷和等问题，都涉及函数的极限．数列是一类特殊的函数．定义在正整数集上的函数 $f(n) = a$ 的极限如何刻画？本节将讨论这个问题．

3.2.1 知识回顾

1. 重要的概念和定理

（1）极限的概念

1）数列的极限：$\lim\limits_{n \to \infty} x_n = A$．

2）函数的极限：

$$\lim_{x\to +\infty} f(x)=A, \quad \lim_{x\to -\infty} f(x)=A, \quad \lim_{x\to \infty} f(x)=A$$

$$\lim_{x\to x_0} f(x)=A, \quad \lim_{x\to x_0^+} f(x)=A, \quad \lim_{x\to x_0^-} f(x)=A$$

（2）极限的基本性质

定理 1（极限的唯一性）设 $\lim f(x)=A$，$\lim f(x)=B$，则 $A=B$.

定理 2（极限的不等式性质）设 $\lim f(x)=A$，$\lim g(x)=B$，

若 x 变化一定以后，总有 $f(x)\geq g(x)$，则 $A\geq B$；

反之，若 $A>B$，则 x 变化一定以后，有 $f(x)>g(x)$.（注：当 $g(x)\equiv 0$ 时，$B=0$ 的情形也称为极限的保号性）

定理 3（极限的局部有界性）设 $\lim f(x)=A$，则当 x 变化一定以后，$f(x)$ 是有界的.

定理 4 设 $\lim f(x)=A$，$\lim g(x)=B$，则

1）$\lim(f(x)+g(x))=A+B$；

2）$\lim(f(x)-g(x))=A-B$；

3）$\lim(f(x)\cdot g(x))=A\cdot B$；

4）$\lim \dfrac{f(x)}{g(x)}=\dfrac{A}{B}(B\neq 0)$；

5）$\lim(f(x))^{g(x)}=A^B\ (A>0)$.

（3）无穷小量定义

若 $\lim f(x)=0$，则称 $f(x)$ 为无穷小量，简称无穷小（注：无穷小量与 x 的变化过程有关。$\lim\limits_{x\to\infty}\dfrac{1}{x}=0$，当 $x\to\infty$ 时 $\dfrac{1}{x}$ 为无穷小量，而 $x\to x_0$ 或其他时，$\dfrac{1}{x}$ 不是无穷小量）.

（4）无穷大量定义

任给 $M>0$，当 x 变化一定以后，总有 $|f(x)|>M$，则称 $f(x)$ 为无穷大量，简称无穷大，记为 $\lim f(x)=\infty$.

（5）无穷小量与无穷大量的关系

在 x 的同一个变化过程中，

若 $f(x)$ 为无穷大量，则 $\dfrac{1}{f(x)}$ 为无穷小量；

若 $f(x)$ 为无穷小量，且 $f(x) \neq 0$，则 $\dfrac{1}{f(x)}$ 为无穷大量.

（6）无穷小量与极限的关系

$\lim f(x) = A \Leftrightarrow f(x) = A + \alpha(x)$，其中 $\lim \alpha(x) = 0$.

（7）两个无穷小量的比较

设 $\lim f(x) = 0$，$\lim g(x) = 0$，且 $\lim \dfrac{f(x)}{g(x)} = l$.

1）若 $l = 0$，则称 $f(x)$ 是比 $g(x)$ 高阶的无穷小量，记为 $f(x) = o(g(x))$，称 $g(x)$ 是比 $f(x)$ 低阶的无穷小量.

2）若 $l \neq 0$，则称 $f(x)$ 与 $g(x)$ 是同阶无穷小量.

3）若 $l = 1$，则称 $f(x)$ 与 $g(x)$ 是等价无穷小量，记为 $f(x) \sim g(x)$.

（8）常见的等价无穷小量

当 $x \to 0$ 时，$\sin x \sim x$，$\tan x \sim x$，$\arcsin x \sim x$，$\arctan x \sim x$，$1 - \cos x \sim \dfrac{1}{2} x^2$，$\mathrm{e}^x - 1 \sim x$，$\ln(1 + x) \sim x$，$(1 + x)^\alpha - 1 \sim \alpha x$.

（9）无穷小量的重要性质

有界变量乘无穷小量仍是无穷小量.

2. 求极限的方法

（1）利用极限的四则运算和幂指数运算法则.

（2）两个准则.

准则 1 单调有界数列极限一定存在：

1）若 $x_{n+1} \leqslant x_n$（n 为正整数）又 $x_n \geqslant m$（n 为正整数），则 $\lim\limits_{n \to \infty} x_n = A$ 存在，且 $A \geqslant m$；

2）若 $x_{n+1} \geqslant x_n$（n 为正整数）又 $x_n \leqslant M$（n 为正整数），则 $\lim\limits_{n \to \infty} x_n = A$ 存在，且 $A \leqslant M$.

准则 2 （夹逼定理）设 $g(x) \leqslant f(x) \leqslant h(x)$. 若 $\lim g(x) = A$，$\lim h(x) = A$，则 $\lim f(x) = A$.

（3）两个重要公式.

公式 1 $\lim\limits_{x \to 0} \dfrac{\sin x}{x} = 1$.

公式 2 $\lim\limits_{n \to \infty} \left(1 + \dfrac{1}{n}\right)^n = \mathrm{e}$；$\lim\limits_{v \to 0} (1 + v)^{\frac{1}{v}} = \mathrm{e}$.

（4）用无穷小量重要性质和等价无穷小量代换.

（5）用泰勒公式（比用等价无穷小量更深刻）.

当 $x \to 0$ 时，$e^x = 1 + x + \dfrac{x^2}{2!} + \cdots + \dfrac{x^n}{n!} + o(x^n)$，如 $\lim\limits_{x \to 0} \dfrac{e^x - 1 - x - \dfrac{x^2}{2!}}{x^3} = \lim\limits_{x \to 0} \dfrac{\dfrac{x^3}{3!} + o(x^3)}{x^3} = \dfrac{1}{3!} = \dfrac{1}{6}$；

$$\sin x = x - \dfrac{x^3}{3!} + \dfrac{x^5}{5!} + \cdots (-1)^n \dfrac{x^{2n+1}}{(2n+1)!} + o(x^{2n+1})；$$

$$\cos x = 1 - \dfrac{x^2}{2!} + \dfrac{x^4}{4!} - \cdots + (-1)^n \dfrac{x^{2n}}{(2n)!} + o(x^{2n})；$$

$$\ln(1+x) = x - \dfrac{x^2}{2} + \dfrac{x^3}{3} - \cdots (-1)^{n+1} \dfrac{x^n}{n} + o(x^n)；$$

$$\arctan x = x - \dfrac{x^3}{3} + \dfrac{x^5}{5} - \cdots + (-1)^n \dfrac{x^{2n+1}}{2n+1} + o(x^{2n+1})；$$

$$(1+x)^\alpha = 1 + \alpha x + \dfrac{\alpha(\alpha-1)}{2!} x^2 + \cdots + \dfrac{\alpha(\alpha-1)\cdots[\alpha-(n-1)]}{n!} x^n + o(x^n).$$

（6）洛必达法则.

第一层次，直接用洛必达法则.

法则 1 $\left(\dfrac{0}{0}\text{型}\right)$ 设

1）$\lim f(x) = 0, \lim g(x) = 0$；

2）x 变化过程中，$f'(x)$、$g'(x)$ 皆存在；

3）$\lim \dfrac{f'(x)}{g'(x)} = A$（或 ∞），

则 $\lim \dfrac{f(x)}{g(x)} = A$（或 ∞）

注：若 $\lim \dfrac{f'(x)}{g'(x)}$ 不存在且不是无穷大量情形，则不能得出 $\lim \dfrac{f(x)}{g(x)}$ 不存在且不是无穷大量情形.

法则 2 $\left(\dfrac{\infty}{\infty}\text{型}\right)$ 设

1）$\lim f(x) = \infty, \lim g(x) = \infty$；

2）x 变化过程中，$f'(x)$、$g'(x)$ 皆存在；

3）$\lim \dfrac{f'(x)}{g'(x)} = A$（或 ∞），

则 $\lim \dfrac{f(x)}{g(x)} = A$（或 ∞）.

第二层次，间接用洛必达法则，即"$0 \cdot \infty$"型和"$\infty - \infty$"型. 如 $\lim\limits_{x \to 0^+} x \ln x$ 和 $\lim\limits_{x \to 0}\left(\dfrac{1}{x} - \dfrac{1}{e^x - 1}\right)$.

第三层次，间接再间接用洛必达法则，即"1^{∞}"型、"0^0"型、"∞^0"型. 如 $\lim\limits_{x \to x_0}(f(x))^{g(x)} = \lim\limits_{x \to x_0} e^{g(x)\ln f(x)} = e^{\lim\limits_{x \to x_0} g(x)\ln f(x)}$.

（7）利用导数定义求极限.

基本公式：$\lim\limits_{\Delta x \to 0} \dfrac{f(x_0 + \Delta x) - f(x_0)}{\Delta x} = f'(x_0)$（如果存在）.

（8）利用定积分定义求极限

基本公式：$\lim\limits_{n \to \infty} \dfrac{1}{n} \sum\limits_{k=1}^{n} f\left(\dfrac{k}{n}\right) = \int_0^1 f(x)\mathrm{d}x$（如果存在）.

（9）其他综合方法.

（10）求极限的反问题有关方法. 例：已知 $\lim\limits_{x \to 1} \dfrac{x^2 + ax + b}{\sin(x^2 - 1)} = 3$，求 a 和 b.

3.2.2 典型例题分析与讲解

1. 有关无穷小量

【例 3-14】 $\lim\limits_{x \to +\infty} \dfrac{x^3 + x^2 + 1}{2^x + x^3}(\sin x + \cos x) = \underline{\qquad}$.

【案例分析】无穷小量与有界量的乘积认为无穷小量。$\dfrac{x^3 + x^2 + 1}{2^x + x^3}$ 是无穷小量，$\sin x + \cos x$ 是有界量，因此结果为 0.

【例 3-15】设当 $x \to 0$ 时，$(1 - \cos x)\ln(1 + x^2)$ 是比 $x \sin x^n$ 高阶的无穷小量，而 $x \sin x^n$ 又是比 $(e^{x^2} - 1)$ 高阶的无穷小量，则 n 等于（   ）.

A. 1　　　　　B. 2　　　　　C. 3　　　　　D. 4

【案例分析】由于 $(1 - \cos x)\ln(1 + x^2)$ 等价于 $\dfrac{1}{2}x^4$，$(e^{x^2} - 1)$ 等价于 x^2，所以 $1 < n < 3$，故选 B.

2. 通过各种基本技巧化简后直接求出极限

【例 3-16】 设 $a_m \neq 0$，$b_n \neq 0$，求 $\lim\limits_{x \to \infty} \dfrac{a_m x^m + a_{m-1} x^{m-1} + \cdots + a_1 x + a_0}{b_n x^n + b_{n-1} x^{n-1} + \cdots + b_1 x + b_0}$.

【案例分析】 $\lim\limits_{x \to \infty} \dfrac{a_m x^m + a_{m-1} x^{m-1} + \cdots + a_1 x + a_0}{b_n x^n + b_{n-1} x^{n-1} + \cdots + b_1 x + b_0}$

$= \lim\limits_{x \to \infty} \dfrac{x^{m-n}(a_m + a_{m-1} x^{-1} + \cdots + a_1 x^{1-m} + a_0 x^{-m})}{b_n + b_{n-1} x^{-1} + \cdots + b_1 x^{1-n} + b_0 x^{-n}}$

$= \begin{cases} 0, & \text{当 } m < n \text{ 时} \\ \dfrac{a_m}{b_n}, & \text{当 } m = n \text{ 时} \\ \infty, & \text{当 } m > n \text{ 时} \end{cases}$

【例 3-17】 设 $a \neq 0$，$|r| < 1$，求 $\lim\limits_{n \to \infty}(a + ar + \cdots + ar^{n-1})$.

【案例分析】 $\lim\limits_{n \to \infty}(a + ar + \cdots + ar^{n-1}) = \lim\limits_{n \to \infty} a \dfrac{1 - r^n}{1 - r} = \dfrac{a}{1 - r}$.

特例 （1）求 $\lim\limits_{n \to \infty}\left[\dfrac{2}{3} - \left(\dfrac{2}{3}\right)^2 + \left(\dfrac{2}{3}\right)^3 - \cdots + (-1)^{n+1}\left(\dfrac{2}{3}\right)^n\right]$，

即在例 3-17 中取 $a = \dfrac{2}{3}$，$r = -\dfrac{2}{3}$，可知原式 $= \dfrac{\dfrac{2}{3}}{1 - \left(-\dfrac{2}{3}\right)} = \dfrac{2}{5}$.

（2） $\lim\limits_{n \to \infty} \dfrac{1 + \dfrac{1}{2} + \cdots + \left(\dfrac{1}{2}\right)^n}{1 + \dfrac{1}{3} + \cdots + \left(\dfrac{1}{3}\right)^n} = \dfrac{2}{\dfrac{3}{2}} = \dfrac{4}{3}$.

【例 3-18】 求 $\lim\limits_{n \to \infty} \dfrac{3^{n+1} - 2^n}{2^{n+1} + 3^n}$.

【案例分析】 分子、分母用 3^n 除之，则

原式 $= \lim\limits_{n \to \infty} \dfrac{3 - \left(\dfrac{2}{3}\right)^n}{2\left(\dfrac{2}{3}\right)^n + 1} = 3$ （注：主要用当 $|r| < 1$ 时，$\lim\limits_{n \to \infty} r^n = 0$）

【例 3-19】 设 l 是正整数，求 $\lim\limits_{n \to \infty} \sum\limits_{k=1}^{n} \dfrac{1}{k(k+l)}$.

【案例分析】 因为 $\dfrac{1}{k(k+l)} = \dfrac{1}{l}\left(\dfrac{1}{k} - \dfrac{1}{k+l}\right)$，所以

$$\sum_{k=1}^{n}\frac{1}{k(k+l)}=\frac{1}{l}\left(1+\frac{1}{2}+\cdots+\frac{1}{l}-\frac{1}{n+1}-\cdots-\frac{1}{n+l}\right)$$

因此原式 $=\frac{1}{l}\left(1+\frac{1}{2}+\cdots+\frac{1}{l}\right)$.

特例 （1） $\lim\limits_{n\to\infty}\sum\limits_{k=1}^{n}\dfrac{1}{k(k+1)}=1$ （$l=1$）；

（2） $\lim\limits_{n\to\infty}\sum\limits_{k=1}^{n}\dfrac{1}{k(k+2)}=\dfrac{1}{2}\left(1+\dfrac{1}{2}\right)=\dfrac{3}{4}$ （$l=2$）．

3. 用两个重要公式

【例3-20】 求 $\lim\limits_{n\to\infty}\cos\dfrac{x}{2}\cos\dfrac{x}{4}\cdots\cos\dfrac{x}{2^n}$.

【案例分析】 当 $x=0$，原式 $=1$.

当 $x\neq 0$ 时，原式 $=\lim\limits_{n\to\infty}\dfrac{2^n\sin\dfrac{x}{2^n}\cos\dfrac{x}{2}\cos\dfrac{x}{4}\cdots\cos\dfrac{x}{2^n}}{2^n\sin\dfrac{x}{2^n}}$

$$=\lim_{n\to\infty}\frac{2^{n-1}\cos\dfrac{x}{2}\cos\dfrac{x}{4}\cdots\cos\dfrac{x}{2^{n-1}}\cdot\sin\dfrac{x}{2^{n-1}}}{2^n\sin\dfrac{x}{2^n}}$$

$=\cdots$

$=\lim\limits_{n\to\infty}\dfrac{\sin x}{2^n\sin\dfrac{x}{2^n}}=\lim\limits_{n\to\infty}\dfrac{\sin x}{x}\cdot\dfrac{\dfrac{x}{2^n}}{\sin\dfrac{x}{2^n}}=\dfrac{\sin x}{x}$

【例3-21】 求 $\lim\limits_{x\to\infty}\left(\dfrac{x-1}{x+1}\right)^x$.

【案例分析】 解法一： $\lim\limits_{x\to\infty}\left(\dfrac{x-1}{x+1}\right)^x=\lim\limits_{x\to\infty}\left[\dfrac{(x-1)/x}{(x+1)/x}\right]^x=\lim\limits_{x\to\infty}\dfrac{\left(1-\dfrac{1}{x}\right)^x}{\left(1+\dfrac{1}{x}\right)^x}=\dfrac{e^{-1}}{e}=e^{-2}$.

解法二： $\lim\limits_{x\to\infty}\left(\dfrac{x-1}{x+1}\right)^x=\lim\limits_{x\to\infty}\left[1+\left(\dfrac{-2}{x+1}\right)\right]^{\left(\frac{x+1}{-2}\right)\left(\frac{-2x}{x+1}\right)}=e^{-2}$.

【例3-22】 极限 $\lim\limits_{x\to\infty}\left[\dfrac{x^2}{(x-a)(x+b)}\right]^x=(\quad)$.

A. 1 B. 2 C. e^{a-b} D. e^{b-a}

【案例分析】 答案为 C.

原式 $= \lim\limits_{x\to\infty} \dfrac{1}{\left[\left(1-\dfrac{a}{x}\right)^{\left(-\frac{x}{a}\right)}\right]^{(-a)} \left[\left(1+\dfrac{b}{x}\right)^{\frac{x}{b}}\right]^{b}} = \dfrac{1}{e^{b-a}} = e^{a-b}$

4. 用夹逼定理求极限

【例 3-23】 求 $\lim\limits_{n\to\infty}\left(\dfrac{1}{2}\cdot\dfrac{3}{4}\cdot\dfrac{5}{6}\cdots\dfrac{2n-1}{2n}\right)$.

【案例分析】 令 $x_n = \dfrac{1}{2}\cdot\dfrac{3}{4}\cdot\dfrac{5}{6}\cdots\dfrac{2n-1}{2n}$，$y_n = \dfrac{2}{3}\cdot\dfrac{4}{5}\cdots\dfrac{2n}{2n+1}$，则 $0 < x_n < y_n$，于是 $0 < x_n^2 < x_n y_n = \dfrac{1}{2n+1}$. 由夹逼定理可知：$\lim\limits_{n\to\infty} x_n^2 = 0$，于是原极限为 0.

【例 3-24】 求 $\lim\limits_{n\to\infty}\sum\limits_{k=1}^{n}\dfrac{k}{n^2+n+k}$.

【案例分析】 $\dfrac{1+2+\cdots+n}{n^2+n+n} \leqslant \sum\limits_{k=1}^{n}\dfrac{k}{n^2+n+k} \leqslant \dfrac{1+2+\cdots+n}{n^2+n+1}$，而

$$\lim\limits_{n\to\infty}\dfrac{1+2+\cdots+n}{n^2+2n} = \lim\limits_{n\to\infty}\dfrac{\frac{1}{2}n(n+1)}{n(n+2)} = \dfrac{1}{2}$$

$$\lim\limits_{n\to\infty}\dfrac{1+2+\cdots+n}{n^2+n+1} = \lim\limits_{n\to\infty}\dfrac{\frac{1}{2}n(n+1)}{n^2+n+1} = \dfrac{1}{2}$$

由夹逼定理可知：$\lim\limits_{n\to\infty}\sum\limits_{k=1}^{n}\dfrac{k}{n^2+n+k} = \dfrac{1}{2}$.

【例 3-25】 求 $\lim\limits_{x\to\infty}\dfrac{1}{x}\int_0^x |\sin t|\, dt$.

【案例分析】 因为 $\int_{k\pi}^{(k+1)\pi} |\sin t|\, dt = \int_0^{\pi} \sin t\, dt = 2$，设 $n\pi \leqslant x < (n+1)\pi$，所以

$$2n = \int_0^{n\pi} |\sin t|\, dt \leqslant \int_0^{x} |\sin t|\, dt \leqslant \int_0^{(n+1)\pi} \sin t\, dt = 2(n+1)$$

于是，$\dfrac{2n}{(n+1)\pi} \leqslant \dfrac{1}{x}\int_0^x |\sin t|\, dt \leqslant \dfrac{2(n+1)}{n\pi}$.

因为 $\lim\limits_{n\to\infty}\dfrac{2n}{(n+1)\pi} = \dfrac{2}{\pi}$，$\lim\limits_{n\to\infty}\dfrac{2(n+1)}{n\pi} = \dfrac{2}{\pi}$，由夹逼定理可知，$\lim\limits_{x\to+\infty}\dfrac{1}{x}\int_0^x |\sin t|\, dt = \dfrac{2}{\pi}$.

5. 用定积分定义求数列的极限

【例 3-26】 求 $\lim\limits_{n\to\infty}\sum\limits_{k=1}^{n}\dfrac{n}{n^2+k^2}$.

【案例分析】 $\lim\limits_{n\to\infty}\sum\limits_{k=1}^{n}\dfrac{n}{n^2+k^2} = \lim\limits_{n\to\infty}\dfrac{1}{n}\sum\limits_{k=1}^{n}\dfrac{1}{1+\left(\dfrac{k}{n}\right)^2}$

$$= \int_0^1 \frac{dx}{1+x^2} = \arctan x \Big|_0^1 = \frac{\pi}{4}$$

【例 3-27】 求 $\lim\limits_{n\to\infty}\sum\limits_{k=1}^{n}\dfrac{\sin\frac{k\pi}{n}}{n+\frac{1}{k}}$.

【案例分析】 因为 $\dfrac{1}{n+1}\sum\limits_{k=1}^{n}\sin\dfrac{k\pi}{n} \leqslant \sum\limits_{k=1}^{n}\dfrac{\sin\frac{k\pi}{n}}{n+\frac{1}{k}} \leqslant \dfrac{1}{n}\sum\limits_{k=1}^{n}\sin\dfrac{k\pi}{n}$，而

$$\lim_{n\to\infty}\frac{1}{n}\sum_{k=1}^{n}\sin\frac{k\pi}{n} = \int_0^1 \sin\pi x\,dx = \frac{2}{\pi}$$

$$\lim_{n\to\infty}\frac{1}{n+1}\sum_{k=1}^{n}\sin\frac{k\pi}{n} = \lim_{n\to\infty}\left(\frac{n}{n+1}\right)\left(\frac{1}{n}\sum_{k=1}^{n}\sin\frac{k\pi}{n}\right) = \frac{2}{\pi}$$

由夹逼定理可知，$\lim\limits_{n\to\infty}\sum\limits_{k=1}^{n}\dfrac{\sin\frac{k\pi}{n}}{n+\frac{1}{k}} = \dfrac{2}{\pi}$.

【例 3-28】 $\lim\limits_{n\to\infty}\sum\limits_{i=1}^{n}\sum\limits_{j=1}^{n}\dfrac{n}{(n+i)(n^2+j^2)} = ($ $)$.

A. $\int_0^1 dx \int_0^x \dfrac{dy}{(1+x)(1+y^2)}$ B. $\int_0^1 dx \int_0^x \dfrac{dy}{(1+x)(1+y)}$

C. $\int_0^1 dx \int_0^1 \dfrac{dy}{(1+x)(1+y)}$ D. $\int_0^1 dx \int_0^1 \dfrac{dy}{(1+x)(1+y^2)}$

【案例分析】 答案为 D.

$$原式 = \lim_{n\to\infty}\sum_{i=1}^{n}\sum_{j=1}^{n}\left[\frac{1}{n\left(1+\frac{i}{n}\right)}\right]\left[\frac{1}{n\left(1+\frac{j^2}{n^2}\right)}\right]$$

$$= \int_0^1 \frac{dx}{(1+x)}\int_0^1 \frac{dy}{(1+y^2)} = \int_0^1 dx\int_0^1 \frac{dy}{(1+x)(1+y^2)}$$

6. 用洛必达法则求极限

（1）$\dfrac{0}{0}$ 型和 $\dfrac{\infty}{\infty}$ 型.

【例 3-29】 求 $\lim\limits_{n\to\infty}\dfrac{\frac{1}{n}-\sin\frac{1}{n}}{\sin^3\frac{1}{n}}$.

【案例分析】离散型不能直接用洛必达法则，故考虑

$$\lim_{x\to 0}\frac{x-\sin x}{\sin^3 x}\xlongequal{\text{等价无穷小量代换}}\lim_{x\to 0}\frac{x-\sin x}{x^3}=\lim_{x\to 0}\frac{1-\cos x}{3x^2}=\lim_{x\to 0}\frac{\sin x}{6x}=\frac{1}{6}$$

所以原式 $=\frac{1}{6}$.

【例 3-30】求 $\lim\limits_{x\to 0}\dfrac{e^{-\frac{1}{x^2}}}{x^{10}}$.

【案例分析】若直接用 $\frac{0}{0}$ 型洛必达法则 1，则得 $\lim\limits_{x\to 0}\dfrac{\left(\frac{2}{x^3}\right)e^{-\frac{1}{x^2}}}{10x^9}=\lim\limits_{x\to 0}\dfrac{e^{-\frac{1}{x^2}}}{5x^{12}}$（不好办了，分母 x 的次数反而增加），为了避免分子求导的复杂性，先用变量替换，令 $\dfrac{1}{x^2}=t$，于是

$$\lim_{x\to 0}\frac{e^{-\frac{1}{x^2}}}{x^{10}}=\lim_{t\to +\infty}\frac{e^{-t}}{t^{-5}}=\lim_{t\to +\infty}\frac{t^5}{e^t}\left(\frac{\infty}{\infty}\text{型}\right)$$

$$=\lim_{t\to +\infty}\frac{5t^4}{e^t}=\cdots=\lim_{t\to +\infty}\frac{5!}{e^t}=0$$

【例 3-31】设函数 $f(x)$ 连续，$f(0)\neq 0$，求 $\lim\limits_{x\to 0}\dfrac{\int_0^x(x-t)f(t)\mathrm{d}t}{x\int_0^x f(x-t)\mathrm{d}t}$.

【案例分析】原式 $=\lim\limits_{x\to 0}\dfrac{x\int_0^x f(t)\mathrm{d}t-\int_0^x tf(t)\mathrm{d}t}{-x\int_0^x f(u)\mathrm{d}u}$（分母作变量替换 $x-t=u$）

$$=\lim_{x\to 0}\frac{\int_0^x f(t)\mathrm{d}t+xf(x)-xf(x)}{-\int_0^x f(u)\mathrm{d}u-xf(x)}$$

（用洛必达法则，分子、分母各求导数）（用积分中值定理）

$$=\lim_{\substack{x\to 0\\(\xi\to 0)}}\frac{xf(\xi)}{-xf(\xi)-xf(x)}\quad(\xi\text{ 在 }0\text{ 和 }x\text{ 之间})$$

$$=\frac{f(0)}{-f(0)-f(0)}=-\frac{1}{2}$$

（2）"$\infty-\infty$"型和"$0\cdot\infty$"型.

【例 3-32】求 $\lim\limits_{x\to 0}\left(\dfrac{1}{\sin^2 x}-\dfrac{\cos^2 x}{x^2}\right)$.

【案例分析】原式 $=\lim\limits_{x\to 0}\dfrac{x^2-\sin^2 x\cdot\cos^2 x}{x^2\sin^2 x}$

$$= \lim_{x \to 0} \frac{x^2 - \frac{1}{4}\sin^2 2x}{x^4}$$

$$= \lim_{x \to 0} \frac{2x - \sin 2x \cos 2x}{4x^3}$$

$$= \lim_{x \to 0} \frac{x - \frac{1}{4}\sin 4x}{2x^3}$$

$$= \lim_{x \to 0} \frac{1 - \cos 4x}{6x^2}$$

$$= \lim_{x \to 0} \frac{4\sin 4x}{12x}$$

$$= \frac{4}{3}$$

【例 3-33】 设 $a > 0$、$b > 0$ 为常数. 求 $\lim\limits_{x \to +\infty} x\left(a^{\frac{1}{x}} - b^{\frac{1}{x}}\right)$.

【案例分析】 原式 $= \lim\limits_{x \to +\infty} \dfrac{a^{\frac{1}{x}} - b^{\frac{1}{x}}}{\frac{1}{x}} \xrightarrow{\diamondsuit \frac{1}{x} = t} \lim\limits_{t \to 0^+} \dfrac{a^t - b^t}{t} \left(\dfrac{0}{0}\text{型}\right)$

$$= \lim_{t \to 0^+}(a^t \ln a - b^t \ln b) = \ln a - \ln b = \ln \frac{a}{b}$$

（3）"1^∞"型，"0^0"型和"∞^0"型.

这几类都是 $\lim(f(x))^{g(x)}$ 形式，可化为 $\mathrm{e}^{\lim g(x)\ln(f(x))}$.

而 $\lim g(x)\ln(f(x))$ 都是"$0 \cdot \infty$"型，按（2）的情形处理.

【例 3-34】 求 $\lim\limits_{x \to 0^+} x^{\sin^2 x}$.

【案例分析】 令 $y = x^{\sin^2 x}$，$\ln y = \sin^2 x \ln x$，则

$$\lim_{x \to 0^+} \ln y = \lim_{x \to 0^+} \sin^2 x \ln x = 0$$

所以 $\lim\limits_{x \to 0^+} y = \mathrm{e}^0 = 1$.

7. 求分段函数的极限

【例 3-35】 求 $\lim\limits_{x \to 0}\left(\dfrac{2 + \mathrm{e}^{\frac{1}{x}}}{1 + \mathrm{e}^{\frac{4}{x}}} + \dfrac{\sin x}{|x|}\right)$.

【案例分析】 $\lim\limits_{x \to 0^-}\left(\dfrac{2 + \mathrm{e}^{\frac{1}{x}}}{1 + \mathrm{e}^{\frac{4}{x}}} + \dfrac{\sin x}{(-x)}\right) = 2 - 1 = 1$

$$\lim_{x \to 0^+}\left(\frac{2\mathrm{e}^{-\frac{4}{x}}+\mathrm{e}^{-\frac{3}{x}}}{\mathrm{e}^{-\frac{4}{x}}+1}+\frac{\sin x}{x}\right)=0+1=1$$

所以 $\lim\limits_{x \to 0}\left(\dfrac{2+\mathrm{e}^{\frac{1}{x}}}{1+\mathrm{e}^{\frac{4}{x}}}+\dfrac{\sin x}{|x|}\right)=1$.

8. 用导数定义求极限

【例 3-36】设 $f'(x_0)=2$，求 $\lim\limits_{\Delta x \to 0}\dfrac{f(x_0+3\Delta x)-f(x_0-2\Delta x)}{\Delta x}$.

【案例分析】原式 $= \lim\limits_{\Delta x \to 0}\dfrac{[f(x_0+3\Delta x)-f(x_0)]-[f(x_0-2\Delta x)-f(x_0)]}{\Delta x}$

$$= 3\lim_{\Delta x \to 0}\frac{f(x_0+3\Delta x)-f(x_0)}{3\Delta x}+2\lim_{\Delta x \to 0}\frac{f(x_0-2\Delta x)-f(x_0)}{(-2\Delta x)}$$

$$= 3f'(x_0)+2f'(x_0)=5f'(x_0)=10$$

【例 3-37】设曲线 $y=f(x)$ 与 $y=\sin x$ 在原点相切，求 $\lim\limits_{n \to \infty}nf\left(\dfrac{2}{n}\right)$.

【案例分析】由题设可知 $f(0)=0$，$f'(0)=(\sin x)'|_{x=0}=1$，于是

$$\lim_{n \to \infty}nf\left(\frac{2}{n}\right)=\lim_{n \to \infty}2\cdot\frac{f\left(\frac{2}{n}\right)-f(0)}{\frac{2}{n}-0}=2f'(0)=2$$

9. 递推数列的极限

【例 3-38】设 $0<x_1<3$，$x_{n+1}=\sqrt{x_n(3-x_n)}$，证明 $\lim\limits_{n \to \infty}x_n$ 存在，并求其值.

【案例分析】因为 $x_1>0$，$3-x_1>0$，所以 $0<x_2=\sqrt{x_1(3-x_1)}\leqslant\dfrac{x_1+(3-x_1)}{2}=\dfrac{3}{2}$.

（几何平均值 $\leqslant$ 算术平均值）

用数学归纳法可知 $n>1$ 时，$0<x_n\leqslant\dfrac{3}{2}$，所以 $\{x_n\}$ 有界.

又当 $n>1$ 时，$x_{n+1}-x_n=\sqrt{x_n(3-x_n)}-x_n=\sqrt{x_n}(\sqrt{3-x_n}-\sqrt{x_n})$

$$=\frac{\sqrt{x_n}(3-2x_n)}{\sqrt{3-x_n}+\sqrt{x_n}}\geqslant 0$$

所以 $x_{n+1}\geqslant x_n$，则 $\{x_n\}$ 单调增加.

根据准则 1，$\lim\limits_{n \to \infty}x_n=l$ 存在.

把 $x_{n+1} = \sqrt{x_n(3-x_n)}$ 两边取极限，得 $l = \sqrt{l(3-l)}$，$l^2 = 3l - l^2$，$l = 0$（舍去），得 $l = \dfrac{3}{2}$，

所以 $\lim\limits_{n \to \infty} x_n = \dfrac{3}{2}$.

思考题 设 $x_1 = 2$，$x_2 = 2 + \dfrac{1}{x_1}$，$\cdots$，$x_n = 2 + \dfrac{1}{x_{n-1}}$，$\cdots$，求 $\lim\limits_{n \to \infty} x_n$.

10. 求极限的反问题

【例 3-39】 设 $\lim\limits_{x \to 1} \dfrac{x^2 + ax + b}{\sin(x^2 - 1)} = 3$，求 a 和 b.

【案例分析】 由题设可知 $\lim\limits_{x \to 1}(x^2 + ax + b) = 0$，所以 $1 + a + b = 0$，再由洛必达法则得

$$\lim_{x \to 1} \frac{x^2 + ax + b}{\sin(x^2 - 1)} = \lim_{x \to 1} \frac{2x + a}{2x \cos(x^2 - 1)} = \frac{2 + a}{2} = 3$$

则 $a = 4, b = -5$.

【例 3-40】 设 $f(x)$ 在 $(0, +\infty)$ 内可导，$f(x) > 0$，$\lim\limits_{x \to \infty} f(x) = 1$，且满足

$\lim\limits_{h \to 0} \left(\dfrac{f(x + hx)}{f(x)} \right)^{\frac{1}{h}} = \mathrm{e}^{\frac{1}{x}}$，求 $f(x)$.

【案例分析】 $\lim\limits_{h \to 0} \left(\dfrac{f(x + hx)}{f(x)} \right)^{\frac{1}{h}} = \mathrm{e}^{\lim\limits_{h \to 0} \frac{1}{h}(\ln f(x+hx) - \ln f(x))} = \mathrm{e}^{\lim\limits_{h \to 0} \frac{x}{hx}(\ln f(x+hx) - \ln f(x))} = \mathrm{e}^{x(\ln f(x))'}$

因此，$x(\ln f(x))' = \dfrac{1}{x}$，$(\ln f(x))' = \dfrac{1}{x^2}$，$\ln f(x) = -\dfrac{1}{x} + c'$，$f(x) = c\mathrm{e}^{-\frac{1}{x}}$，由 $\lim\limits_{x \to +\infty} f(x) = 1$，

可知 $c = 1$.

则 $f(x) = \mathrm{e}^{-\frac{1}{x}}$.

3.2.3 典型真题分析与讲解

【例 3-41】（2020 年竞赛真题）（1）当 $x > 0$ 时，证明存在小于 x 的正数 ξ，使 $\arctan x = \dfrac{x}{1 + \xi^2}$；

（2）对（1）中 ξ，求 $\lim\limits_{x \to 0^+} \dfrac{\xi}{x}$.

【案例分析】（1）对函数 $f(x) = \arctan x$ 在区间 $[0, x]$ 上使用拉格朗日中值定理得

$$\arctan x - \arctan 0 = \frac{1}{1 + \xi^2}(x - 0), \xi \in (0, x)$$

即存在小于 x 的正数 ξ，使 $\arctan x = \dfrac{x}{1 + \xi^2}$.

（2）由（1）可知，$\xi^2 = \dfrac{x}{\arctan x} - 1 = \dfrac{x - \arctan x}{\arctan x}$，所以

$$\lim_{x \to 0^+} \dfrac{\xi^2}{x^2} = \lim_{x \to 0^+} \dfrac{x - \arctan x}{x^2 \arctan x} = \lim_{x \to 0^+} \dfrac{\frac{1}{3}x^3 + o(x^3)}{x^3} = \dfrac{1}{3}$$

又因为 $\dfrac{\xi}{x} > 0$，所以 $\lim\limits_{x \to 0^+} \dfrac{\xi}{x} = \dfrac{1}{\sqrt{3}}$.

【例 3-42】（填空题，2019 年竞赛真题）设 $f(x)$ 是三次多项式，且 $\lim\limits_{x \to 1} \dfrac{f(x)}{x-1} = \lim\limits_{x \to -1} \dfrac{f(x)}{x+1} = 1$，则 $\lim\limits_{x \to 0} \dfrac{f(x)}{x} =$ _____.

【案例分析】 由题设中的两个极限式，可设

$$f(x) = (ax+b)(x-1)(x+1)$$

代入极限式的

$$\lim_{x \to 1} \dfrac{f(x)}{x-1} = \lim_{x \to 1}(ax+b)(x+1) = 2(a+b) = 1$$

$$\lim_{x \to -1} \dfrac{f(x)}{x+1} = \lim_{x \to -1}(ax+b)(x-1) = -2(-a+b) = 1$$

解得 $a = \dfrac{1}{2}, b = 0$. 故 $f(x) = \dfrac{1}{2}x(x+1)(x-1)$，代入得

$$\lim_{x \to 0} \dfrac{f(x)}{x} = \lim_{x \to 0} \dfrac{1}{2}(x+1)(x-1) = -\dfrac{1}{2}$$

【例 3-43】（填空题，2018 年竞赛真题）求

$$\lim_{n \to \infty}(1^{4n} + 2^{3n} + 3^{2n} + 4^n)^{\frac{1}{n}} =$$

【案例分析】 因为

$$9^n < 1^{4n} + 2^{3n} + 3^{2n} + 4^n = 1^n + 8^n + 9^n + 4^n < 4 \times 9^n$$

又因为

$$\lim_{n \to \infty} \sqrt[n]{9^n} = 9, \quad \lim_{n \to \infty} \sqrt[n]{4 \times 9^n} = 9$$

所以

$$\lim_{n \to \infty}(1^{4n} + 2^{3n} + 3^{2n} + 4^n)^{\frac{1}{n}} = 9$$

【例 3-44】（2017 年竞赛真题）求 $\lim\limits_{n \to \infty}\left(\dfrac{1}{n^2+1^2} + \dfrac{2}{n^2+2^2} + \cdots + \dfrac{n}{n^2+n^2}\right)$.

【案例分析】 由定积分的定义，得

$$\lim_{n\to\infty}\left(\frac{1}{n^2+1^2}+\frac{2}{n^2+2^2}+\cdots+\frac{n}{n^2+n^2}\right)$$

$$=\lim_{n\to\infty}\sum_{k=1}^{n}\frac{\frac{k}{n}}{\left(\frac{k}{n}\right)^2+1}\cdot\frac{1}{n}$$

$$=\int_0^1\frac{x}{1+x^2}\,dx=\frac{1}{2}\ln(1+x^2)\Big|_0^1=\frac{1}{2}\ln 2$$

基础训练题（一）

1. 求 $\lim\limits_{n\to\infty}\left[\dfrac{1^2}{n^3}+\dfrac{2^2}{n^3}+\cdots+\dfrac{(n-1)^2}{n^3}\right]$.

2. （1）求 $\lim\limits_{n\to\infty}\left[\dfrac{1}{1\cdot 2}+\dfrac{1}{2\cdot 3}+\cdots+\dfrac{1}{n(n+1)}\right]$；

（2）求 $\lim\limits_{n\to\infty}\left[\dfrac{2}{1\cdot 2\cdot 3}+\dfrac{3}{2\cdot 3\cdot 4}+\cdots+\dfrac{n+1}{n(n+1)(n+2)}\right]$；

（3）求 $\lim\limits_{n\to\infty}\left(\dfrac{1}{3}+\dfrac{1}{15}+\cdots+\dfrac{1}{4n^2-1}\right)$.

3. 设 $|x|<1$，记 $S_n(x)=1+2x+3x^2+4x^3+\cdots+nx^{n-1}$，求 $\lim\limits_{n\to\infty}S_n(x)$.

4.（1）求 $\lim\limits_{n\to\infty}\left(\dfrac{1}{\sqrt{n^2+1}}+\dfrac{1}{\sqrt{n^2+2}}+\cdots+\dfrac{1}{\sqrt{n^2+n}}\right)$；

（2）求 $\lim\limits_{n\to\infty}\left(\dfrac{1}{n+1}+\dfrac{1}{n+2}+\cdots+\dfrac{1}{2n}\right)$.

5. 求 $\lim\limits_{n\to\infty}\left(1-\dfrac{1}{2^2}\right)\left(1-\dfrac{1}{3^2}\right)\cdots\left(1-\dfrac{1}{n^2}\right)$.

6. 求 $\lim\limits_{n\to\infty}\left[\ln\left(1+\dfrac{1}{n}\right)+\ln\left(1+\dfrac{1}{n+1}\right)+\cdots+\ln\left(1+\dfrac{1}{n+n}\right)\right].$

7. 设 $a_1=1$, $a_2=2$, $3a_{n+2}-4a_{n+1}+a_n=0$ $(n\geq 1)$, 求 $\lim\limits_{n\to\infty}a_n.$

8. 设 $x_0>0$, $x_{n+1}=\dfrac{1}{3}\left(2x_n+\dfrac{a}{x_n^2}\right)$ $(n=0,1,2,\cdots)$, $a>0$ 是常数, 证明 $\lim\limits_{n\to\infty}x_n$ 存在并求其值.

9. (1) $\lim\limits_{n\to\infty}\dfrac{(2n-3)^{10}(3n+2)^{20}}{(2n+1)^{30}}$;

(2) $\lim\limits_{n\to\infty}(2\sqrt{n+1}-\sqrt{n}-\sqrt{n+2})\cdot n^{\frac{1}{2}}.$

10. $\lim\limits_{n\to\infty}\left[\sin(n!)\left(\dfrac{n^2+1}{n^3+2}\right)+\dfrac{\arctan n}{n}\right]$.

11. 求下列极限

（1）$\lim\limits_{n\to\infty}\left(\dfrac{n}{n+1}\right)^{\frac{n}{2}}$；
（2）$\lim\limits_{n\to\infty}\left(1+\dfrac{1}{n}+\dfrac{1}{n^2}\right)^n$；
（3）$\lim\limits_{n\to\infty}n\sin\dfrac{\pi}{n}$.

拔高训练题（一）

1. （1）设 $a_i>0$ $(i=1,2,3,\cdots,100)$，求 $\lim\limits_{n\to\infty}\sqrt[n]{a_1^n+a_2^n+\cdots+a_{100}^n}$；

（2）$\lim\limits_{n\to\infty}\dfrac{2^n}{n!}$；
（3）$\lim\limits_{n\to\infty}[\sin\ln(n+1)-\sin\ln n]$.

2.（1）求 $\lim\limits_{x\to 0}\dfrac{e^x-e^{-x}-2x}{x-\sin x}$；　　　　（2）求 $\lim\limits_{x\to +\infty}\dfrac{e^x+e^{-x}}{e^x-e^{-x}}$.

3.（1）$\lim\limits_{x\to 0}\dfrac{\sin x-\tan x}{x^3}$；　（2）$\lim\limits_{x\to 1}\dfrac{\ln(1+\sqrt[3]{x-1})}{\arcsin 2\sqrt[3]{x^2-1}}$；　（3）$\lim\limits_{x\to a}\left(\dfrac{\sin x}{\sin a}\right)^{\frac{1}{x-a}}$.

4. $\lim\limits_{x\to 1}(1-x)\tan\dfrac{\pi x}{2}$.

5.（1）若 $\lim\limits_{x\to 2}\dfrac{x^2+ax+b}{x^2-x-2}=2$，求 a、b；　（2）若 $\lim\limits_{x\to\infty}\left(\dfrac{x^2+1}{x+1}-ax-b\right)=0$，求 a、b.

6. 当 $x\to 0$ 时，$1-\cos(e^{x^2}-1)$ 与 $2^m x^n$ 为等价无穷小量，求 m、n.

基础训练题答案（一）

1. $\frac{1}{3}$.

2. （1）1； （2）$\frac{3}{4}$； （3）$\frac{1}{6}$.

3. 提示：利用级数的性质，逐项积分再求导.

4. （1）1； （2）提示：利用定积分的定义.

5. $\frac{1}{2}$，提示：每项利用平方差.

6. $\ln 2$，提示：和化积.

7. 0.

8. $\sqrt[3]{a}$.

9. （1）$\left(\frac{3}{2}\right)^{20}$； （2）0.

10. 0.

11. （1）$e^{-\frac{1}{2}}$； （2）e； （3）π.

拔高训练题答案（一）

1. （1）1； （2）0； （3）0.

2. （1）2； （2）1.

3. （1）$\frac{1}{2}$； （2）$\frac{1}{2}$； （3）$e^{\cot a}$.

4. $\frac{2}{\pi}$.

5. （1）$a=2, b=-8$； （2）$a=1, b=-1$.

6. $n=2, m=0$.

3.3 连 续

日常生活中有很多现象,如气温的变化、河水的流动、身高的变化等都是连续变化的,这些现象反映到数学中,就是函数的连续性. 前面讨论了当 $x \to x$ 时函数的极限,函数极限讨论的是当自变量 x 无限接近于 x(但不等于 x)时函数值的变化趋势,与函数在点 x 处是否有定义或者函数值是多少无关,本节首先在讨论极限与函数值关系的基础上给出连续函数的定义,其次介绍连续函数的运算性质和初等函数的连续性,最后介绍闭区间上连续函数的性质.

3.3.1 知识回顾

1. 函数连续的概念

定义 1 若 $\lim\limits_{x \to x_0} f(x) = f(x_0)$,则称 $f(x)$ 在点 x_0 处连续.

定义 2 设函数 $y = f(x)$,若 $\lim\limits_{x \to x_0^-} f(x) = f(x_0)$,则称函数 $f(x)$ 在点 x_0 处左连续;若 $\lim\limits_{x \to x_0^+} f(x) = f(x_0)$,则称函数 $f(x)$ 在点 x_0 处右连续.

定义 3 若函数 $y = f(x)$ 在开区间 (a, b) 内的每一点都连续,则称 $f(x)$ 在 (a, b) 内连续.

2. 函数的间断点及其分类

(1)若函数 $y = f(x)$ 在点 x_0 处不连续,则称 x_0 为 $f(x)$ 的间断点.

(2)函数的间断点分为两类:第一类间断点和第二类间断点.

3. 初等函数的连续性

(1)在区间 I 内连续的函数的和、差、积及商(分母不为零),在区间 I 内仍是连续的.

(2)右连续函数经有限次复合而成的复合函数在定义区间内仍是连续函数.

(3)在区间 I 内连续且单调的函数的反函数,在对应区间内仍连续且单调.

(4)基本初等函数在它的定义域内是连续的.

(5)初等函数在它的定义区间内是连续的.

4. 闭区间上连续函数的性质

在闭区间 $[a, b]$ 上连续的函数 $f(x)$,有以下几个基本性质,这些性质以后都要用到.

定理 1 （有界定理）若函数 $f(x)$ 在闭区间 $[a, b]$ 上连续，则 $f(x)$ 必在 $[a, b]$ 上有界。

定理 2 （最大值和最小值定理）若函数 $f(x)$ 在闭区间 $[a, b]$ 上连续，则其在这个区间上一定存在最大值 M 和最小值 m。

定理 3 （介值定理）若函数 $f(x)$ 在闭区间 $[a, b]$ 上连续，且其最大值和最小值分别为 M 和 m，则对于介于 m 和 M 之间的任何实数 c，在 $[a, b]$ 上至少存在一个 ξ，使得

$$f(\xi) = c$$

推论：若函数 $f(x)$ 在闭区间 $[a, b]$ 上连续，且 $f(a)$ 与 $f(b)$ 异号，则在 (a, b) 内至少存在一个点 ξ，使得

$$f(\xi) = 0$$

3.3.2 典型例题分析与讲解

1. 讨论函数的连续性

由于初等函数在它的定义区间内总是连续的，因此，函数的连续性讨论多是指分段函数在分段点处的连续性。对于分段函数在分段点处的连续性，若函数在分段点两侧表达式不同，则需根据函数在一点连续的充要条件进行讨论。

【例 3-45】 讨论函数

$$f(x) = \begin{cases} e^{\frac{1}{x}}, & x < 0 \\ 0, & x = 0 \\ x \sin \frac{1}{x}, & x > 0 \end{cases}$$

在点 $x = 0$ 处的连续性。

【案例分析】因

$$f(0-0) = \lim_{x \to 0^-} f(x) = \lim_{x \to 0^-} e^{\frac{1}{x}} = 0$$

$$f(0+0) = \lim_{x \to 0^+} f(x) = \lim_{x \to 0^+} x \sin \frac{1}{x} = 0$$

$$f(0) = 0$$

即有 $f(0-0) = f(0+0) = f(0)$，故 $f(x)$ 在点 $x = 0$ 处连续。

2. 间断点问题

【例 3-46】 设 $f(x)$、$g(x)$ 在 $(-\infty, +\infty)$ 内有定义，$f(x)$ 为连续，且 $f(x) \neq 0$，$g(x)$ 有间断点，则下列函数中必有间断点的为（   ）。

A. $g(f(x))$ B. $(g(x))^2$ C. $f(g(x))$ D. $\dfrac{g(x)}{f(x)}$

【案例分析】$f(x)$ 连续且不为零，所以 $f(x)$ 倒数也是连续函数，$g(x)$ 有间断点，所以选择 D.

【例 3-47】求 $\lim\limits_{n\to\infty}\left[\left(\dfrac{x^{2n}-1}{x^{2n}+1}\right)-x\right]=f(x)$ 的间断点，并判别其类型.

【案例分析】当 $|x|<1$ 时，$\lim\limits_{n\to\infty}x^{2n}=0$，$f(x)=-1-x$；

当 $|x|=1$ 时，$f(x)=-x$；

当 $|x|>1$ 时，$f(x)=1-x$.

所以 $f(x)=\begin{cases}-1-x,&|x|<1\\-x,&|x|=1\\1-x,&|x|>1\end{cases}$，它是分段函数，分段点为 ± 1，$f(1)=-1$，$f(1-0)=-2$，$f(1+0)=0$，$f(-1)=1$，$f(-1-0)=2$，$f(-1+0)=0$. 所以 ± 1 皆是第一类间断点（跳跃间断点）.

【例 3-48】求 $\lim\limits_{t\to x}\left(\dfrac{\sin t}{\sin x}\right)^{\frac{x}{\sin t-\sin x}}=f(x)$ 的间断点，并判别其类型.

【案例分析】$x\ne k\pi$，考虑 $\ln f(x)=\lim\limits_{t\to x}\dfrac{x}{\sin t-\sin x}\ln\left(\dfrac{\sin t}{\sin x}\right)$（用洛必达法则）

$$=\lim_{t\to x}\dfrac{x}{\cos t}\cdot\dfrac{\frac{\cos t}{\sin x}}{\frac{\sin t}{\sin x}}=\dfrac{x}{\sin x}$$

所以 $f(x)=\mathrm{e}^{\frac{x}{\sin x}}(x\ne k\pi)$.

于是 $x=k\pi$（k 整数）是间断点，其中 $x=0$ 是可去间断点；$x=k\pi(k\ne 0)$ 是第二类间断点.

3. 利用介值定理讨论方程的根

【例 3-49】证明五次代数方程 $x^5-5x-1=0$ 在区间（1，2）内至少有一个根.

【案例分析】由于函数 $f(x)=x^5-5x-1$ 是初等函数，因而它在闭区间 $[1,2]$ 上连续，而

$$f(1)=1^5-5\times 1-1=-5<0$$
$$f(2)=2^5-5\times 2-1=21>0$$

因为 $f(1)$ 与 $f(2)$ 异号，故在（1，2）内至少有一点 x_0，使

$$f(x_0)=0$$

就是说，五次代数方程 $x^5-5x-1=0$ 在区间（1，2）内至少有一个根.

【例 3-50】设 $f(x)$ 在 $[a,b]$ 上连续，且 $f(a)<a$，$f(b)>b$，证明：$f(x)=x$ 在 (a,b) 内至少有一个根.

【案例分析】令 $g(x)=f(x)-x$，可知 $g(x)$ 在 $[a,b]$ 上连续. 因
$$g(a)=f(a)-a<0$$
$$g(b)=f(b)-b>0$$

由介值定理的推论，可知 $g(x)$ 在 (a,b) 内至少有一个零点，即 $f(x)=x$ 在 (a,b) 内至少有一个根.

【例 3-51】设 $f(x)$ 在 $[0,1]$ 上连续，且 $f(0)=f(1)$. 求证：在 $[0,1]$ 上至少存在一点 ξ，使 $f\left(\xi+\dfrac{1}{n}\right)=f(\xi)$（$n \geq 2$ 正整数）.

【案例分析】令 $G(x)=f\left(x+\dfrac{1}{n}\right)-f(x)$，$x \in \left[0,\dfrac{n-1}{n}\right]$，则
$$G(0)=f\left(\dfrac{1}{n}\right)-f(0)$$
$$G\left(\dfrac{1}{n}\right)=f\left(\dfrac{2}{n}\right)-f\left(\dfrac{1}{n}\right)$$
$$G\left(\dfrac{2}{n}\right)=f\left(\dfrac{3}{n}\right)-f\left(\dfrac{2}{n}\right)$$
$$G\left(\dfrac{n-1}{n}\right)=f(1)-f\left(\dfrac{n-1}{n}\right)$$

于是 $G(0)+G\left(\dfrac{1}{n}\right)+\cdots+G\left(\dfrac{n-1}{n}\right)=f(1)-f(0)=0$.

（1）若 $G\left(\dfrac{i}{n}\right)(i=0,1,\cdots,n-1)$ 存在为 0 的，则令 $\xi=\dfrac{i}{n}$，$G(\xi)=0$，即 $f\left(\xi+\dfrac{1}{n}\right)=f(\xi)$ 成立.

（2）若 $G\left(\dfrac{i}{n}\right)(i=0,1,\cdots,n-1)$ 全不为 0，则不可能同号，否则相加后不为 0，矛盾.

所以其中一定有异号，不妨假设 $0 \leq i_1 < i_2 \leq n-1$，$G\left(\dfrac{i_1}{n}\right)$ 与 $G\left(\dfrac{i_2}{n}\right)$ 异号. 根据介值定理推论知，存在 $\xi \in \left(\dfrac{i_1}{n},\dfrac{i_2}{n}\right)$，使 $G(\xi)=0$，则存在 $\xi \in (0,1)$，使 $f\left(\xi+\dfrac{1}{n}\right)=f(\xi)$ 成立.

3.3.3 典型真题分析与讲解

【例 3-52】(2020 年竞赛真题) 若函数 $f(x) = \dfrac{1}{x}(\sqrt{1-2x}-1) + x\left(\sin\dfrac{3}{x} + \dfrac{1}{\sin 2x}\right)$ 在 $x=0$ 处连续, 则需补充定义 $f(0) = $ _____.

【案例分析】由于 $f(x)$ 在 $x=0$ 处连续, 因此 $\lim\limits_{x\to 0} f(x) = f(0)$, 则

$$\lim_{x\to 0} f(x) = \lim_{x\to 0}\dfrac{1}{x}(\sqrt{1-2x}-1) + \lim_{x\to 0} x\sin\dfrac{3}{x} + \lim_{x\to 0}\dfrac{x}{\sin 2x}$$

$$= -1 + 0 + \dfrac{1}{2} = -\dfrac{1}{2} = f(0).$$

【例 3-53】(填空题, 2019 年竞赛真题) 若 $f(x) = \begin{cases} (1-2x)^{\frac{1}{x}}, & x < 0 \\ A\cos 2x, & x \geq 0 \end{cases}$ 连续, 则 $A=$ _____.

【案例分析】由函数 $f(x)$ 的定义式, 得

$$\lim_{x\to 0^+} f(x) = \lim_{x\to 0^+} A\cos 2x = A$$

$$\lim_{x\to 0^-} f(x) = \lim_{x\to 0^-}(1-2x)^{\frac{1}{-2x}\cdot(-2)} = \mathrm{e}^{-2}$$

由于 $x=0$ 是函数 $f(x)$ 的连续点, 故

$$\lim_{x\to 0^+} f(x) = \lim_{x\to 0^-} f(x)$$

得 $A = \mathrm{e}^{-2}$.

【例 3-54】(2017 年竞赛真题) 判断下列命题是否成立? 若判断成立, 给出证明; 若判断不成立, 举一反例, 证明命题不成立.

命题 1 若函数 $f(x)$、$g(x)$ 在 $x=a$ 处皆不连续, 则 $f(x)+g(x)$ 在 $x=a$ 处不连续.

命题 2 若函数 $f(x)$、$g(x)$ 在 $x=a$ 处皆连续, 但不可导, 则 $f(x)+g(x)$ 在 $x=a$ 处不可导.

【案例分析】命题 1 不成立, 反例:

$$f(x) = \begin{cases} 1, & x \geq a \\ 0, & x < a \end{cases}, \quad g(x) = \begin{cases} 0, & x \geq a \\ 1, & x < a \end{cases}$$

显然, 函数 $f(x)$、$g(x)$ 在 $x=a$ 处皆不连续, 因为

$$f(x) + g(x) = 1 (x \in \mathbb{R})$$

即 $f(x)+g(x)$ 在 $x=a$ 处连续, 所以命题 1 不成立.

自己思考命题 2 的证明.

【例 3-55】(2018 年竞赛真题) 已知

$$f(x) = \begin{cases} x\sin\dfrac{1}{x^2} - \dfrac{1}{x}\cos\dfrac{1}{x^2}, & -1 \leq x < 0 \text{ 或 } 0 < x \leq 1 \\ 0, & x = 0 \end{cases}$$

试判别 $f(x)$ 在区间 $[-1, 1]$ 上是否连续？若有间断点，判断其类型.

【案例分析】$f(x)$ 在区间 $[-1, 1]$ 上不连续. 因为

$$\lim_{x \to 0} x \sin \frac{1}{x^2} = 0, \text{ 而 } \lim_{x \to 0} \frac{1}{x} \cos \frac{1}{x^2} \text{ 不存在}$$

所以 $\lim_{x \to 0} f(x)$ 不存在. $x = 0$ 为第二类振荡间断点.

基础训练题（二）

1. 讨论下列函数的连续性，若有间断点，试确定它的类型；若是可去间断点，则补充定义，使之连续.

（1）$f(x) = \dfrac{\sin x}{x}$；

（2）$f(x) = \dfrac{\dfrac{1}{x} - \dfrac{1}{x+1}}{\dfrac{1}{x-1} - \dfrac{1}{x}}$；

（3）$f(x) = \begin{cases} e^{\frac{1}{x-1}}, & x > 0 \\ \ln(1+x), & -1 < x \leqslant 0 \end{cases}$.

2. 设 $f(x) = \dfrac{1}{|a| + ae^{bx}}$ 在 $(-\infty, +\infty)$ 内连续，且 $\lim_{x \to -\infty} f(x) = 0$，（1）求 a、b；（2）求 $\lim_{x \to +\infty} f(x)$.

3. 设 $f(x) = x^2$，$g(x) = e^x$，讨论 $f(g(x))$ 及 $g(f(x))$ 在 $(-\infty, +\infty)$ 内的连续性.

拔高训练题（二）

1. 证明：方程 $x \cdot 2^x = 1$ 至少有一个小于 1 的正根.

2. 设 $f(x)$ 在实轴上连续，且 $f[f(x)] = x$，证明存在某点 x_0，使 $f(x_0) = x_0$.

3. 设 $f(x)$ 在 $[a, b]$ 上连续，且 $a < x_1 < x_2 < \cdots < x_n < b$，$c_i (i = 1, 2, \cdots, n)$ 为任意正数，证明：在 (a, b) 内至少存在一点 x_0，使 $f(x_0) = \dfrac{c_1 f(x_1) + c_2 f(x_2) + \cdots + c_n f(x_n)}{c_1 + c_2 + \cdots + c_n}$.

基础训练题答案（二）

1. （1）$x=0$，可去间断点，$f(x)=1$；

   （2）$x=0$，可去间断点，$f(x)=1$；

   $x=-1$，无穷间断点，$f(x)=0$；

   $x=1$，可去间断点，$f(x)=1$；

   （3）$x=1$，无穷间断点.

2. （1）$a>0, b<0$；（2）$\dfrac{1}{a}$.

3. 略.

拔高训练题答案（二）

1. 略，提示：使用介值定理证明.
2. 略.
3. 略.

本章测试题 (A)

一、填空题.

1. 设 $f(x)=\begin{cases}\dfrac{1}{b-a}, & a\leqslant x\leqslant b \\ 0, & \text{其他}\end{cases}$，$g(x)=2x-1$，则 $f(g(x))=$ _____.

2. 设 $f(x)$ 为周期为 π 的奇函数，当 $x\in\left(0,\dfrac{\pi}{2}\right]$ 时，$f(x)=\sin x-\cos x+2$，则当 $x\in\left(\dfrac{\pi}{2},\pi\right]$ 时，$f(x)=$ _____.

3. 函数 $f(x)=1-\dfrac{2}{\sqrt{1-\dfrac{1}{\sqrt{1-x}}}}$ 的定义域为_____.

二、单选题

1. 设 $f(x)=\begin{cases}\dfrac{|x|}{x},&x\neq 0\\ 1,&x=0\end{cases}$，则 $f(x)$ 在 $x=0$ 处（   ）.

A. $\lim\limits_{x\to 0}f(x)$ 不存在

B. $\lim\limits_{x\to 0}f(x)$ 存在，但 $f(x)$ 在 $x=0$ 处不连续

C. $f(x)$ 在 $x=0$ 处连续但不可导

D. $f'(0)$ 存在

2. 函数 $f(x)=\dfrac{|x|\sin(x-2)}{x\cdot(x-1)\cdot(x-2)^2}$ 在下列（   ）区间内有界.

A. $(-1,0)$ B. $(0,1)$ C. $(1,2)$ D. $(2,3)$

3. 设 $\lim\limits_{x\to 0}\dfrac{a\tan x+b(1-\cos x)}{c\ln(1-2x)+d(1-e^{-x^2})}=2$，其中 $a^2+c^2\neq 0$，则必有（   ）.

A. $b=4d$ B. $b=-4d$ C. $a=4c$ D. $a=-4c$

三、极限 $\lim\limits_{x\to 0}\left(\dfrac{3+e^{\frac{1}{x}}}{1+e^{\frac{1}{x}}}+\dfrac{\sin x}{|x|}\right)$ 存在吗？

四、设 $x_1=1$，$x_{n+1}=1+\dfrac{x_n}{1+x_n}$，$n=1,2,\cdots$.（1）数列 $\{x_n\}$ 是否有极限？（2）若有极限，求 $\lim\limits_{n\to\infty}x_n$.

五、计算极限

1. $\lim\limits_{n\to\infty}(1-x)(1-x^2)\cdots(1-x^{2^n})$;

2. $\lim\limits_{x\to\infty}\left(\sin\dfrac{1}{x}+\cos\dfrac{1}{x}\right)^x$;

3. $\lim\limits_{x\to+\infty}\left[x-x^2\ln\left(1+\dfrac{1}{x}\right)\right]$;

4. $\lim\limits_{n\to\infty}\left(\dfrac{1}{\sqrt{n^2+1}}+\dfrac{1}{\sqrt{n^2+2}}+\cdots+\dfrac{1}{\sqrt{n^2+n}}\right)$.

六、 讨论函数 $f(x)=\begin{cases}x^a\sin\dfrac{1}{x},&x>0\\e^x+b,&x\leqslant 0\end{cases}$ 在 $x=0$ 处的连续性.

本章测试题 (B)

一、填空题

1. 已知 $\lim\limits_{x\to+\infty}\dfrac{x^a}{x^b-(x-1)^b}=\dfrac{1}{2008}$,则 $a=$ _____, $b=$ _____.

2. 设函数 $f(x)=\ln\dfrac{1+x}{1-x}$,则 $f\left(\dfrac{x}{2}\right)+f\left(\dfrac{1}{x}\right)$ 的定义域为 _____.

二、单选题

1. 设 $f(x) = x \cdot \tan x \cdot e^{\sin x}$，则 $f(x)$ 是（　　）.

A. 偶函数　　　　　B. 无界函数　　　　　C. 周期函数　　　　　D. 单调函数

2. $\lim\limits_{x \to +\infty} \sqrt{\sqrt{x+\sqrt{x}} - \sqrt{x}} = $（　　）.

A. 0　　　　　　　B. 1　　　　　　　　C. $\sqrt{2}$　　　　　　　D. $\dfrac{\sqrt{2}}{2}$

三、设 $f(x)$ 满足 $f\left(\dfrac{x}{x-1}\right) = af(x) + g(x)$ $(a^2 \neq 1)$，其中 $g(x)$ 当 $x \neq 1$ 时是有定义的已知函数，求 $f(x)$.

四、设 $f(x) = \lim\limits_{n \to \infty} \dfrac{x^{2n+1} - x}{x^{2n} + 1}$，求 $f(x)$ 的表达式，并画函数的图像.

五、当 $x \to 0$ 时，对下列的无穷小量从高阶到低阶排序：

1. $\sqrt{1+\tan x} - \sqrt{1-\tan x}$；
2. $\sqrt{1+2x} - \sqrt[3]{1+3x}$；

3. $x - \left(\dfrac{4}{3} - \dfrac{1}{3}\cos x\right)\sin x$;

4. $e^{x^4 - x} - 1$.

六、 计算 $\lim\limits_{x \to 0^+}\left(\dfrac{a_1^x + a_2^x + \cdots + a_n^x}{n}\right)^{\frac{1}{x}}$ $(a_i > 0, i = 1, 2, \cdots, n)$.

七、 计算 $\lim\limits_{n \to +\infty}\dfrac{1}{n^2}\left[\sqrt{n^2 - 1^2} + \sqrt{n^2 - 2^2} + \cdots + \sqrt{n^2 - (n-1)^2}\right]$.

八、 证明：若 $f(x)$ 在闭区间 $[a, b]$ 上连续，$a < x_1 < x_2 < \cdots < x_n < b$，则在 $[x_1, x_n]$ 上必有一点 x_0，使 $f(x_0) = \dfrac{1}{n}[f(x_1) + f(x_2) + \cdots + f(x_n)]$.

九、 设函数 $g(x) = \begin{cases} \dfrac{x^4 + ax + b}{(x-1)(x^2+2)}, & x \neq 1 \\ 2, & x = 1 \end{cases}$ 在点 $x = 1$ 处连续，试求 a、b 的值.

本章测试题答案 (A)

一、1. $f(g(x)) = \begin{cases} \dfrac{1}{b-a}, & \dfrac{a+1}{2} \leq x \leq \dfrac{b+1}{2} \\ 0, & \text{其他} \end{cases}$. 2. $f(x) = -\sin x - \cos x - 2$. 3. $\{x \mid x < 0\}$.

二、1. A. 2. A. 3. D.

三、存在，$f(0-0) = f(0+0) = 2$.

四、存在，$l = \dfrac{1+\sqrt{5}}{2}$.

五、1. $\dfrac{1}{1-x}$ ($|x| < 1$)，提示：分子分母乘以 $(1-x)$. 2. e. 3. 0. 4. 1.

六、$b = -1$.

本章测试题答案 (B)

一、1. $a = 2007$, $b = 2008$. 2. $(-2, -1) \cup (1, 2)$.

二、1. B. 2. D.

三、提示：令 $t = \dfrac{x}{x-1}$，与原方程联立求解.

四、$f(x) = \begin{cases} \infty, & |x| > 1 \\ 0, & |x| = 1 \\ -x, & |x| < 1 \end{cases}$

五、4321.

六、$\mathrm{e}^{\frac{\ln(a_1 a_2 \cdots a_n)}{n}}$，提示：洛必达法则.

七、$\dfrac{\pi}{4}$，提示：定积分的定义.

八、略.

九、$a = 2$, $b = -3$.

本章小结

（1）设非空数集 $D \subset \mathbb{R}$，若存在一个对应法则 f，使得对任一 $x \in D$，都有唯一确定的一个实数 y 与之对应，则称 f 为定义在 D 上的函数，其中 x 称为自变量，y 称为因变量，D 称为定义域. x 所对应的 y 称为 f 在 x 处的函数值，通常简记为 $f(x)$，全体函数值的集合 $f(D) = \{y \mid y = f(x), x \in D\}$ 称为函数的值域.

（2）1）数列的极限：$\lim\limits_{n \to \infty} x_n = A$.

2）函数的极限：

$$\lim_{x \to +\infty} f(x) = A, \quad \lim_{x \to -\infty} f(x) = A, \quad \lim_{x \to \infty} f(x) = A$$

$$\lim_{x \to x_0} f(x) = A, \quad \lim_{x \to x_0^+} f(x) = A, \quad \lim_{x \to x_0^-} f(x) = A$$

（3）无穷小量定义：若 $\lim f(x) = 0$，则称 $f(x)$ 为无穷小量（注：无穷小量与 x 的变化过程有关，$\lim\limits_{x \to \infty} \dfrac{1}{x} = 0$，当 $x \to \infty$ 时 $\dfrac{1}{x}$ 为无穷小量，而 $x \to x_0$ 或其他时，$\dfrac{1}{x}$ 不是无穷小量）.

（4）设 $\lim f(x) = 0$，$\lim g(x) = 0$，且 $\lim \dfrac{f(x)}{g(x)} = l$，

1）若 $l = 0$，则称 $f(x)$ 是比 $g(x)$ 高阶的无穷小量，记为 $f(x) = o(g(x))$，称 $g(x)$ 是比 $f(x)$ 低阶的无穷小量；

2）若 $l \neq 0$，则称 $f(x)$ 与 $g(x)$ 是同阶无穷小量；

3）若 $l = 1$，则称 $f(x)$ 与 $g(x)$ 是等价无穷小量，记为 $f(x) \sim g(x)$.

（5）1）若 $\lim\limits_{x \to x_0} f(x) = f(x_0)$，则称 $f(x)$ 在点 x_0 处连续.

2）设函数 $y = f(x)$，若 $\lim\limits_{x \to x_0^-} f(x) = f(x_0)$，则称函数 $f(x)$ 在点 x_0 处左连续；若 $\lim\limits_{x \to x_0^+} f(x) = f(x_0)$，则称函数 $f(x)$ 在点 x_0 处右连续.

3）若函数 $y = f(x)$ 在开区间 (a, b) 内的每一点都连续，则称 $f(x)$ 在 (a, b) 内连续.

第4章
一元函数微分学

本章导读

微积分是高等数学最基本、最重要的组成部分，是现代数学许多分支的基础，是人类认识客观世界、探索宇宙奥秘乃至人类自身的典型数学模型之一. 微积分是微分学和积分学的统称，它的萌芽、发生与发展经历了漫长的时期. 数学中研究导数、微分及其应用的部分称为微分学，研究不定积分、定积分及其应用的部分称为积分学. 本章主要阐释一元函数微分学中的两个基本概念：导数与微分. 由此建立起一整套的微分法公式与法则，从而系统地解决初等函数的求导问题. 导数与微分都是建立在函数极限的基础之上的，导数的概念在于刻画瞬时变化；微分的概念在于刻画瞬时改变量.

本章要点

- 导数与微分的定义
- 导数与微分的计算
- 微分的应用
- 微分的计算
- 微分中值定理及其应用
- 导数的应用

4.1 导数与微分

导数与微分都是建立在函数极限的基础之上的，其中导数的概念是在于刻画瞬时变化率，微分的概念在于刻画瞬时改变量，微分与导数的概念紧密相关，它给出了函数在局部范围内的线性近似．本章由确定运动的瞬时速度和曲线的切线来引入导数的概念，进而讨论导数的运算法则和微分的概念．

4.1.1 知识回顾

1. 重要的概念和定理

（1）导数的定义

设函数 $y = f(x)$ 在点 x_0 的某邻域内有定义，自变量 x 在点 x_0 处有增量 Δx，相应的函数增量 $\Delta y = f(x_0 + \Delta x) - f(x_0)$．若极限

$$\lim_{\Delta x \to 0} \frac{\Delta y}{\Delta x} = \lim_{\Delta x \to 0} \frac{f(x_0 + \Delta x) - f(x_0)}{\Delta x}$$

存在，则称此极限值为函数 $f(x)$ 在点 x_0 处的导数（也称微商），记作 $f'(x_0)$，或 $y'|_{x=x_0}$，$\frac{\mathrm{d}f(x)}{\mathrm{d}x}|_{x=x_0}$ 等，并称函数 $y = f(x)$ 在点 x_0 处可导．若上面的极限不存在，则称函数 $y = f(x)$ 在点 x_0 处不可导．

导数定义的另一等价形式：令 $x = x_0 + \Delta x$，$\Delta x = x - x_0$，则 $f'(x_0) = \lim\limits_{x \to x_0} \frac{f(x) - f(x_0)}{x - x_0}$．

单侧导数概念：

右导数：$f'_+(x_0) = \lim\limits_{x \to x_0^+} \frac{f(x) - f(x_0)}{x - x_0} = \lim\limits_{\Delta x \to 0^+} \frac{f(x_0 + \Delta x) - f(x_0)}{\Delta x}$；

左导数：$f'_-(x_0) = \lim\limits_{x \to x_0^-} \frac{f(x) - f(x_0)}{x - x_0} = \lim\limits_{\Delta x \to 0^-} \frac{f(x_0 + \Delta x) - f(x_0)}{\Delta x}$．

命题：$f(x)$ 在点 x_0 处可导 $\Leftrightarrow f(x)$ 在点 x_0 处左、右导数皆存在且相等．

（2）导数的几何意义

若函数 $y = f(x)$ 在点 x_0 处的导数 $f'(x_0)$ 存在，则在几何上 $f'(x_0)$ 表示曲线 $y = f(x)$ 在点

$(x_0, f(x_0))$ 处的切线的斜率.

切线方程：$y - f(x_0) = f'(x_0)(x - x_0)$.

法线方程：$y - f(x_0) = -\dfrac{1}{f'(x_0)}(x - x_0)(f'(x_0) \neq 0)$.

（3）函数的可导性与连续性之间的关系

若函数 $y = f(x)$ 在点 x_0 处可导，则 $f(x)$ 在点 x_0 处一定连续，反之不然，即函数 $y = f(x)$ 在点 x_0 处连续，却不一定在点 x_0 处可导. 例如，$y = f(x) = |x|$ 在 $x_0 = 0$ 处连续，却不可导.

（4）微分的定义

设函数 $y = f(x)$ 在点 x_0 处有增量 Δx 时，若函数的增量有下面的表达式：

$$\Delta y = A(x_0)\Delta x + o(\Delta x) \quad (\Delta x \to 0)$$

其中 $A(x_0)$ 与 Δx 无关，$o(\Delta x)$ 是 $\Delta x \to 0$ 时比 Δx 高阶的无穷小量，则称 $f(x)$ 在点 x_0 处可微，并把 Δy 中的主要线性部分 $A(x_0)\Delta x$ 称为 $f(x)$ 在点 x_0 处的微分，记为 $dy|_{x=x_0}$ 或 $df(x)|_{x=x_0}$.

定义自变量的微分 dx 就是 Δx.

（5）微分的几何意义

$\Delta y = f(x_0 + \Delta x) - f(x_0)$ 是曲线 $y = f(x)$ 在点 x_0 处相应于自变量增量 Δx 的纵坐标 $f(x_0)$ 的增量，微分 $dy|_{x=x_0}$ 是曲线 $y = f(x)$ 在点 $M_0(x_0, f(x_0))$ 处切线的纵坐标相应的增量（见图 4-1）.

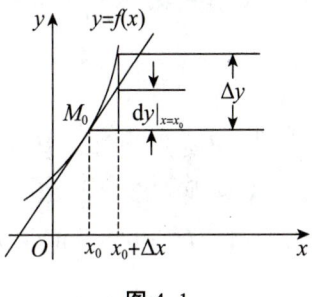

图 4-1

（6）可微与可导的关系

$f(x)$ 在点 x_0 处可微 $\Leftrightarrow$ $f(x)$ 在点 x_0 处可导，且 $dy|_{x=x_0} = A(x_0)\Delta x = f'(x_0)dx$.

一般地，若 $y = f(x)$，则 $dy = f'(x)dx$.

所以导数 $f'(x) = \dfrac{dy}{dx}$ 也称为微商，就是微分之商的含义.

（7）高阶导数的概念

若函数 $y = f(x)$ 的导数 $y' = f'(x)$ 在点 x_0 处仍是可导的，则把 $y' = f'(x)$ 在点 x_0 处的导数称为 $y = f(x)$ 在点 x_0 处的二阶导数，记为 $y''|_{x=x_0}$，或 $f''(x_0)$，或 $\left.\dfrac{d^2y}{dx^2}\right|_{x=x_0}$ 等，也称 $f(x)$ 在

点 x_0 处二阶可导.

若 $y=f(x)$ 的 $n-1$ 阶导数的导数存在，则称之为 $y=f(x)$ 的 n 阶导数，记为 $y^{(n)}$，$y^{(n)}(x)$，$\dfrac{\mathrm{d}^n y}{\mathrm{d}x^n}$ 等，这时也称 $y=f(x)$ 是 n 阶可导的.

2. 导数与微分计算

（1）导数与微分表（略）.

（2）导数与微分的运算法则：四则运算求导和微分公式、反函数求导公式、复合函数求导和微分公式、隐函数求导法则、对数求导法、用参数表示函数的求导公式.

4.1.2 典型例题分析与讲解

1. 用导数定义求导数

【例 4-1】 设 $f(x)=(x-a)g(x)$，其中 $g(x)$ 在 $x=a$ 处连续，求 $f'(a)$.

【案例分析】 $f'(a)=\lim\limits_{x\to a}\dfrac{f(x)-f(a)}{x-a}=\lim\limits_{x\to a}\dfrac{(x-a)g(x)-0}{x-a}=g(a)$.

2. 分段函数在分段点处的可导性

【例 4-2】 设函数

$$f(x)=\begin{cases} x^2, & x\leq 1 \\ ax+b, & x>1 \end{cases}$$

试确定 a、b 的值，使 $f(x)$ 在 $x=1$ 处可导.

【案例分析】因为可导一定连续，所以 $f(x)$ 在 $x=1$ 处也是连续的.

由 $\quad f(1-0)=\lim\limits_{x\to 1^-}f(x)=\lim\limits_{x\to 1^-}x^2=1$

$\quad f(1+0)=\lim\limits_{x\to 1^+}f(x)=\lim\limits_{x\to 1^+}(ax+b)=a+b$

要使 $f(x)$ 在 $x=1$ 处连续，必须有 $a+b=1$.

又 $\quad f'_-(1)=\lim\limits_{x\to 1^-}\dfrac{f(x)-f(1)}{x-1}=\lim\limits_{x\to 1^-}\dfrac{x^2-1}{x-1}=\lim\limits_{x\to 1^-}(x+1)=2$

$\quad f'_+(1)=\lim\limits_{x\to 1^+}\dfrac{f(x)-f(1)}{x-1}=\lim\limits_{x\to 1^+}\dfrac{ax+b-1}{x-1}=\lim\limits_{x\to 1^+}\dfrac{a(x-1)}{x-1}=a$

要使 $f(x)$ 在 $x=1$ 处可导，必须 $f'_-(1)=f'_+(1)$，即 $2=a$.

故当 $a=2, b=1-a=1-2=-1$ 时，$f(x)$ 在 $x=1$ 处可导.

【例 4-3】 设 $f(x)=\lim\limits_{n\to\infty}\dfrac{x^2\mathrm{e}^{n(x-1)}+ax+b}{\mathrm{e}^{n(x-1)}+1}$，问 a 和 b 为何值时，$f(x)$ 可导，并求 $f'(x)$.

【案例分析】因为 $x>1$ 时，$\lim\limits_{n\to\infty}\mathrm{e}^{n(x-1)}=+\infty$；

$x<1$ 时，$\lim\limits_{n\to\infty}\mathrm{e}^{n(x-1)}=0$，所以

$$f(x)=\begin{cases}x^2, & x>1\\ \dfrac{a+b+1}{2}, & x=1\\ ax+b, & x<1\end{cases}$$

由 $x=1$ 处的连续性，$\lim\limits_{x\to1^+}f(x)=\lim\limits_{x\to1^+}x^2=1$，$f(1)=\dfrac{a+b+1}{2}=1$，则 $a+b=1$.

再由 $x=1$ 处的可导性，可知 $f'_+(1)=\lim\limits_{x\to1^+}\dfrac{x^2-f(1)}{x-1}$ 存在，$f'_-(1)=\lim\limits_{x\to1^-}\dfrac{(ax+b)-f(1)}{x-1}$ 存在，且 $f'_+(1)=f'_-(1)$.

根据洛必达法则可得，$f'_+(1)=\lim\limits_{x\to1^+}\dfrac{2x}{1}=2$，$f'_-(1)=\lim\limits_{x\to1^-}\dfrac{a}{1}=a$. 所以 $a=2$，于是 $b=1-a=-1$，则

$$f(x)=\begin{cases}x^2, & x>1\\ 1, & x=1\\ 2x-1, & x<1\end{cases}$$

$$f'(x)=\begin{cases}2x, & x\geq1\\ 2, & x<1\end{cases}$$

3. 运用各种运算法则求导数或微分

【例 4-4】 设 $f(x)$ 可微，$y=f(\ln x)\cdot\mathrm{e}^{f(x)}$，求 $\mathrm{d}y$.

【案例分析】 $\mathrm{d}y=f(\ln x)\mathrm{d}\mathrm{e}^{f(x)}+\mathrm{e}^{f(x)}\mathrm{d}\left[f(\ln x)\right]$

$$=f'(x)\mathrm{e}^{f(x)}f(\ln x)\mathrm{d}x+\dfrac{1}{x}f'(\ln x)\mathrm{e}^{f(x)}\mathrm{d}x$$

$$=\mathrm{e}^{f(x)}\left[f'(x)f(\ln x)+\dfrac{1}{x}f'(\ln x)\right]\mathrm{d}x$$

【例 4-5】 设 $y=x^{x^x}\ (x>0)$，求 $\dfrac{\mathrm{d}y}{\mathrm{d}x}$.

【案例分析】 $\ln y=x^x\ln x$，对 x 求导，得

$$\dfrac{1}{y}y'=(x^x)'\ln x+\dfrac{1}{x}x^x$$

再令 $y_1=x^x$，$\ln y_1=x\ln x$，对 x 求导，得

$$\dfrac{1}{y_1}y'_1=\ln x+1$$

所以 $(x^x)'=x^x(\ln x+1)$，于是 $\dfrac{\mathrm{d}y}{\mathrm{d}x}=\left[x^x(\ln x+1)\ln x+x^{x-1}\right]x^{x^x}$（$x>0$）.

【例4-6】 设 $y=y(x)$ 由方程 $x^y=y^x$ 所确定，求 $\dfrac{dy}{dx}$.

【案例分析】两边取对数，得 $y\ln x=x\ln y$，对 x 求导，得 $y'\ln x+\dfrac{y}{x}=\ln y+\dfrac{x}{y}y'$

$$y'\left(\dfrac{x}{y}-\ln x\right)=\dfrac{y}{x}-\ln y,\quad y'=\dfrac{y^2-xy\ln y}{x^2-xy\ln x}.$$

【例4-7】 设 $\begin{cases} x=\int_t^{t^2}e^u\sin u\,du \\ y=\int_0^{2t}e^u\ln(1+u)\,du \end{cases}$，求 $\dfrac{dx}{dy}$.

【案例分析】$\dfrac{dx}{dy}=\dfrac{\frac{dx}{dt}}{\frac{dy}{dt}}=\dfrac{2te^{t^4}\sin t^2-e^{t^2}\sin t}{2e^{2t}\ln(1+2t)}$.

4. 求切线方程和法线方程

【例4-8】 已知两曲线 $y=f(x)$ 与 $y=\int_0^{\arctan x}e^{-t^2}dt$ 在点（0，0）处的切线相同，写出此切线方程，并求 $\lim\limits_{n\to\infty}nf\left(\dfrac{2}{n}\right)$.

【案例分析】由已知条件可知 $f(0)=0$，$f'(0)=\left.\dfrac{e^{-(\arctan x)^2}}{1+x^2}\right|_{x=0}=1$，故所求切线方程为 $y=x$.

则 $\lim\limits_{n\to\infty}nf\left(\dfrac{2}{n}\right)=\lim\limits_{n\to\infty}2\cdot\dfrac{f\left(\frac{2}{n}\right)-f(0)}{\frac{2}{n}}=2f'(0)=2$.

【例4-9】 设 $f(x)$ 为周期是 5 的连续函数，在 $x=0$ 的邻域内，恒有 $f(1+\sin x)-3f(1-\sin x)=8x+\alpha(x)$. 其中 $\lim\limits_{x\to 0}\dfrac{\alpha(x)}{x}=0$，$f(x)$ 在 $x=1$ 处可导，求曲线 $y=f(x)$ 在点 $(6,f(6))$ 处的切线方程.

【案例分析】由题设可知 $f(6)=f(1)$，$f'(6)=f'(1)$，故切线方程为
$$y-f(1)=f'(1)(x-6)$$

所以关键是求出 $f(1)$ 和 $f'(1)$.

由 $f(x)$ 的连续性，得 $\lim\limits_{x\to 0}[f(1+\sin x)-3f(1-\sin x)]=-2f(1)$，由所给条件可知 $-2f(1)=0$，所以 $f(1)=0$.

再由条件可知 $\lim\limits_{x\to 0}\dfrac{f(1+\sin x)-3f(1-\sin x)}{\sin x}=\lim\limits_{x\to 0}\left(\dfrac{8x}{\sin x}+\dfrac{\alpha(x)}{\sin x}\right)=8$.

令 $\sin x = t$, $\lim\limits_{t \to 0} \dfrac{f(1+t) - 3f(1-t)}{t} = 8$, 又因为 $f(1) = 0$, 所以

$$\text{上式左边} = \lim_{t \to 0} \dfrac{[f(1+t) - f(1)]}{t} + \lim_{t \to 0} \dfrac{f(1-t) - f(1)}{(-t)}$$

$$= f'(1) + 3f'(1) = 4f'(1)$$

则 $4f'(1) = 8$, 即 $f'(1) = 2$. 所求切线方程为 $y - 0 = 2(x - 6)$, 即 $2x - y - 12 = 0$.

5. 高阶导数

（1）求二阶导数

【例 4-10】 设 $y = \ln(x + \sqrt{x^2 + a^2})$, 求 y''.

【案例分析】 $y' = \dfrac{1}{x + \sqrt{x^2 + a^2}}(x + \sqrt{x^2 + a^2})'$

$$= \dfrac{1}{x + \sqrt{x^2 + a^2}}\left(1 + \dfrac{x}{\sqrt{x^2 + a^2}}\right) = \dfrac{1}{\sqrt{x^2 + a^2}}$$

$$y'' = -\dfrac{1}{2}(x^2 + a^2)^{-\frac{3}{2}} \cdot 2x = -\dfrac{x}{\sqrt{(x^2 + a^2)^3}}$$

【例 4-11】 设 $\begin{cases} x = \arctan t \\ y = \ln(1 + t^2) \end{cases}$, 求 $\dfrac{d^2 y}{dx^2}$.

【案例分析】 $\dfrac{dy}{dx} = \dfrac{\dfrac{dy}{dt}}{\dfrac{dx}{dt}} = \dfrac{\dfrac{2t}{1+t^2}}{\dfrac{1}{1+t^2}} = 2t$,

$$\dfrac{d^2 y}{dx^2} = \dfrac{d\left(\dfrac{dy}{dx}\right)}{dx} = \dfrac{d\left(\dfrac{dy}{dx}\right)}{dt} \bigg/ \dfrac{dx}{dt} = \dfrac{2}{\dfrac{1}{1+t^2}} = 2(1 + t^2).$$

【例 4-12】 设 $y = y(x)$ 由方程 $x^2 + y^2 = 1$ 所确定, 求 y''.

【案例分析】 $2x + 2yy' = 0$, $y' = -\dfrac{x}{y}$,

$$y'' = -\dfrac{1 \cdot y - xy'}{y^2} = -\dfrac{y + \dfrac{x^2}{y}}{y^2}$$

$$= -\dfrac{y^2 + x^2}{y^3} = -\dfrac{1}{y^3}.$$

（2）求 n 阶导数（$n \geq 2$, 正整数）

先求出 y', y'', $\cdots$, 总结出规律性, 然后写出 $y^{(n)}$, 最后用归纳法证明.

以下为一些常用的初等函数的 n 阶导数公式：

1）$y = e^x$，$y^{(n)} = e^x$；

2）$y = a^x (a>0, a \neq 1)$，$y^{(n)} = a^x (\ln a)^n$；

3）$y = \sin x$，$y^{(n)} = \sin\left(x + \dfrac{n\pi}{2}\right)$；

4）$y = \cos x$，$y^{(n)} = \cos\left(x + \dfrac{n\pi}{2}\right)$；

5）$y = \ln x$，$y^{(n)} = (-1)^{n-1}(n-1)! x^{-n}$．

两个函数乘积的 n 阶导数有莱布尼茨公式：

$$[u(x)v(x)]^{(n)} = \sum_{k=0}^{n} C_n^k u^{(k)}(x) v^{(n-k)}(x)$$

其中 $C_n^k = \dfrac{n!}{k!(n-k)!}$，$u^{(0)}(x) = u(x)$，$v^{(0)}(x) = v(x)$．

假设 $u(x)$ 和 $v(x)$ 都是 n 阶可导的．

【例 4-13】设 $y = x^k$（k 为正整数），求 $y^{(n)}$（n 为正整数）．

【案例分析】$y^{(n)} = \begin{cases} k(k-1)\cdots(k-n+1)x^{k-n}, & n \leq k \\ 0, & n > k \end{cases}$．

【例 4-14】设 $y = \dfrac{x^n}{1-x}$，求 $y^{(n)}$（n 为正整数）．

【案例分析】$y = \dfrac{(x^n - 1) + 1}{1 - x} = \dfrac{1}{1-x} - (x^{n-1} + x^{n-2} + \cdots + x + 1)$，

$y^{(n)} = \left[(1-x)^{-1}\right]^{(n)} = \dfrac{n!}{(1-x)^{n+1}}$．

【例 4-15】设 $y = \dfrac{1}{x^2 - 3x + 2}$，求 $y^{(n)}$（n 为正整数）．

【案例分析】$y = \dfrac{1}{(x-1)(x-2)} = \dfrac{1}{x-2} - \dfrac{1}{x-1} = (x-2)^{-1} - (x-1)^{-1}$，

$y' = -\left[(x-2)^{-2} - (x-1)^{-2}\right]$，

$y'' = (-1)(-2)\left[(x-2)^{-3} - (x-1)^{-3}\right]$，

$\vdots$

$y^{(n)} = (-1)^n n! \left[(x-2)^{-(n+1)} - (x-1)^{-(n+1)}\right]$．

【例 4-16】设 $y = \sin^4 x + \cos^4 x$，求 $y^{(n)}$（n 为正整数）．

【案例分析】$y = \left(\dfrac{1 - \cos 2x}{2}\right)^2 + \left(\dfrac{1 + \cos 2x}{2}\right)^2$

$= \dfrac{1}{4}(2 + 2\cos^2 2x) = \dfrac{3}{4} + \dfrac{1}{4}\cos 4x$，

$$y^{(n)} = \frac{1}{4} \cdot 4^n \cos\left(4x + \frac{n\pi}{2}\right) = 4^{n-1} \cos\left(4x + \frac{n\pi}{2}\right).$$

【例 4-17】设 $y = x^3 e^{2x}$，求 $y^{(n)}$（n 为正整数）.

【案例分析】用莱布尼茨公式：

$$y^{(n)} = \sum_{k=0}^{n} C_n^k (x^3)^{(k)} (e^{2x})^{(n-k)}$$

$$= x^3 (e^{2x})^{(n)} + 3nx^2 (e^{2x})^{(n-1)} + \frac{n(n-1)}{2} 6x (e^{2x})^{(n-2)} + \frac{n(n-1)(n-2)}{6} \cdot 6 \cdot (e^{2x})^{(n-3)}$$

$$= 2^{n-3} e^{2x} \left[8x^3 + 12nx^2 + 6n(n-1)x + n(n-1)(n-2) \right].$$

4.1.3 典型真题分析与讲解

【例 4-18】已知 $y = f(x)$ 在 $x = 2$ 处连续，$\lim\limits_{x \to 2} \dfrac{f(x) - 2x}{x - 2} = 3$，试证 $f(x)$ 在 $x = 2$ 处可导，并求 $f'(2)$.

【案例分析】由 $y = f(x)$ 在 $x = 2$ 处连续与已知极限的 $\lim\limits_{x \to 2} f(x) - 2x = f(2) - 4 = 0$，则 $f(2) = 4$，因为

$$\lim_{x \to 2} \frac{f(x) - f(2)}{x - 2} = \lim_{x \to 2} \frac{f(x) - 4}{x - 2} = \lim_{x \to 2} \frac{f(x) - 2x + 2(x - 2)}{x - 2} = \lim_{x \to 2} \frac{f(x) - 2x}{x - 2} + 2 = 5$$

所以 $f(x)$ 在 $x = 2$ 处可导，且 $f'(2) = 5$.

【例 4-19】判断下一命题是否成立？若判断成立，给出证明；若不成立，举一反例，作出说明. 命题：若函数 $f(x)$ 在 $x = 0$ 处连续，$\lim\limits_{x \to 0} \dfrac{f(2x) - f(x)}{x} = a$（$a \in \mathbb{R}$），则 $f(x)$ 在 $x = 0$ 处可导，且 $f'(0) = a$.

【案例分析】命题成立，因为 $\lim\limits_{x \to 0} \dfrac{f(2x) - f(x)}{x} = a$，所以 $f(2x) = f(x) + ax + o(x)$（$x \to 0$）. 此时等价于当 $x \to 0$ 时，

$$f(x) = f\left(\frac{x}{2}\right) + \frac{1}{2} ax + o\left(\frac{x}{2}\right) = f\left(\frac{x}{2}\right) + \frac{1}{2} ax + \frac{1}{2} o(x) = f\left(\frac{x}{2}\right) + \frac{1}{2}(ax + o(x))$$

由此可得（$x \to 0$）

$$f(x) = \left[f\left(\frac{x}{2^2}\right) + \frac{1}{2^2}(ax + o(x)) \right] + \frac{1}{2}(ax + o(x))$$

$$= f\left(\frac{x}{2^2}\right) + \left(\frac{1}{2} + \frac{1}{2^2}\right)(ax + o(x))$$

$$\vdots$$

$$= f\left(\frac{x}{2^n}\right) + \left(\frac{1}{2} + \frac{1}{2^2} + \frac{1}{2^3} + \cdots + \frac{1}{2^n}\right)(ax + o(x))$$

由于 $\lim\limits_{n\to\infty}\left(\frac{1}{2} + \frac{1}{2^2} + \frac{1}{2^3} + \cdots + \frac{1}{2^n}\right) = 1$，$\lim\limits_{n\to\infty}\frac{x}{2^n} = 0$，$f(x)$ 在 $x=0$ 处连续，在上式中令 $n\to\infty$，可得

$$f(x) = f(0) + ax + o(x)$$

应用可微的定义得 $f(x)$ 在 $x=0$ 处可导，且 $f'(0) = a$。

【例 4-20】已知函数

$$f(x) = \begin{cases} 1 + \sin x, & x < 0 \\ a + bx + cx^2 + dx^3, & 0 \leq x \leq 1 \\ 2\arctan x - \frac{\pi}{2}, & x > 1 \end{cases}$$

在 $(-\infty, \infty)$ 内可导，试求常数 a、b、c、d。

【案例分析】因为 $f(x)$ 在 $x=0$ 处连续，所以 $f(0-0) = f(0) = f(0+0)$，由此可得 $f(0) = a = 1$。

因为 $f(x)$ 在 $x=1$ 处连续，所以 $f(1-0) = f(1) = f(1+0)$，由此可得

$$f(1) = a + b + c + d = 0$$

因为 $f(x)$ 在 $x=0$ 处可导，所以 $f'_-(0) = f'_+(0)$，因为

$$f'_-(0) = \lim_{x \to 0^-} \frac{1 + \sin x - 1}{x} = 1$$

$$f'_+(0) = \lim_{x \to 0^+} \frac{1 + bx + cx^2 + dx^3 - 1}{x} = b$$

所以 $b=1$。因为 $f(x)$ 在 $x=1$ 处可导，所以 $f'_-(1) = f'_+(1)$，由于

$$f'_-(1) = \lim_{x \to 1^-} \frac{1 + x + cx^2 + dx^3 - 0}{x - 1} = \lim_{x \to 1^-} \frac{1 + 2cx + 3dx^2}{1} = 1 + 2c + 3d$$

$$f'_+(1) = \lim_{x \to 1^+} \frac{2\arctan x - \frac{\pi}{2} - 0}{x - 1} = \lim_{x \to 1^+} \frac{\frac{2}{1+x^2}}{1} = 1$$

可得 $2c + 3d = 0$，于是由 $\begin{cases} c + d = -2 \\ 2c + 3d = 0 \end{cases}$，解得 $c = -6, d = 4$。

所以 $a = 1, b = 1, c = -6, d = 4$。

【例 4-21】设 $f(x) = \dfrac{x^2}{1-x}$，求 $f^{(2020)}(x)$。

【案例分析】由于 $\left(\dfrac{1}{1-x}\right)^{(n)} = \dfrac{n!}{(1-x)^{n+1}}$，又 $(x^2)' = 2x$，$(x^2)'' = 2$，$(x^2)^{(k)} = 0, k \geq 3$，

故由莱布尼茨公式，得

$$\left(\frac{x^2}{1-x}\right)^{(2020)} = \sum_{n=0}^{2020} C_{2020}^n (x^2)^{(n)} \left(\frac{1}{1-x}\right)^{(2020-n)}$$

$$= C_{2020}^0 \cdot x^2 \cdot \left(\frac{1}{1-x}\right)^{(2020)} + C_{2020}^1 \cdot 2x \cdot \left(\frac{1}{1-x}\right)^{(2019)} + C_{2020}^2 \cdot 2 \cdot \left(\frac{1}{1-x}\right)^{(2018)}$$

$$= x^2 \cdot \frac{2020!}{(1-x)^{2021}} + 2020 \cdot 2x \cdot \frac{2019!}{(1-x)^{2020}} + 2020 \cdot 2019 \cdot \frac{2018!}{(1-x)^{2019}}$$

【例 4-22】 设 $y = y(x)$ 由 $\begin{cases} x - 4y = 3t^2 + 2t \\ e^{y-1} + ty = \cos t \end{cases}$ 确定，则 $\frac{dy}{dx}\Big|_{t=0} =$ _____.

【案例分析】 将参数 $t = 0$ 代入方程，得 $\begin{cases} x - 4y = 0 \\ e^{y-1} = 1 \end{cases}$，则 $x = 4, y = 1$，对等式两端都关于 t 求导，得

$$\begin{cases} x' - 4y' = 6t + 2 \\ e^{y-1}y' + y + ty' = -\sin t \end{cases}$$

将 $t = 0, y = 1$ 代入，得 $x'(0) = -2, y'(0) = -1$，故由参数方程求导公式，得 $\frac{dy}{dx}\Big|_{t=0} = \frac{y'(0)}{x'(0)} = \frac{1}{2}$.

基础训练题（一）

一、用定义讨论函数在某点的连续性与可导性，导函数的连续性.

1. 设 $f(x) = \begin{cases} x^n \sin \frac{1}{x}, & x \neq 0 \\ 0, & x = 0 \end{cases}$，问 n 分别满足什么条件，使 $f(x)$ 在 $x = 0$ 处：（1）连续；（2）可导；（3）导数连续. 并分别写出使它们成立的最小自然数.

2. 设 $f(x)=\begin{cases}\dfrac{1-\cos x}{\sqrt{x}}, & x>0 \\ x^2 g(x), & x\leq 0\end{cases}$，其中 $g(x)$ 是有界函数，则 $f(x)$ 在 $x=0$ 处（　　）．

A. 极限不存在　　　　　　　　　　B. 存在但不连续

C. 连续但不可导　　　　　　　　　D. 可导

3. 函数 $f(x)=(x^2-2x-3)|x^2-3x|\sin|x|$ 不可导点的个数是（　　）．

A. 0　　　　　　B. 1　　　　　　C. 2　　　　　　D. 3

4. 设 $f(0)=0$，$f(x)$ 在 $x=0$ 处可导的一个充要条件是（　　）．

A. $\lim\limits_{h\to 0}\dfrac{f(1-\cos h)}{h^2}$ 存在　　　　　B. $\lim\limits_{h\to 0}\dfrac{f(1-e^h)}{h}$ 存在

C. $\lim\limits_{h\to 0}\dfrac{f(h-\sin h)}{h^2}$ 存在　　　　　D. $\lim\limits_{h\to 0}\dfrac{f(2h)-f(h)}{h}$ 存在

5. 设函数 $f(x)=|x^3-1|\varphi(x)$，其中 $\varphi(x)$ 在 $x=1$ 处连续，则 $\varphi(1)=0$ 是 $f(x)$ 在 $x=1$ 处可导的（　　）．

A. 充分必要条件　　　　　　　　　B. 必要但非充分条件

C. 充分但非必要条件　　　　　　　D. 既非充分又非必要条件

二、利用导数定义求极限、导数．

1. $\lim\limits_{h\to h_0}\dfrac{f(x_0+h)-f(x_0-h)}{2h}=$ _____（$f'(x_0)$ 存在）．

2. $\lim\limits_{x\to 2}\dfrac{f(4-x)-f(2)}{x-2}=$ _____（$f'(2)$ 存在）．

3.（1）设 $f(x)$ 是周期为 4 的函数，且 $f'(-1)=2$ 求 $\lim\limits_{h\to 0}\dfrac{h}{f(3-4h)-f(-1)}$；

（2）若 $f(x)$ 的导数连续，且 $\lim\limits_{x\to 0}\dfrac{f'(x)-2e^x}{\cos x-1}=1$，求 $\lim\limits_{x\to 0}\dfrac{f(x)-f(-x)}{2x}$．

4. 设 $f(x)=x(x+1)(x+2)\cdots(x+2017)$,求 $f'(-2), f'(0)$.

5.（1）设 $f(x)=(x-a)\varphi(x)$,$\varphi(x)$ 在 $x=a$ 处连续,求 $f'(a)$;

（2）设 $f(x)=\varphi(a+bx)-\varphi(a-bx)$,$\varphi(x)$ 在 $(-\infty,+\infty)$ 内有定义且在点 a 处可导,求 $f'(0)$.

6. 设 $f(x)$ 连续且 $\lim\limits_{x\to 1}\dfrac{f(x)}{x-1}=5$,求 $f'(1)$.

7. 设 $f(x)$ 在 $x=0$ 处连续,$\lim\limits_{x\to 0}\dfrac{f(x)}{x}$ 存在,证明:$f(x)$ 在 $x=0$ 处可导.

8. 设 $f(x)$ 具有连续的二阶导数，$f(0)=0$，证明：$g(x)=\begin{cases}\dfrac{f(x)}{x},& x\neq 0\\ f'(0),& x=0\end{cases}$ 具有连续的一阶导数.

三、综合题型（如反问题求参数、几何应用问题等）.

1. 试确定 a、b 的值，使 $f(x)=\begin{cases}\dfrac{1}{x}(\mathrm{e}^{4x}-\mathrm{e}^x),& x<0\\ ax+b\cos x,& x\geq 0\end{cases}$ 在 $(-\infty,+\infty)$ 内可导.

2. 设 $f(x)=\begin{cases}\sin x+2a\mathrm{e}^x,& x<0\\ 9\arctan x+2b(x-1)^3,& x\geq 0\end{cases}$，确定 a、b 的值，使 $f(x)$ 在 $x=0$ 处可导.

3. 设曲线 $y=x^2+ax+b$ 和 $2y=-1+xy^3$ 在点 $(1,-1)$ 处相切，求 a、b.

4.奇偶性、周期性结论：

结论一：设$f(x)$在I上可导，若$f(x)$在I上为奇（偶）函数$\Rightarrow f'(x)$在I上为偶（奇）函数；

结论二：$f(x)$在I上可导且以T为周期$\Rightarrow f'(x)$在I上也以T为周期.

（1）设$f(x)$为可导的偶函数，且$\lim\limits_{u\to 0}\dfrac{f(1+2u)-f(1)}{u}=2$，求$f(x)$在$x=-1$处的法线的斜率；

（2）设$f(x)$是$(-\infty,+\infty)$内的可导且周期为8的函数，$\lim\limits_{x\to 0}\dfrac{f(2x)}{3x}=-2$，求曲线$y=f(x)$在点$(16,f(16))$处的切线斜率；

（3）设$f(x)$是周期为5的连续函数，在$x=0$邻域内，恒有$f(1+\sin x)-3f(1-\sin x)=8x+\alpha(x)$，其中$\lim\limits_{x\to 0}\dfrac{\alpha(x)}{x}=0$，$f(x)$在$x=1$处可导，求曲线$y=f(x)$在点$(6,f(6))$处的切线方程.

导数与微分的计算

一、导数四则运算与复合函数的导数

1. $y = \dfrac{x}{2}\sqrt{x^2-a^2} - \dfrac{a^2}{2}\ln(x+\sqrt{x^2-a^2})$,求 y'.

2. 设 $f(x) + 2f\left(\dfrac{1}{x}\right) = \dfrac{3}{x}$,求 $f'(x)$.

3. 设 $y = f\left(\dfrac{3x-2}{3x+2}\right)$,且 $f'(x) = \arcsin x$,求 $\left.\dfrac{dy}{dx}\right|_{x=0}$.

4. 已知 $\dfrac{d}{dx}f(x^3) = \dfrac{1}{x}$,求 $f'(x)$.

5. 设 $f'(\cos^2 x) = \cos 2x$，$f(0) = 1$，求 $f(x)$.

二、隐函数求导

1. 设 $y = y(x)$ 由方程 $\sin(xy) + \ln(y-x) = x$ 所确定，求 $y'(0)$.

2. 设 $y = y(x)$ 由方程 $2x = \int_1^{y^2} e^{-t} dt + xy$ 所确定，求 y'，$y'(0)$，$dy|_{x=0}$.

3. 设 $e^{x+y} - xy = 1 + x$，求 $y''(0)$.

三、参数方程函数的导数

1. 设函数 $y = y(x)$ 由方程组 $\begin{cases} x = \arctan t \\ 2y - ty^2 + e^t = 5 \end{cases}$ 所确定，求 $\dfrac{dy}{dx}$.

2. 设 $\begin{cases} x = 2t+|t| \\ y = 5t^2 + 4t|t| \end{cases}$，求函数 $y = y(x)$ 在 $t = 0$ 处的导数.

四、对数求导法，反函数求导法

两类：（1）$y = u^v$ （2）乘、除、乘方、开方混合运算

1. $y = x + x^{x^x}$（$x > 0, x \neq 1$），求 y'

2. 设 $y = x^{\sin x}$，求 y'

高阶导数与微分

一、二阶导数.

1. 求 $y = x^2 f\left(\dfrac{1}{x}\right)$ 的二阶导数，其中 f 二阶可微.

2. 设 $f(x) = 3x^3 + x^2|x|$，求 $f(x)$ 在 $x=0$ 处的 n 阶导数.

3. 设 $y = y(x)$ 由方程 $e^y + xy = e$ 所确定，求 $y''(0)$.

4. 设 $2x - \tan(x-y) = \int_0^{x-y} \sec^2 t \, dt \ (x \neq y)$，求 $\dfrac{d^2 y}{dx^2}$.

二、n 阶导数

常见 n 阶导数公式如下：

$$(\sin x)^{(n)} = \sin\left(x + \frac{n}{2}\pi\right) \qquad (\sin ax)^{(n)} = a^n \sin\left(ax + \frac{n}{2}\pi\right)$$

$$(\cos x)^{(n)} = \cos\left(x + \frac{n}{2}\pi\right) \qquad (\cos ax)^{(n)} = a^n \cos\left(ax + \frac{n}{2}\pi\right)$$

1. 试求下列函数的 n 阶导数（归纳）.

（1）$y = \sin^4 x + \cos^4 x$；

（2）$y = x \ln x$.

2.（分式函数：分解成部分分式—）设 $y = \dfrac{x^4}{x-1}$，求 $y^{(n)}$.

3. 抓住 x^n 的导数特点 $(n \in \mathbb{N})$，超过 n 阶导数为 0.

（1）$y = e^{2x}(x^2 - 1)$，求 $y^{(100)}$；

（2）设 $f(x) = \sin\dfrac{x}{2} + \cos 2x$，求 $f^{(27)}(\pi)$.

拔高训练题（一）

1. 设 $f(x)$ 满足 $f(x+y) = e^y f(x) + e^x f(y)$，其中 x、$y \in \mathbb{R}$，又 $f'(0) = 1$，求 $f'(x)$ 与 $f(x)$ 的关系式.

2. 如果 $\lim\limits_{x\to 0}\dfrac{1-\cos x}{\mathrm{e}^{f(x)}-1}=1$，$f(x)$ 在 $x=0$ 处可导，求 $f'(0)$.

3. 设 $y=\mathrm{e}^{-x}\ln x$，求其反函数 $x=x(y)$.

4. 设 $y=x^2\ln(1+x)$，求 $f^{(n)}(0), n\geqslant 3$.

5. 设 $f(x)$ 在点 a 处有连续的二阶导数，证明：$\lim\limits_{h\to 0}\dfrac{f(a+h)+f(a-h)-2f(a)}{h^2}=f''(a)$.

基础训练题答案（一）

一、1.（1）$n>0$； （2）$n>1$； （3）$n>2$．

2. D.　3. B.　4. B.　5. A.

二、1. $f'(x_0)$．　2. $-f'(2)$．

3.（1）$-\dfrac{1}{8}$； （2）2．

4. $2\cdot 2015!,\ 2017!$．

5.（1）$\varphi(a)$； （2）0．

6. 5．

7. 略．　8. 略．

三、1. $a=\dfrac{15}{2},\ b=3$．

2. $a=1,\ b=-1$．

3. $a=-1,\ b=-1$．

4.（1）1； （2）-3； （3）$2x-y-12=0$．

导数与微分的计算答案

一、1. $y'=\sqrt{x^2-a^2}$．　2. $f'(x)=2+\dfrac{1}{x^2}$．　3. $-\dfrac{3}{2}\pi$．

4. $f'(x)=\dfrac{1}{3x}$．　5. $f(x)=x^2-x+1$．

二、1. 1．　2. $y'=\dfrac{2-y}{2y\mathrm{e}^{-y^2}+x}$； $y'(0)=\dfrac{\mathrm{e}}{2}$； $\mathrm{d}y|_{x=0}=\dfrac{\mathrm{e}}{2}$．　3. -1．

三、1. $\dfrac{(y^2-\mathrm{e}^t)(1+t^2)}{2(1-ty)}$．　2. 0．

四、1. $1+x^{x^x} \cdot x^x \left[\ln^2 x + \ln x + \dfrac{1}{x} \right]$.

2. $\dfrac{(\ln x)^x}{x^{\ln x}} \left[\ln(\ln x) + \dfrac{1}{\ln x} - \dfrac{2\ln x}{x} \right]$.

高阶导数与微分答案

一、1. $2f\left(\dfrac{1}{x}\right) - \dfrac{2}{x} f'\left(\dfrac{1}{x}\right) + \dfrac{1}{x^2} f''\left(\dfrac{1}{x}\right)$.　　2. 2.

3. $\dfrac{1}{e^2}$.　　4. $\sin 2(x-y) \cdot \cos^2(x-y)$.

二、1.（1）$4^{n-1} \cos\left(4x + \dfrac{n}{2}\pi\right)$;

（2）$(-1)(-2)(-3)\cdots(-n+2)x^{-n+1}$.

2. $\dfrac{n!(-1)^n}{(x-1)^{(n+1)}}$, $n \geq 4$.

3.（1）$2^{100}(x^2 + 100x + 2474)e^{2x}$;

（2）0.

拔高训练题答案（一）

1. $f(x) = x \cdot e^x$, $f'(x) = (x+1)e^x$（提示：令 $\dfrac{f(x)}{e^x} = g(x)$，$g'(x) = 1$）.

2. 0.

3. $\dfrac{1}{-e^{-x} \cdot \ln x + \dfrac{e^{-x}}{x}}$.

4. $(-1)^{n-3} \left[2(n-3)! + 2(n-2)! + (n-1)! \right]$.

5. 略.

4.2 微分中值定理

中值定理把函数在某区间上的整体性质与它在该区间上某一点的导数联系起来，它是用微分学知识解决实际问题的理论基础，又是解决微分学自身发展的一种理论性的数学模型，因而又把它称为微分学基本定理. 本节首先介绍罗尔定理，然后由它推出拉格朗日中值定理和柯西中值定理.

4.2.1 知识回顾

1. 重要概念

（1）罗尔定理

设函数 $f(x)$ 满足：

1）在闭区间 $[a,b]$ 上连续；

2）在开区间 (a,b) 内可导；

3）$f(a)=f(b)$，

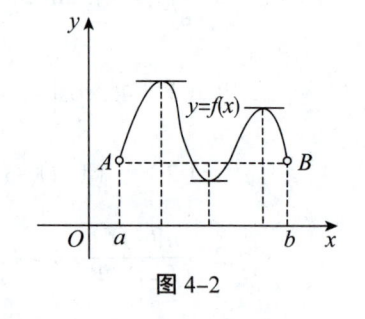

则存在 $\xi \in (a,b)$，使得 $f'(\xi)=0$，如图 4-2 所示.

图 4-2

几何意义：条件 1）说明曲线 $y=f(x)$ 在点 $A(a,f(a))$ 和点 $B(b,f(b))$ 之间（包括点 A 和点 B）是连续曲线；

条件 2）说明曲线 $y=f(x)$ 在点 A、B 之间是光滑曲线，也即每一点（不包括点 A 和点 B）都有不垂直于 x 轴的切线；

条件 3）说明曲线 $y=f(x)$ 在端点 A 和 B 处纵坐标相等.

结论说明曲线 $y=f(x)$ 在点 A 和点 B 之间（不包括点 A 和点 B）至少有一点，它的切线平行于 x 轴.

（2）拉格朗日中值定理

设函数 $f(x)$ 满足：

1）在闭区间 $[a,b]$ 上连续；

2）在开区间 (a,b) 内可导，

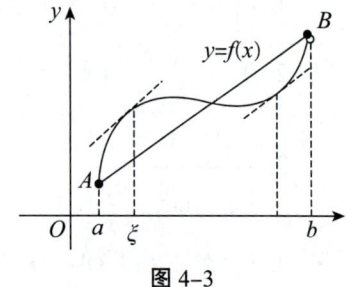

则存在 $\xi \in (a,b)$，使得 $\dfrac{f(b)-f(a)}{b-a}=f'(\xi)$，如图 4-3 所示.

图 4-3

或写成 $f(b)-f(a)=f'(\xi)(b-a)\ (a<\xi<b)$，有时也写成 $f(x_0+\Delta x)-f(x_0)=f'(x_0+\theta\Delta x)\cdot\Delta x$ $(0<\theta<1)$.

这里 x_0 相当于 a 或 b 都可以，Δx 可正可负.

几何意义：条件1）说明曲线 $y=f(x)$ 在点 $A(a,f(a))$ 和点 $B(b,f(b))$ 之间（包括点 A 和点 B）是连续曲线；

条件2）说明曲线 $y=f(x)$（不包括点 A 和点 B）是光滑曲线.

结论说明：曲线 $y=f(x)$ 在点 A、B 之间（不包括点 A 和点 B），至少有一点，它的切线与割线 AB 是平行的.

推论1 若 $f(x)$ 在 (a,b) 内可导，且 $f'(x)\equiv 0$，则 $f(x)$ 在 (a,b) 内为常数.

推论2 若 $f(x)$ 和 $g(x)$ 在 (a,b) 内可导，且 $f'(x)\equiv g'(x)$，则在 (a,b) 内 $f(x)=g(x)+C$，其中 C 为一个常数.

注：拉格朗日中值定理为罗尔定理的推广，$f(a)=f(b)$ 的特殊情形，就是罗尔定理.

（3）柯西中值定理

设函数 $f(x)$ 和 $g(x)$ 满足：

1）在闭区间 $[a,b]$ 上皆连续；

2）在开区间 (a,b) 内皆可导，且 $g'(x)\neq 0$，

则存在 $\xi\in(a,b)$，如图 4-4 所示，使得

$$\frac{f(b)-f(a)}{g(b)-g(a)}=\frac{f'(\xi)}{g'(\xi)}\quad(a<\xi<b)$$

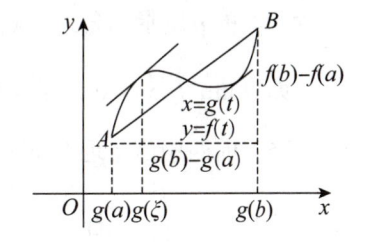

图 4-4

注：柯西中值定理为拉格朗日中值定理的推广，$g(x)=x$ 的特殊情形，柯西中值定理就是拉格朗日中值定理.

几何意义：考虑曲线 $\widehat{AB}$ 的参数方程 $\begin{cases}x=g(t)\\y=f(t)\end{cases}$ $t\in[a,b]$，点 $A(g(a),f(a))$，点 $B(g(b),f(b))$，曲线 $\widehat{AB}$ 是连续曲线，除端点外是光滑曲线，那么在曲线上至少有一点，它的切线平行于割线 $\overline{AB}$. 值得注意：在数学理论上，拉格朗日中值定理最重要，有时也称为微分学基本定理. 罗尔定理看作拉格朗日中值定理的预备定理，柯西中值定理虽然更广，但用得不太多. 在考研数学命题中，用罗尔定理最多，其次是用拉格朗日中值定理，而用柯西中值定理较少.

（4）泰勒定理（泰勒公式）

定理 1 （带皮亚诺余项的 n 阶泰勒公式）设 $f(x)$ 在点 x_0 处有 n 阶导数，则有公式

$$f(x) = f(x_0) + \frac{f'(x_0)}{1!}(x-x_0) + \frac{f''(x_0)}{2!}(x-x_0)^2 + \cdots + \frac{f^{(n)}(x_0)}{n!}(x-x_0)^n + R_n(x) \quad (x \to x_0)$$

其中 $R_n(x) = o\left[(x-x_0)^n\right](x \to x_0)$ 称为皮亚诺余项.

前面求极限方法中用泰勒公式就是这种情形，根据不同情形采取适当的 n，所以对常用的初等函数如 e^x、$\sin x$、$\cos x$、$\ln(1+x)$ 和 $(1+x)^a$（a 为实常数）等的 n 阶泰勒公式都要熟记.

定理 2 （带拉格朗日余项的 n 阶泰勒公式）设 $f(x)$ 在点 x_0 的邻域内有直到 $n+1$ 阶导数，则有公式

$$f(x) = f(x_0) + \frac{f'(x_0)}{1!}(x-x_0) + \frac{f''(x_0)}{2!}(x-x_0)^2 + \cdots + \frac{f^{(n)}(x_0)}{n!}(x-x_0)^n + R_n(x)$$

其中 $R_n(x) = \frac{f^{(n+1)}(\xi)}{(n+1)!}(x-x_0)^{n+1}$（$\xi$ 在 x_0 与 x 之间）称为拉格朗日余项. 上面展开式称为以 x_0 为中心的 n 阶泰勒公式. $x_0 = 0$ 时，也称为麦克劳林公式.

如果 $\lim\limits_{n \to \infty} R_n(x) = 0$，那么泰勒公式就转化为泰勒级数，这在后面无穷级数中再讨论.

（5）柯西中值定理在不定型极限中的应用—洛必达法则

定理 3 $\left(\dfrac{0}{0}\text{型}\right)$ 若

1）$\lim f(x) = 0, \lim g(x) = 0$；

2）x 变化过程中，$f'(x)$、$g'(x)$ 皆存在；

3）$\lim \dfrac{f'(x)}{g'(x)} = A$（或 ∞），

则 $\lim \dfrac{f(x)}{g(x)} = A$（或 ∞）.

注：若 $\lim \dfrac{f'(x)}{g'(x)}$ 不存在且不是无穷大量情形，则不能得出 $\lim \dfrac{f(x)}{g(x)}$ 不存在且不是无穷大量情形.

定理 4 $\left(\dfrac{\infty}{\infty}\text{型}\right)$ 若

1）$\lim f(x) = \infty, \lim g(x) = \infty$；

2）x 变化过程中，$f'(x)$、$g'(x)$ 皆存在；

3）$\lim \dfrac{f'(x)}{g'(x)} = A$（或 ∞），

则 $\lim \dfrac{f(x)}{g(x)} = A$（或 ∞）.

洛必达法则是不定型极限计算的重要方法，但要注意：

1）洛必达法则的使用类型为 $\dfrac{0}{0}$ 型及 $\dfrac{\infty}{\infty}$ 型；

2）当 $\lim \dfrac{f'(x)}{g'(x)}$ 不存在时，极限 $\lim \dfrac{f(x)}{g(x)}$ 有可能存在，只是洛必达法则的条件不满足，如 $\lim\limits_{x\to\infty} \dfrac{x+\sin x}{1+x} = 1$，但 $\lim\limits_{x\to\infty} \dfrac{x+\sin x}{1+x} = \lim\limits_{x\to\infty} \dfrac{1+\cos x}{1}$ 不存在；

3）一题可多次使用洛必达法则，但每次使用前必须验证它是否满足 $\dfrac{0}{0}$ 型及 $\dfrac{\infty}{\infty}$ 型.

4.2.2 典型例题分析与讲解

1. 用罗尔定理的有关方法

【例 4-23】 设 $f(x)$ 在 $[0,3]$ 上连续，在 $(0,3)$ 内可导，且 $f(0)+f(1)+f(2)=3$，$f(3)=1$. 试证：必存在 $\xi \in (0,3)$，使 $f'(\xi)=0$.

【案例分析】 因为 $f(x)$ 在 $[0,3]$ 上连续，所以 $f(x)$ 在 $[0,2]$ 上连续，且有最大值 M 和最小值 m. 于是 $m \leqslant f(0) \leqslant M$，$m \leqslant f(1) \leqslant M$，$m \leqslant f(2) \leqslant M$，故

$$m \leqslant \dfrac{1}{3}[f(0)+f(1)+f(2)] \leqslant M$$

由连续函数介值定理可知，至少存在一点 $c \in [0,2]$，使得

$$f(c) = \dfrac{1}{3}[f(0)+f(1)+f(2)] = 1$$

因此 $f(c) = f(3)$，且 $f(x)$ 在 $[c,3]$ 上连续，在 $(c,3)$ 内可导，由罗尔定理得出必存在 $\xi \in (c,3) \subset (0,3)$，使得 $f'(\xi) = 0$.

【例 4-24】 设 $f(x)$ 在 $[0,1]$ 上连续，在 $(0,1)$ 内可导，对任意 $k>1$，有 $f(1) = k\int_0^{\frac{1}{k}} x\mathrm{e}^{1-x} f(x)\mathrm{d}x$，求证：存在 $\xi \in (0,1)$，使 $f'(\xi) = (1-\xi^{-1})f(\xi)$.

【案例分析】 由积分中值定理可知，存在 $c \in \left[0, \dfrac{1}{k}\right]$，使得 $\int_0^{\frac{1}{k}} x\mathrm{e}^{1-x} f(x)\mathrm{d}x = c\mathrm{e}^{1-c} f(c)\left(\dfrac{1}{k}-0\right)$.

令 $F(x) = x\mathrm{e}^{1-x} f(x)$，可知 $F(1) = f(1)$.

于是 $F(1) = f(1) = k\int_0^{\frac{1}{k}} x\mathrm{e}^{1-x} f(x)\mathrm{d}x = c\mathrm{e}^{1-c} f(c) = F(c)$，对 $F(x)$ 在 $[c,1]$ 上用罗尔定理（三

个条件都满足），存在 $\xi \in (c, 1) \subset (0, 1)$，使 $F'(\xi) = 0$.

而 $F'(x) = e^{1-x} f(x) - x e^{1-x} f(x) + x e^{1-x} f'(x)$，所以

$$F'(\xi) = \xi e^{1-\xi} \left[f'(\xi) - \left(1 - \frac{1}{\xi}\right) f(\xi) \right] = 0$$

又 $\xi e^{1-\xi} \neq 0$，则 $f'(\xi) = \left(1 - \frac{1}{\xi}\right) f(\xi)$.

【例 4-25】 设 $f(x)$ 在 $[0, 1]$ 上连续，在 $(0, 1)$ 内可导，$f(0) = 0$，k 为正整数. 求证：存在 $\xi \in (0, 1)$，使得 $\xi f'(\xi) + k f(\xi) = f'(\xi)$.

【案例分析】 令 $g(x) = (x-1)^k$，$a = 0, b = 1$，则 $f(0) = 0$，$g(1) = 0$，存在 $\xi \in (0, 1)$，使得

$$f'(\xi)(\xi - 1)^k + k(\xi - 1)^{k-1} f(\xi) = 0$$

故 $f'(\xi)(\xi - 1) + k f(\xi) = 0$.

则 $\xi f'(\xi) + k f(\xi) = f'(\xi)$.

2. 用拉格朗日中值定理和柯西中值定理有关方法

【例 4-26】 设 $f(x)$ 在 $(-\infty, +\infty)$ 内可导，且 $\lim\limits_{x \to \infty} f'(x) = e$，$\lim\limits_{x \to \infty} \left(\frac{x+c}{x-c}\right)^x = \lim\limits_{x \to \infty} [f(x) - f(x-1)]$，求 c 的值.

【案例分析】 $\lim\limits_{x \to \infty} \left(\frac{x+c}{x-c}\right)^x = \lim\limits_{x \to \infty} \dfrac{\left(1 + \dfrac{c}{x}\right)^x}{\left(1 - \dfrac{c}{x}\right)^x} = \dfrac{e^c}{e^{-c}} = e^{2c}$，由拉格朗日中值定理，有

$$f(x) - f(x-1) = f'(\xi)[x - (x-1)] = f'(\xi)$$

其中 ξ 介于 $(x-1)$ 与 x 之间，那么

$$\lim_{x \to \infty} [f(x) - f(x-1)] = \lim_{\substack{x \to \infty \\ (\xi \to \infty)}} f'(\xi) = e$$

于是 $e^{2c} = e$，$2c = 1$，则 $c = \dfrac{1}{2}$.

【例 4-27】 设 $f(x)$ 在 $[a, b]$ 上连续，在 (a, b) 内可导，且 $f'(x) \neq 0$，求证：存在 $\xi \in (a, b)$，$\eta \in (a, b)$，使得 $\dfrac{f'(\xi)}{f'(\eta)} = \dfrac{e^b - e^a}{b - a} e^{-\eta}$.

【案例分析】 令 $g(x) = e^x$，用柯西中值定理，存在 $\eta \in (a, b)$，使 $\dfrac{f'(\eta)}{e^\eta} = \dfrac{f(b) - f(a)}{e^b - e^a}$；再用拉氏定理，存在 $\xi \in (a, b)$，使 $f(b) - f(a) = f'(\xi)(b - a)$，代入上式，即得证.

【例 4-28】 设 $f(x)$ 在 $[0, 1]$ 上连续，在 $(0, 1)$ 内可导，且 $f(0) = 0$，$f(1) = 1$，证明：

（1）存在 $\xi \in (0, 1)$，使得 $f(\xi) = 1 - \xi$；

（2）存在 $\eta, \zeta \in (0,1)$，$\eta \neq \zeta$，使 $f'(\eta)f'(\zeta)=1$.

【案例分析】（1）令 $g(x)=f(x)+x-1$，则 $g(x)$ 在 $[0,1]$ 上连续，且 $g(0)=-1<0$，$g(1)=1>0$，用介值定理推论，存在 $\xi \in (0,1)$，使 $g(\xi)=0$，即 $f(\xi)=1-\xi$.

（2）在 $[0,\xi]$ 和 $[\xi,1]$ 上对 $f(x)$ 用拉格朗日中值定理，存在 $\eta \in (0,\xi)$，使得

$$f'(\eta)=\frac{f(\xi)-f(0)}{\xi-0}=\frac{1-\xi}{\xi}$$

存在 $\zeta \in (\xi,1)$，$\eta \neq \zeta$，使

$$f'(\zeta)=\frac{f(1)-f(\xi)}{1-\xi}=\frac{1-(1-\xi)}{1-\xi}=\frac{\xi}{1-\xi}$$

所以 $f'(\eta)f'(\zeta)=1$.

3. 用泰勒公式有关方法

【例 4-29】设 $f(x)$ 在 $[-1,1]$ 上具有三阶连续导数，且 $f(-1)=0$，$f(1)=1$，$f'(0)=0$.

求证：$\exists \xi \in (-1,1)$，使 $f'''(\xi)=3$.

【案例分析】用麦克劳林公式：

$$f(x)=f(0)+f'(0)x+\frac{f''(0)}{2!}x^2+\frac{f'''(\eta)}{3!}x^3$$

其中 $x \in [-1,1]$，η 介于 0 与 x 之间. 因为 $f'(0)=0$，所以

$$0=f(-1)=f(0)+\frac{f''(0)}{2!}(-1)^2+\frac{1}{6}f'''(\eta_1)(-1)^3 \quad (-1<\eta_1<0)$$

$$1=f(1)=f(0)+\frac{f''(0)}{2!}\cdot 1^2+\frac{1}{6}f'''(\eta_2)\cdot 1^3 \quad (0<\eta_2<1)$$

后式减前式，得 $f'''(\eta_1)+f'''(\eta_2)=6$.

因为 $f'''(x)$ 在 $[\eta_1,\eta_2]$ 上连续，设其最大值为 M，最小值为 m，

则 $m \leq \frac{1}{2}[f'''(\eta_1)+f'''(\eta_2)] \leq M$.

再由介值定理，$\exists \xi \in [\eta_1,\eta_2] \subset (-1,1)$，使 $f'''(\xi)=\frac{1}{2}[f'''(\eta_1)+f'''(\eta_2)]=3$.

【例 4-30】设函数 $f(x)$ 在闭区间 $[a,b]$ 上具有二阶导数，且 $f'(a)=f'(b)=0$，试证：在 (a,b) 内至少存在一点 ξ，使

$$|f''(\xi)| \geq 4\left|\frac{f(b)-f(a)}{(b-a)^2}\right|$$

【案例分析】在 $\left[a,\frac{a+b}{2}\right]$ 与 $\left[\frac{a+b}{2},b\right]$ 上分别用泰勒公式，便有

$$f\left(\frac{a+b}{2}\right)=f(a)+f'(a)\left(\frac{a+b}{2}-a\right)+\frac{1}{2!}f''(\xi_1)\left(\frac{b-a}{2}\right)^2 \quad \left(a<\xi_1<\frac{a+b}{2}\right)$$

$$f\left(\frac{a+b}{2}\right)=f(b)+f'(b)\left(\frac{a+b}{2}-b\right)+\frac{1}{2!}f''(\xi_2)\left(\frac{b-a}{2}\right)^2 \quad \left(\frac{a+b}{2}<\xi_2<b\right)$$

两式相减，得

$$|f(b)-f(a)|=\frac{1}{8}(b-a)^2|f''(\xi_1)-f''(\xi_2)|$$

$$\leqslant \frac{1}{4}(b-a)^2\frac{1}{2}\left(|f''(\xi_1)|+|f''(\xi_2)|\right)$$

$$\leqslant \frac{1}{4}(b-a)^2\max\{|f''(\xi_1)|,|f''(\xi_2)|\}$$

所以至少存在一点 $\xi \in (a,b)$，使得

$$|f''(\xi)|\geqslant 4\left|\frac{f(b)-f(a)}{(b-a)^2}\right|$$

4.2.3 典型真题分析与讲解

【例 4-31】 设 $f(x)$ 在 $[a,b]$ 上连续，在 (a,b) 内二阶可导，且

$$\int_a^b f(x)\mathrm{d}x=(b-a)f\left(\frac{a+b}{2}\right)$$

证明：存在 $\xi \in (a,b)$，使得 $f''(\xi)=0$.

【案例分析】 令 $F(x)=\int_a^x f(t)\mathrm{d}t-(x-a)f\left(\frac{a+x}{2}\right)$，则 $F(a)=F(b)=0$，$\exists x_1 \in (a,b)$，使得 $F'(x_1)=0$，即 $f(x_1)-f\left(\frac{a+x_1}{2}\right)-\frac{1}{2}(x_1-a)f'\left(\frac{a+x_1}{2}\right)=0$.

由拉格朗日中值定理，$\exists x_2 \in \left(\frac{a+x_1}{2},x_1\right)$，使得 $f(x_1)-f\left(\frac{a+x_1}{2}\right)=\frac{1}{2}(x_1-a)f'(x_2)$，代入上式得 $f'(x_2)=f'\left(\frac{a+x_1}{2}\right)$，从而存在 $\xi \in \left(\frac{a+x_1}{2},x_2\right) \subset (a,b)$，使得 $f''(\xi)=0$.

【例 4-32】（2019 年竞赛真题）设 $f(x)$ 在 $[a,b]$ 上可导，且 $f'(x)>0$，

（1）证明：至少存在一点 $\xi \in (a,b)$，使得 $\int_a^b f(x)\mathrm{d}x=f(b)(\xi-a)+f(a)(b-\xi)$；

（2）对（1）的 ξ，求 $\lim\limits_{b \to a^+}\dfrac{\xi-a}{b-a}$.

【案例分析】（1）令函数 $F(x)=\int_a^b f(t)\mathrm{d}t-f(b)(x-a)-f(a)(b-x)$，则

$$F(a)=\int_a^b f(t)\mathrm{d}t-f(a)(b-a)=\int_a^b [f(x)-f(a)]\mathrm{d}x$$

$$F(b)=\int_a^b f(t)\mathrm{d}t-f(b)(b-a)=\int_a^b [f(x)-f(b)]\mathrm{d}x$$

由 $f'(x)>0$，得 $f(a)<f(x)<f(b)$，$x\in(a,b)$.

由积分保号性，知必有 $F(a)F(b)<0$，故由零点定理知结论成立.

（2）由（1）可知 $\int_a^b f(t)\mathrm{d}t-f(a)(b-a)=[f(b)-f(a)](\xi-a)$，两端除以 $(b-a)^2$，得

$$\frac{\int_a^b f(x)\mathrm{d}x-f(a)(b-a)}{(b-a)^2}=\frac{f(b)-f(a)}{b-a}\cdot\frac{\xi-a}{b-a}$$

两边取 $b\to a^+$ 的极限，得

$$\lim_{b\to a^+}\frac{\xi-a}{b-a}=\lim_{b\to a^+}\frac{\int_a^b f(x)\mathrm{d}x-f(a)(b-a)}{(b-a)^2}=\lim_{b\to a^+}\frac{f(b)-f(a)}{2(b-a)}=2f'_+(a)$$

故 $\displaystyle\lim_{b\to a^+}\frac{\xi-a}{b-a}=\frac{1}{2}$.

【例 4-33】（1）当 $x>0$ 时，证明存在小于 x 的正数 ξ，使 $\arctan x=\dfrac{x}{1+\xi^2}$；

（2）对（1）的 ξ，求 $\displaystyle\lim_{x\to 0^+}\frac{\xi}{x}$.

【案例分析】（1）对函数 $f(x)=\arctan x$ 在区间 $[0,x]$ 上应用拉格朗日中值定理，可得

$$\arctan x-\arctan 0=\frac{1}{1+\xi^2}(x-0),\ \xi\in(0,x)$$

即存在小于 x 的正数 ξ，使 $\arctan x=\dfrac{x}{1+\xi^2}$；

（2）由（1）可知 $\xi^2=\dfrac{x}{\arctan x}-1=\dfrac{x-\arctan x}{\arctan x}$，所以

$$\lim_{x\to 0^+}\frac{\xi^2}{x^2}=\lim_{x\to 0^+}\frac{x-\arctan x}{x^2\arctan x}=\lim_{x\to 0^+}\frac{\frac{1}{3}x^3+o(x^3)}{x^3}=\frac{1}{3}$$

又因为 $\dfrac{\xi}{x}>0$，所以 $\displaystyle\lim_{x\to 0^+}\frac{\xi}{x}=\frac{1}{\sqrt{3}}$.

【例 4-34】设 $f(x)$ 可微，$f(0)=6$，且 $f'(x)\int_1^2 f(x)\mathrm{d}x=-6$，求 $f(x)$.

【案例分析】令 $\int_1^2 f(x)\mathrm{d}x=t$（常数），则 $f'(x)=-\dfrac{6}{t}$，两边积分得

$$f(x)=\int -\frac{6}{t}\mathrm{d}x=-\frac{6x}{t}+C$$

由于 $f(0)=6$，因此 $C=6$. 即 $f(x)=-\dfrac{6x}{t}+6$，代入得

$$t^2-6t+9=0$$

解之得 $t=3$，所以 $f(x)=6-2x$.

基础训练题（二）

1. 证明：当 $x \geq 1$ 时，$2\arctan x + \arcsin \dfrac{2x}{1+x^2} = \pi$.

2. 设函数 $y = f(x)$ 在 $[0, a]$ 上连续，在 $(0, a)$ 内可导，证明：则 $f(x)$ 在 $(0, a)$ 内至少存在一点 ξ，使得 $f(\xi) + \xi f'(\xi) = f(a)$.

3. 设函数 $f(x)$、$g(x)$ 在 $[a, b]$ 上可导，且 $g'(x) \neq 0$，证明：至少存在一点 $\xi \in (a, b)$，使得 $\dfrac{f'(\xi)}{g'(\xi)} = \dfrac{f(a) - f(\xi)}{g(\xi) - g(b)}$.

4. 设函数 $y = f(x)$ 在 $[0, 2]$ 上连续，在 $(0, 2)$ 内可导，且 $f(2) = 5f(0)$，证明：$f(x)$ 在 $(0, 2)$ 内至少存在一点 ξ，使得 $(1 + \xi^2) f'(\xi) = 2\xi f(\xi)$.

5. 设 $f(x)$ 在 $[a,b]$ 上连续，在 (a,b) 内可导 $(b>a>0)$，证明：必有 $\xi\in(a,b)$，使得 $\dfrac{bf(b)-af(a)}{b-a}=f(\xi)+\xi f'(\xi)$.

6. 设 $a>0$，$f(x)$ 在 $[a,b]$ 上连续，在 (a,b) 内可导，且 $f(a)=0$，证明：在 (a,b) 内必存在一点 ξ，使得 $f(\xi)=\dfrac{b-\xi}{a}f'(\xi)$.

7. 设函数 $f(x)$ 在 $[0,1]$ 上连续，在 $(0,1)$ 内可导，且 $0<f(x)<1$，$f'(x)\neq 1$，证明：$f(x)$ 在 $(0,1)$ 内仅有一点 ξ，使得 $f(\xi)=\xi$.

8. 设 $f(x)$ 在 $[0,1]$ 上连续，在 $(0,1)$ 内可导，且 $3\int_{\frac{2}{3}}^{1}f(x)\mathrm{d}x=f(0)$，求证：存在 $\xi\in(0,1)$，使得 $f'(\xi)=0$.

9. 设函数 $y=f(x)$ 在 $\mathbb{R}$ 上连续，证明：对于任意 $\lambda \in \mathbb{R}$，在 $f(x)$ 的任意两个零点之间必有 $f'(x)-\lambda f(x)$ 的零点.

10. 设函数 $f(x)$、$g(x)$ 在 $[a,b]$ 上可导，且 $\forall x \in [a,b]$，有 $f(x)g'(x)-f'(x)g(x) \neq 0$，证明：$f(x)$ 的任意两个零点之间必有 $g(x)$ 的零点.

11. 设 $f(x)$ 在 $[0,1]$ 上二阶可导，$f(0)=f(1)=0$，证明：存在 $\xi \in (0,1)$，使得 $f''(\xi)=\dfrac{1}{(\xi-1)^2}f'(\xi)$.

12. 设函数 $f(x)$ 在 $[0,1]$ 上连续，在 $(0,1)$ 内可导，且 $f(0)=f(1)=0$，$f\left(\dfrac{1}{2}\right)=1$，证明：
（1）$\exists \eta \in \left(\dfrac{1}{2},1\right)$，使得 $f(\eta)=\eta$；（2）$\forall \lambda \in \mathbb{R}$，$\exists \xi \in (0,\eta)$，使得 $f'(\xi)-\lambda(f(\xi)-\xi)=1$.

13. 设函数 $f(x)$ 在 $[0,1]$ 上连续，在 $(0,1)$ 内可导，且 $f(1)=2\int_0^{\frac{1}{2}}xf(x)\mathrm{d}x$，求证：在 $(0,1)$ 内至少存在一点 ξ，使得 $f(\xi)+\xi f'(\xi)=0$.

14. 设 $f(x)$ 在 $[a,b]$ 上连续，在 (a,b) 内可导，且 $f(a)=a$，$\int_a^b f(x)\mathrm{d}x=\dfrac{1}{2}(b^2-a^2)$，求证：在 (a,b) 内至少存在一点 ξ，使得 $f'(\xi)=f(\xi)-\xi+1$.

15. 设 $f(x)$ 在 $[a,b]$ 上连续 $(a>0)$，且 $\int_a^b f(x)\mathrm{d}x=0$，求证：在 (a,b) 内至少存在一点 ξ，使得 $\int_a^\xi f(x)\mathrm{d}x=\xi f(\xi)$.

16. 设 $f(x)$ 在 $[a,b]$ 上连续，在 (a,b) 内可导，且 $f(a)=f(b)=1$，证明：$\exists \xi、\eta \in (a,b)$，使得 $\mathrm{e}^{\eta-\xi}\left[f(\eta)+f'(\eta)\right]=1$.

17. 设函数 $f(x)$ 在闭区间 $[0,1]$ 上连续，在开区间 $(0,1)$ 内可导，且 $f(0)=0$, $f(1)=\dfrac{1}{3}$.

证明：存在 $\xi \in \left(0, \dfrac{1}{2}\right)$, $\eta \in \left(\dfrac{1}{2}, 1\right)$，使得 $f'(\xi)+f'(\eta)=\xi^2+\eta^2$.

18. 设 $f(x)$ 在 $[0,1]$ 上二阶可导，$f(0)=0$, $f(1)=1$，求证：存在 $\xi \in (0,1)$，使得 $\xi f''(\xi)+f'(\xi)=1$.

19. 设 $f(x)$ 在 $[0,1]$ 上有 $|f''(x)| \leqslant M$，且在 $(0,1)$ 内 $f(x)$ 有最大值，证明：$|f'(0)+f'(1)| \leqslant M$.

拔高训练题（二）

1. 设 $f(x)$ 在 $[a,b]$ 上连续，在 (a,b) 内可导，且 $f(a)\cdot f(b)>0$，$f(a)\cdot f\left(\dfrac{a+b}{2}\right)<0$，试证对于任意 $k\in\mathbb{R}$，存在 $\xi\in(a,b)$，使得 $f'(\xi)=kf(\xi)$.

2. 设 $f(x)$ 在 $[0,3]$ 上连续，在 $(0,3)$ 内二阶可导，且 $2f(0)=\displaystyle\int_0^2 f(x)\mathrm{d}x=f(2)+f(3)$，证明：

（1）存在 $\eta\in[0,2]$，使 $f(\eta)=f(0)$；

（2）存在 $\xi\in(0,3)$，使 $f''(\xi)=0$.

3. 设 $y=f(x)$ 在 $(-1,1)$ 内具有二阶连续导数，$f''(x)\neq 0$，试证：（1）对于 $(-1,1)$ 内的任一点 $x(x\neq 0)$，存在唯一的 $\theta\in(0,1)$，使 $f(x)=f(0)+xf'(\theta\cdot x)$ 成立；（2）$\displaystyle\lim_{x\to 0}\theta=\dfrac{1}{2}$.

4. 设函数 $f(x)$ 在闭区间 $[-1,1]$ 上具有三阶连续导数，且 $f(-1)=0$，$f(1)=1$，$f'(0)=0$．证明：在开区间 $(-1,1)$ 内至少存在一点 ξ，使 $f'''(\xi)=3$．

5. 设 $f(x)$ 在 $[a,b]$ 上有二阶连续导数，证明：$\exists \xi \in (a,b)$，使得
$$f(b)-2f\left(\frac{a+b}{2}\right)+f(a)=\frac{(b-a)^2}{4}f''(\xi)$$

6. 设 $f(x)$ 在 $[a,b]$ 上连续，在 (a,b) 内除仅有一点 x_0 外均可导，求证：在 (a,b) 内至少存在一点 ξ，使得 $|f(b)-f(a)| \leq (b-a)|f'(\xi)|$．

基础训练题答案（二）

1. 提示：利用拉格朗日中值定理或其推论．

2. 略．

3. 提示：令 $F(x)=f(a)g(x)+g(b)f(x)-f(x)g(x)$，然后用罗尔定理．

4. 提示：令 $F(x)=\dfrac{f(x)}{1+x^2}$，然后用罗尔定理．

5. 证明：令 $g(x)=xf(x)$，$h(x)=x$，由柯西中值定理知，存在 $\xi\in(a,b)$，使得

$$\dfrac{g(b)-g(a)}{h(b)-h(a)}=\dfrac{g'(\xi)}{h'(\xi)}，\text{即 } \dfrac{bf(b)-af(a)}{b-a}=f(\xi)+\xi f'(\xi).$$

6. 提示：令 $F(x)=(x-b)^a f(x)$，然后用罗尔定理．

7. 提示：令 $F(x)=f(x)-x$，然后用罗尔定理．

8. 提示：先由积分中值定理，再用罗尔定理．

9. 提示：令 $F(x)=\mathrm{e}^{-\lambda x}f(x)$，然后用罗尔定理．

10. 提示：令 $F(x)=\dfrac{f(x)}{g(x)}$，然后用罗尔定理．

11. 提示：令 $F(x)=\ln f'(x)+\dfrac{1}{x-1}$，然后用罗尔定理．

12. 提示：（1）令 $F(x)=f(x)-x$，在 $(0,1)$ 内用介值定理；

   （2）令 $F(x)=\mathrm{e}^{-\lambda x}\cdot(f(x)-x)$ 用罗尔定理．

13. 提示：令 $F(x)=xf(x)$，在 $(0,1)$ 内用罗尔定理．

14. 提示：令 $F(x)=\mathrm{e}^{-x}(f(x)-x)$，在 $(0,1)$ 内用罗尔定理．

15. 提示：令 $F(x)=\dfrac{\int_a^x f(t)\mathrm{d}t}{x}$，在 (a,b) 内用罗尔定理．

16. 提示：令 $F(x)=\mathrm{e}^x(f(x)-1)$，然后应用罗尔定理．

17. 提示：令 $F(x)=f(x)-\dfrac{1}{3}x^3$，然后应用拉格朗日中值定理．

18. 证明：

因 $f(x)$ 在 $[0,1]$ 上连续，在 $(0,1)$ 内可导，$f(0)=0$，$f(1)=1$，应用拉格朗日中值定理得，存在 $c \in (0,1)$，使得 $f'(c) = \dfrac{f(1)-f(0)}{1-0} = 1$.

令 $F(x) = x(f'(x)-1)$，则 $F(0)=0$，$F(c)=0$，应用罗尔定理可得，存在 $\xi \in (0,c) \subset (0,1)$，使得 $F'(\xi)=0$，由于

$$F'(x) = xf''(x) + f'(x) - 1$$
$$F'(\xi) = \xi f''(\xi) + f'(\xi) - 1$$

于是 $\xi f''(\xi) + f'(\xi) = 1$.

19. 提示：应用微分中值定理.

拔高训练题答案（二）

1. 提示：先证明设 $f(x)$ 在 (a,b) 内有两个零点 $x_1 < x_2$，令 $F(x) = f(x) \cdot e^{-kx}$，然后用罗尔定理.

2. 提示：（1）用积分中值定理；（2）先用介值定理，再用罗尔定理.

3. 提示：（1）利用拉格朗日中值定理证明 θ 的存在性，再利用单调性证明唯一性；（2）用泰勒公式证明.

4. 提示：有三阶导数，想到将函数在 $x=0$ 处泰勒展开，再由闭区间上连续函数的介值定理得出结论.

5. 提示：由泰勒公式得，$f(x) = f\left(\dfrac{a+b}{2}\right) + f'\left(\dfrac{a+b}{2}\right)\left(x - \dfrac{a+b}{2}\right) + f''(\xi)\left(x - \dfrac{a+b}{2}\right)^2$，在该式子中，分别令 $x=a$，$x=b$，然后两式相加.

6. 提示：应用微分中值定理.

4.3 导数的应用

本节是一元函数微分学理论的应用，研究函数许多重要的特性，如单调性、极值、凹凸性，并以此进一步解决一些实际应用问题. 首先以导数为工具研究函数的单调区间、极大值点与极小值点，其次研究函数的凹凸区间与拐点，最后研究函数的渐近线，从而进一步掌握作函数草图的几个步骤.

4.3.1 知识回顾

1. 函数的单调性

（1）函数单调性的概念

设$f(x)$定义在I上，若对$\forall x_1, x_2 \in I$，且$x_1 < x_2$，有$f(x_1) \leqslant f(x_2)$，则称$f(x)$在I上单调增加；若对$\forall x_1, x_2 \in I$，且$x_1 < x_2$，有$f(x_1) \geqslant f(x_2)$，则称$f(x)$在I上单调减少.

（2）单调性的判定

设$f(x)$在$[a, b]$上连续，在(a, b)内可导，

1）若$f'(x) \geqslant 0 (a < x < b)$，则$f(x)$在$[a, b]$上单调增加；

2）若$f'(x) \leqslant 0 (a < x < b)$，则$f(x)$在$[a, b]$上单调减少.

2. 求函数极值的步骤

（1）确定函数$f(x)$的定义域D；

（2）求函数$f(x)$在定义域D内的驻点及不可导点；

（3）判定所求的点是否为极值点.

定理 1 （第一充分条件）设$f(x)$在点x_0处连续，在$x = x_0$的去心邻域内可导，则

1）若当$x < x_0$时，有$f'(x) > 0$，当$x > x_0$时，有$f'(x) < 0$，则$f(x_0)$为极大值，x_0为极大值点；

2）若当$x < x_0$时，有$f'(x) < 0$，当$x > x_0$时，有$f'(x) > 0$，则$f(x_0)$为极小值，x_0为极小值点；

3）若当$x < x_0$和$x > x_0$时，$f'(x)$的符号相同，那么$f(x_0)$不是极值，x_0不是极值点.

定理 2 （第二充分条件）设函数 $f(x)$ 在点 x_0 处有二阶导数，且 $f'(x_0)=0$，$f''(x_0)\neq 0$，则

1）当 $f''(x_0)<0$ 时，$f(x_0)$ 为极大值，x_0 为极大值点；

2）当 $f''(x_0)>0$ 时，$f(x_0)$ 为极小值，x_0 为极小值点.

3. 函数的最值问题

（1）求函数 $f(x)$ 在 $[a,b]$ 上最大值和最小值的方法

首先，求出 $f(x)$ 在 (a,b) 内所有驻点，以及不可导点 $x_1,\cdots,x_k$；

其次，计算 $f(x_1),\cdots,f(x_k),f(a),f(b)$；

最后，比较 $f(x_1),\cdots,f(x_k),f(a),f(b)$，其中最大者就是 $f(x)$ 在 $[a,b]$ 上的最大值 M，最小者就是 $f(x)$ 在 $[a,b]$ 上的最小值 m.

（2）无限区间上连续函数的最值

若函数在无限区间上只有唯一驻点，且该点为极值点，则此点一定为最值点.

（3）最大（小）值的应用问题

首先要列出应用问题中的目标函数及其考虑的区间，然后求出目标函数在区间内的最大（小）值.

4. 凹凸性与拐点

（1）凹凸性的定义

设 $f(x)$ 在区间 I 上连续，若对任意不同的两点 x_1、x_2，恒有

$$f\left(\frac{x_1+x_2}{2}\right)>\frac{1}{2}[f(x_1)+f(x_2)] \quad \left(f\left(\frac{x_1+x_2}{2}\right)<\frac{1}{2}[f(x_1)+f(x_2)]\right)$$

则称 $f(x)$ 在 I 上是凸（凹）的.

（2）函数凹凸性的判定

设函数 $f(x)$ 在区间 I 上连续，在 I 内具有一阶及二阶导数，那么

1）若在 I 内，则 $f(x)$ 在 I 上的图形是凹的；

2）若在 I 内，则 $f(x)$ 在 I 上的图形是凸的.

5. 渐近线

（1）水平渐近线：若 $\lim\limits_{x\to\infty}f(x)=A$（$A$ 为常数），则称 $y=A$ 为曲线 $y=f(x)$ 的水平渐近线；

（2）铅直渐近线：若 $\lim\limits_{x\to x_0^-}f(x)=\infty$ 或 $\lim\limits_{x\to x_0^+}f(x)=\infty$，则称直线 $x=x_0$ 为曲线 $y=f(x)$ 的

铅直渐近线；

（3）斜渐近线：若 $\lim\limits_{x\to\infty}\dfrac{f(x)}{x}=k(k\neq 0,\infty)$，$\lim\limits_{x\to\infty}[f(x)-(kx+b)]=0$，则称直线 $y=kx+b$ 是曲线 $y=f(x)$ 的斜渐近线.

4.3.2 典型例题分析与讲解

1. 证明不等式

【例 4-35】求证：当 $x>0$ 时，$(x^2-1)\ln x \geq (x-1)^2$.

【案例分析】证法一：令 $f(x)=(x^2-1)\ln x-(x-1)^2$，只需证明 $x>0$ 时，$f(x)\geq 0$.

易知 $f(1)=0$，$f'(x)=2x\ln x-x+2-\dfrac{1}{x}$，$f'(1)=0$，由于 $f'(x)$ 的符号不易判断，故进一步考虑

$$f''(x)=2\ln x+1+\dfrac{1}{x^2}，f''(1)=2>0$$

再考虑

$$f'''(x)=\dfrac{2(x^2-1)}{x^3}$$

于是，当 $0<x<1$ 时，$f'''(x)<0$；当 $1<x<+\infty$ 时，$f'''(x)>0$.

由此可见，$f''(1)=2$ 是 $f''(x)$ 的最小值，如图 4-5（a）所示.

由于 $f''(x)\geq 2>0$，这样 $x>0$ 时，$f'(x)$ 单调增加.

又因为 $f'(1)=0$，所以 $0<x<1$ 时，$f'(x)<0$；$1<x<+\infty$ 时，$f'(x)>0$，如图 4-5（b）所示.

再由 $f(1)=0$，可知 $0<x<1$ 时，$f(x)>0$；$1<x<+\infty$ 时，$f(x)>0$，这样证明了 $x>0$ 时，$f(x)\geq 0$，如图 4-5（c）所示.

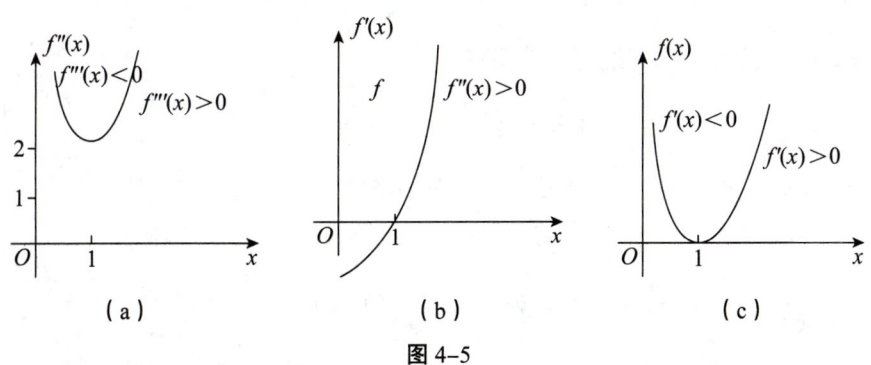

图 4-5

证法二：令 $f(x)=\ln x-\dfrac{x-1}{x+1}$（自己思考）.

证法三：令 $f(x)=(x+1)\ln x-(x-1)$（自己思考）.

【例 4-36】 设 $b>a>0$，求证：$\ln\dfrac{b}{a}>\dfrac{2(b-a)}{b+a}$.

【案例分析】令 $f(x)=(\ln x-\ln a)(x+a)-2(x-a)$ $(x\geqslant a)$，则

$$f'(x)=\dfrac{1}{x}(x+a)+(\ln x-\ln a)-2$$

$$f''(x)=\dfrac{-a}{x^2}+\dfrac{1}{x}=\dfrac{x-a}{x^2}>0 \quad (x>a)$$

于是可知 $f'(x)$ 在 $x>a$ 时单调增加，又 $f'(a)=0$，所以 $x>a$ 时 $f'(x)>0$，这样 $f(x)$ 单调增加.

因此，$b>a>0$ 时 $f(b)>f(a)=0$，得证.

【例 4-37】 设 $e<a<b<e^2$，证明 $\ln^2 b-\ln^2 a>\dfrac{4}{e^2}(b-a)$.

【案例分析】证法一：对函数 $f(x)=\ln^2 x$ 在 $[a,b]$ 上用拉格朗日中值定理，得

$$\ln^2 b-\ln^2 a=\dfrac{2\ln\xi}{\xi}(b-a) \quad (a<\xi<b)$$

再来证明 $\varphi(t)=\dfrac{\ln t}{t}$ 在 $t>e$ 时单调减少. 因为

$$\varphi'(t)=\dfrac{1-\ln t}{t^2}<0 \quad (t>e)$$

从而 $\varphi(\xi)>\varphi(e^2)$，即 $\dfrac{\ln\xi}{\xi}>\dfrac{\ln e^2}{e^2}=\dfrac{2}{e^2}$. 故 $\ln^2 b-\ln^2 a>\dfrac{4}{e^2}(b-a)$.

证法二：设 $g(x)=\ln^2 x-\dfrac{4}{e^2}x$，则

$$g'(x)=2\dfrac{\ln x}{x}-\dfrac{4}{e^2}$$

$$g''(x)=2\cdot\dfrac{1-\ln x}{x^2}$$

当 $x>e$ 时，$g''(x)<0$，故 $g'(x)$ 单调减少，则

$$g'(x)>g'(e^2)=\dfrac{4}{e^2}-\dfrac{4}{e^2}=0$$

因此 $e<x<e^2$ 时，由 $g'(x)>0$ 可知 $g(x)$ 单调增加.

题设为 $e<a<b<e^2$，于是 $g(b)>g(a)$.

故 $\ln^2 b-\dfrac{4}{e^2}b>\ln^2 a-\dfrac{4}{e^2}a$，即 $\ln^2 b-\ln^2 a>\dfrac{4}{e^2}(b-a)$.

2. 有关函数的极值

【例 4-38】 设函数 $f(x)$ 在 $(-\infty,+\infty)$ 内连续，其导数的图形如图 4-6 所示，则 $f(x)$

有（　　）.

A. 一个极小值点和两个极大值点

B. 两个极小值点和一个极大值点

C. 两个极小值点和两个极大值点

D. 三个极小值点和一个极大值点

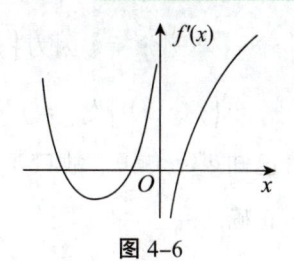

图 4-6

【案例分析】出现了一个导数值的零点，故有一个极小值点，故答案为 A.

【例 4-39】设 $f(x)$ 的导数在 $x=a$ 处连续，又 $\lim\limits_{x \to a} \dfrac{f'(x)}{x-a} = -1$，则（　　）.

A. $x=a$ 是 $f(x)$ 的极小值点

B. $x=a$ 是 $f(x)$ 的极大值点

C. $(a, f(a))$ 是曲线 $y=f(x)$ 的拐点

D. $x=a$ 不是极值点，$(a, f(a))$ 也不是曲线 $y=f(x)$ 的拐点

【案例分析】由 $\lim\limits_{x \to a} \dfrac{f'(x)}{x-a} = -1$，知存在 $\overset{\circ}{U}(a)$，使当 $x \in \overset{\circ}{U}(a)$ 时，$\dfrac{f'(x)}{x-a} < 0$（保号性）. 于是当 $x<a$ 时，$f'(x)>0$，$y=f(x)$ 单调增加；当 $x>a$ 时，$f'(x)<0$，$y=f(x)$ 单调减少. 故由极值的定义知，在 $x=a$ 处 $f(x)$ 取得极大值. 故 B 选项正确.

【例 4-40】设 $y=f(x)$ 有二阶导数，满足 $xf''(x)+3x[f'(x)]^2 = 1-\mathrm{e}^{-x}$. 证明：$f'(x_0)=0$ 时，$f(x_0)$ 为极小值.

【案例分析】（1）$x_0 \neq 0$ 情形. $f''(x_0) = \dfrac{1-\mathrm{e}^{-x_0}}{x_0} > 0 \begin{pmatrix} x_0 > 0, 1-\mathrm{e}^{-x_0} > 0 \\ x_0 < 0, 1-\mathrm{e}^{-x_0} < 0 \end{pmatrix}$，故 $f(x_0)$ 为极小值.

（2）$x_0 = 0$ 情形. 这时方程条件用 $x=0$ 代入不行，无法得出上面的公式.

因为 $f''(x)$ 存在，所以 $f'(x)$ 连续，$\lim\limits_{x \to 0} f'(x) = f'(0) = 0$，则

$$f''(0) = \lim_{x \to 0} \dfrac{f'(x)-f'(0)}{x-0} = \lim_{x \to 0} \dfrac{f'(x)}{x} = \lim_{x \to 0} \dfrac{f''(x)}{1} \text{（用洛必达法则）}$$

$$= \lim_{x \to 0} \left\{ \dfrac{1-\mathrm{e}^{-x}}{x} - 3[f'(x)]^2 \right\} = \lim_{x \to 0} \dfrac{1-\mathrm{e}^{-x}}{x} \text{（再用洛必达法则）}$$

$$= \lim_{x \to 0} \dfrac{\mathrm{e}^{-x}}{1} = 1 > 0$$

所以 $f(0)$ 是极小值.

【例 4-41】设函数 $f(x)$、$g(x)$ 具有二阶导数，且 $g''(x)<0$，$g(x_0)=a$ 是 $g(x)$ 的极值，则 $f(g(x))$ 在点 x_0 处具有极大值的一个充分条件是（　　）.

A. $f'(a)<0$　　　　B. $f'(a)>0$　　　　C. $f''(a)<0$　　　　D. $f''(a)>0$

【案例分析】因为 $\{f(g(x))\}'_{x=x_0} = f'(g(x_0))g'(x_0) = 0$ （$g(x_0)$ 是极值，故 $g'(x_0)=0$ ），
$$\{f(g(x))\}''_{x=x_0} = f''(g(x_0))(g'(x_0))^2 + f'(g(x_0))g''(x_0) = f'(a)g''(x_0)$$
已知 $g''(x_0)<0$，故只要 $f'(a)>0$ 就有 $\{f(g(x))\}''_{x=x_0}<0$，即 $f(g(x_0))$ 是极大值，故选 B 项正确。

4.3.3 典型真题分析与讲解

【例 4-42】设 $f(x)=\begin{cases} x^x, & x>0 \\ a+xe^x, & x\leq 0 \end{cases}$（$a$ 为常数），求 $f(x)$ 的极值。

【案例分析】先讨论区间内的极值点，则当 $x>0$ 时，$f'(x)=x^x(\ln x+1)$，令 $f'(x)=0$，得 $x=\dfrac{1}{e}$（唯一驻点）。且 $0<x<\dfrac{1}{e}$ 时，$f'(x)<0$；$x>\dfrac{1}{e}$ 时，$f'(x)>0$。故 $x=\dfrac{1}{e}$ 为极小值点，极小值为 $f\left(\dfrac{1}{e}\right)=e^{-\frac{1}{e}}$。

当 $x<0$ 时，$f'(x)=e^x(x+1)$，令 $f'(x)=0$，得 $x=-1$（唯一驻点）。且当 $x<-1$ 时，$f'(x)<0$；$-1<x<0$ 时，$f'(x)>0$。故 $x=-1$ 为极小值点，极小值为 $f(-1)=a-e^{-1}$。

由以上的讨论，由于 $f(0)=a$ 且 $-1<x<0$ 时，$f'(x)>0$；$0<x<\dfrac{1}{e}$ 时，$f'(x)<0$。

又 $\lim\limits_{x\to 0^+} x^x = 1$，$\lim\limits_{x\to 0^-}(a+xe^x)=a=f(0)$，故当 $a\geq 1$ 时，$x=0$ 为极大值点，且极大值为 $f(0)=a$。

【例 4-43】确定常数 k 的取值范围，使两条曲线 $y=\dfrac{1}{\ln(x+1)}$、$y=k+\dfrac{1}{x}$ 在第一象限相交。

【案例分析】由已知条件可知，方程 $\dfrac{1}{\ln(x+1)}=k+\dfrac{1}{x}$ 在 $(0,+\infty)$ 内有零点，即 $k=\dfrac{1}{\ln(x+1)}-\dfrac{1}{x}$ 在 $(0,+\infty)$ 内有零点。

令 $f(x)=\dfrac{1}{\ln(x+1)}-\dfrac{1}{x}$，则

$$f'(x)=-\dfrac{1}{\ln^2(x+1)}\cdot\dfrac{1}{x+1}+\dfrac{1}{x^2}=\dfrac{(x+1)\ln^2(x+1)-x^2}{x^2(x+1)\ln^2(x+1)}$$

令 $\varphi(x)=(x+1)\ln^2(x+1)-x^2$，则

$$\varphi'(x)=\ln^2(x+1)+2\ln(x+1)-2x, \quad \varphi''(x)=\dfrac{2[\ln(x+1)-x]}{1+x}$$

显然 $\varphi''(x)<0$ 在 $(0,+\infty)$ 恒成立，所以 $\varphi'(x)$ 单调减少，$\varphi'(x)\leq\lim\limits_{x\to 0}\varphi'(x)=0$。

故 $\varphi(x)$ 在 $(0,+\infty)$ 内单调减少，从而 $\varphi(x) \leqslant \lim\limits_{x\to 0}\varphi(x)=0$.

所以 $f'(x) \leqslant 0$ 在 $(0,+\infty)$ 内恒成立，故 $f(x)$ 在 $(0,+\infty)$ 内单调减少．又因为

$$\lim_{x\to 0^+}f(x)=\lim_{x\to 0^+}\left(\frac{1}{\ln(x+1)}-\frac{1}{x}\right)=\lim_{x\to 0^+}\frac{x-\ln(x+1)}{x\ln(x+1)}=\frac{1}{2}$$

$$\lim_{x\to +\infty}f(x)=\lim_{x\to +\infty}\left(\frac{1}{\ln(x+1)}-\frac{1}{x}\right)=0$$

所以当 $k\in\left(0,\dfrac{1}{2}\right)$ 时，$y=k$ 与 $f(x)$ 有交点．

所以所 k 求的取值范围为 $\left(0,\dfrac{1}{2}\right)$.

【例 4-44】已知曲线 C 的方程为 $\begin{cases}x=t^2+2\\ y=4t-t^2\end{cases}(0<t<3)$，讨论曲线 C 的凹凸性．

【案例分析】由参数方程求导，得

$$\frac{\mathrm{d}y}{\mathrm{d}x}=\frac{y'(t)}{x'(t)}=\frac{4-2t}{2t},\quad \frac{\mathrm{d}^2y}{\mathrm{d}x^2}=-\frac{1}{t^3}<0$$

故曲线 C 为凸曲线．

基础训练题（三）

1. 设在 $(-\infty,+\infty)$ 内 $f''(x)>0$，$f(0)\leqslant 0$，则函数 $F(x)=\dfrac{f(x)}{x}$（　　）.

A. 在 $(-\infty,0)$ 内单调减少，在 $(0,+\infty)$ 内单调增加

B. 在 $(-\infty,0)\cup(0,+\infty)$ 内单调减少

C. 在 $(-\infty,0)$ 内单调增加，在 $(0,+\infty)$ 内单调减少

D. 在 $(-\infty,0)\cup(0,+\infty)$ 内单调增加

2. 设 $f(x)$ 在 $x=0$ 的邻域内连续，且 $\lim\limits_{x\to 0}\dfrac{f(x)}{1-\cos x}=-1$，则（　　）.

A. $f(x)$ 在 $x=0$ 处不可导

B. $f(x)$ 在 $x=0$ 处可导，但 $f'(0)\neq 0$

C. $f(0)$ 为 $f(x)$ 的极大值

D. $f(0)$ 为 $f(x)$ 的极小值

3. 设 $y=f(x)$ 满足 $y''-2y'+4y=0$，$f(x_0)>0$ $f'(x_0)=0$，则 $f(x)$ 在点 x_0 处（　　）.

   A. 取得极大值　　　　　　　　　　B. 取得极小值

   C. 某个邻域内单调增加　　　　　　D. 某个邻域内单调减少

4. 设 $f(x)$ 在定义域内可导，$y=f(x)$ 的图形如图 4-7 所示，则 $y=f'(x)$ 的图形是（　　）.

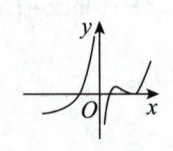

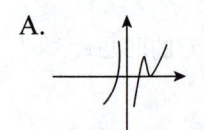

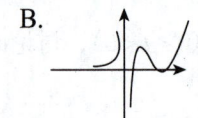

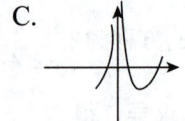

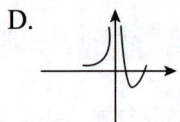

   图 4-7

   A.　　　　B.　　　　C.　　　　D.

5. 设函数 $f(x)$ 在 $(-\infty,+\infty)$ 内连续，其导数的图形如图 4-8 所示，则 $f(x)$ 有（　　）.

   A. 一个极小值和两个极大值

   B. 两个极小值和一个极大值

   C. 两个极小值和两个极大值

   D. 三个极小值和一个极大值

   图 4-8

6. 设 $f(x)=|x(1-x)|$，则（　　）.

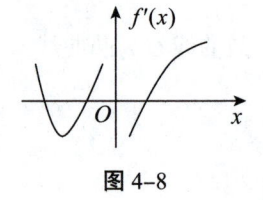

   A. $x=0$ 是 $f(x)$ 的极值点，但 $(0,0)$ 不是曲线 $y=f(x)$ 的拐点

   B. $x=0$ 不是 $f(x)$ 的极值点，但 $(0,0)$ 是曲线 $y=f(x)$ 的拐点

   C. $x=0$ 是 $f(x)$ 的极值点，且 $(0,0)$ 是曲线 $y=f(x)$ 的拐点

   D. $x=0$ 不是 $f(x)$ 的极值点，且 $(0,0)$ 不是曲线 $y=f(x)$ 的拐点

7. 设 $f(x)$ 的导数在 $x=a$ 处连续，又 $\lim\limits_{x\to a}\dfrac{f'(x)}{x-a}=-1$，则（　　）.

   A. $x=a$ 是 $f(x)$ 的极小值点　　　　B. $x=a$ 是 $f(x)$ 的极大值点

   C. $(a,f(a))$ 是曲线 $y=f(x)$ 的拐点　　D. 以上答案都不对

8. 设 $f(x)$ 有二阶连续导数，$f'(0)=0$，$\lim\limits_{x\to 0}\dfrac{f''(x)}{|x|}=1$，则（　　）.

   A. $f(0)$ 是 $f(x)$ 的极大值　　　　B. $f(0)$ 是 $f(x)$ 的极小值

   C. $(0,f(0))$ 是曲线 $y=f(x)$ 的拐点　　D. 以上答案都不对

9. 设函数 $f(x)$ 满足 $f''(x)+\left[f'(x)\right]^2=x$，且 $f'(0)=0$，则（　　）.

　A. $f(0)$ 是 $f(x)$ 的极大值　　　　　　B. $f(0)$ 是 $f(x)$ 的极小值

　C. 点 $(0, f(0))$ 是曲线 $y=f(x)$ 的拐点　　D. 以上答案都不对

10. 设 $f(x)$ 在 $(0,+\infty)$ 内可导，$f(0)=0$，且 $f'(x)$ 单调增加，证明：$F(x)=\dfrac{f(x)}{x}$ 在 $(0,+\infty)$ 内单调增加.

11. 求 $y=\cos x+\dfrac{1}{2}\cos 2x$ 的极值.

12. 设 $x\in(0,1)$，证明：$x<\ln(1+x)+\arctan x<2x$.

拔高训练题（三）

1. 设函数 $y=y(x)$ 是由方程 $2y^3-2y^2+2xy-x^2=1$ 所确定，试求 $y=y(x)$ 的驻点，并判别它是否为极值点.

2. 设 $y = y(x)$ 由方程 $x^3 + y^3 - 2xy = 0$ 确定，求 $y = y(x)$ 的渐近线．

3. 设 $f(x)$ 在 $[a, b]$ 上连续且单调增加，证明：$F(x) = \dfrac{1}{x-a}\int_a^x f(t)\mathrm{d}t$ 在 (a, b) 内也单调增加．

4. 设 $y = ax^2 + bx(a < 0, b < 0)$ 是凸的曲线弧，且通过点 $M(1, 3)$，为了使该抛物线与直线 $y = 2x$ 所围成的平面区域面积最小，求 a、b．

5. 设函数 $f(x)$ 在 $[a, b]$ 上二阶可导，且 $f(x) \geq 0$，$f''(x) \geq 0$，又 $f(x)$ 对于 $\forall [\alpha, \beta] \subset [a, b]$ 恒不为 0，证明：$f(x)$ 在 $[a, b]$ 上至多只有一个零点．

6. 设 $x > 0$，证明：$\ln^2\left(1 + \dfrac{1}{x}\right) < \dfrac{1}{x(1+x)}$．

7. 讨论 $xe^{-x} = \dfrac{1}{2e}$ 的实根个数.

基础训练题答案（三）

1. A.   2. C.   3. A.   4. D.   5. C.

6. C.   7. B.   8. B.   9. C.   10. 略.

11. 极大值 $f(k\pi) = (-1)^k + \dfrac{1}{2}$；极小值 $f\left(\pm\dfrac{3}{2}\pi + 2k\pi\right) = -\dfrac{3}{4}$.

12. 提示：利用函数单调性证明.

拔高训练题答案（三）

1. 驻点为：$x = 1$，其为极小值点.

2. 斜渐近线 $y = -x - \dfrac{2}{3}$.

3. 略.

4. $a = -2, b = 5$.

5. 提示：设 $f(x)$ 在 $[a, b]$ 上有两个零点 $x_1 < x_2$，令 $F(x) = f(x) \cdot f'(x)$，然后用单调性证明.

6. 提示：利用函数单调性证明.

7. 提示：利用函数单调性讨论.

本章测试题（A）

1. 函数 $y = x^2 \left(\arctan \dfrac{1}{x} - \arctan \dfrac{1}{x+1} \right)$ 的水平渐近线为_____.（用拉格朗日中值定理）

2. 设 $f(x) = \dfrac{(x-1)(x-2)\cdots(x-99)}{(x+1)(x+2)\cdots(x+99)}$，则 $f'(1) =$ _____.

3. 设函数 $f(x)$ 在 $x = a$ 处连续，$\lim\limits_{x \to a} \dfrac{f(x) - f(a)}{(x-a)^2} = -1$，则 $f(x)$ 在 $x = a$ 处取_____值.（填极大或极小）

4. 设函数 $f(x)$ 在 $x = 1$ 处可导，且 $f(1) = 0$，$f'(1) = 2$，求极限 $\lim\limits_{x \to 0} \dfrac{f(\sin^2 x + \cos x)}{x^2 + x \tan x}$.

5. 求数列 $\{\sqrt[n]{n}\}$ 的最大项.

6. 讨论方程 $\ln x = \dfrac{x}{e} - 1$ 根的个数.

7. 设 $f(x)$ 在 $[0,a]$ 上可导,且 $f(0)=0$,$f(a)=a^2$,$\forall x\in(0,a)$,有 $f(x)\neq ax$,证明:在 $(0,a)$ 内至少存在一点 ξ,使得 $f'(\xi)>a$.

8. 设 $f(x)$ 在 $[0,1]$ 上有二阶导数,且 $|f(x)|\leq a$,$|f''(x)|\leq b$ 求证:$\forall x\in[0,1]$,有 $|f'(x)|\leq 2a+\dfrac{b}{2}$.

本章测试题(B)

1. 设函数 $f(x)$ 在区间 $[1,+\infty)$ 内二阶可导,且满足条件 $f(1)=f'(1)=0$,$x>1$ 时 $f''(x)<0$,则 $g(x)=\dfrac{f(x)}{x}$ 在 $(1,+\infty)$ 内单调_____.(填减少或增加)

2. 已知函数 $y=f(x)$ 对一切 x 满足 $xf''(x)+3x[f'(x)]^2=1-\mathrm{e}^{-x}$,若 $f'(x_0)=0(x_0\neq 0)$,则( ).

    A. $f(x_0)$ 是 $f(x)$ 的极大值

    B. $(x_0,f(x_0))$ 是曲线 $y=f(x)$ 的拐点

    C. $f(x_0)$ 是 $f(x)$ 的极小值

    D. $f(x_0)$ 不是 $f(x)$ 的极值,$(x_0,f(x_0))$ 也不是曲线 $y=f(x)$ 的拐点

3. 设函数 $f(x)$ 在 $x=0$ 处连续，且 $\lim\limits_{x\to 0}\left[\dfrac{\sin x}{x^2}+\dfrac{f(x)}{x}\right]=2$，求 $f'(0)$.

4. 比较 π^e 与 e^π 的大小.

5. 已知 $x>0$，证明：$x-\dfrac{1}{2}x^2<\ln(1+x)<x$.

6. 设 $f(x)$ 在 $[a,b]$ 上不恒为常数，在 $[a,b]$ 上连续，在 (a,b) 内可导，且 $f(a)=f(b)$，证明：在 (a,b) 内至少存在一点 ξ，使得 $f'(\xi)>0$.

7. 设函数$f(x)$在闭区间$[a,b]$上连续，在开区间(a,b)内可导，且$f'(x)>0$，若极限 $\lim\limits_{x\to a^+}\dfrac{f(2x-a)}{x-a}$存在，证明：

（1）在(a,b)内$f(x)>0$；

（2）在(a,b)内存在ξ，使$\dfrac{b^2-a^2}{\int_a^b f(x)\mathrm{d}x}=\dfrac{2\xi}{f(\xi)}$；

（3）在(a,b)内存在与（2）中ξ相异的点η，使$f'(\eta)(b^2-a^2)=\dfrac{2\xi}{\xi-a}\int_a^b f(x)\mathrm{d}x$.

本章测试题答案（A）

1. $y=1$.

2. $f'(1)=\lim\limits_{x\to 1}\dfrac{f(x)-f(1)}{x-1}=\lim\limits_{x\to 1}\dfrac{f(x)-0}{x-1}=\dfrac{-1\times(-2)\times\cdots\times(-98)}{2\times 3\cdots\times 100}=\dfrac{1}{99\times 100}=\dfrac{1}{9900}$.

3. 极大值.

由 $\lim\limits_{x \to a} \dfrac{f(x)-f(a)}{(x-a)^2} = -1$，得

$$\lim_{x \to a} \frac{f(x)-f(a)}{(x-a)^2} \left(\frac{0}{0}\right)$$

$$= \lim_{x \to a} \frac{f'(x)-f'(a)}{2(x-a)} = \lim_{x \to a} \frac{f'(x)}{2(x-a)} = \lim_{x \to a} \frac{f''(x)}{2} = -1.$$

所以 $\begin{cases} f'(a) = 0 \\ f''(a) = -2 < 0 \end{cases}$，则 $f(x)$ 在 $x = a$ 处取极大值.

4. $\dfrac{1}{2}$.

$$\lim_{x \to 0} \frac{f(\sin^2 x + \cos x)}{x^2 + x\tan x} = \lim_{x \to 0} \left(\frac{f(\sin^2 x + \cos x) - f(1)}{\sin^2 x + \cos x - 1} \cdot \frac{\sin^2 x + \cos x - 1}{x^2 + x\tan x} \right)$$

$$= \lim_{x \to 0} \frac{f(\sin^2 x + \cos x) - f(1)}{\sin^2 x + \cos x - 1} \lim_{x \to 0} \frac{\sin^2 x + \cos x - 1}{x^2 + x\tan x}$$

$$= f'(1) \lim_{x \to 0} \left(\frac{\dfrac{\sin^2 x}{x^2} + \dfrac{\cos x - 1}{x^2}}{1 + \dfrac{\tan x}{x}} \right) = \frac{1}{2}.$$

5. 数列 $\{\sqrt[n]{n}\}$ 的最大项是 $\sqrt[3]{3}$.

6. $f(x) = \ln x - \dfrac{x}{e} + 1$ 在 $(0, e)$ 内存在唯一的零点，在 $(e, +\infty)$ 内有唯一的零点，故原方程有 2 个根.

7. 提示：应用拉格朗日中值定理.

8. 提示：应用 $f(x)$ 的泰勒公式.

本章测试题答案（B）

1. 减少.

分析：考察 $g(x)$ 单调性，即考察 $g'(x)$ 的情况，$g'(x) = \dfrac{xf'(x) - f(x)}{x^2}$. 设 $F(x) =$

$xf'(x)-f(x)$，

则 $F'(x)=xf''(x)<0$，故 $F(x)$ 单调减少，所以 $g'(x)<0$.

2. C.

3. 2.

因为 $\lim\limits_{x\to 0}\left[\dfrac{\sin x}{x^2}+\dfrac{f(x)}{x}\right]=\lim\limits_{x\to 0}\left[\dfrac{\dfrac{\sin x}{x}+f(x)}{x}\right]=2$，所以 $\lim\limits_{x\to 0}\left[\dfrac{\sin x}{x}+f(x)\right]=0$.

故得 $f(0)=-1$，因此，$\lim\limits_{x\to 0}\left[\dfrac{\sin x}{x^2}+\dfrac{f(x)}{x}\right]=\lim\limits_{x\to 0}\left[\dfrac{\sin x-x}{x^2}+\dfrac{f(x)-f(0)}{x}\right]=2$.

又因为 $\lim\limits_{x\to 0}\dfrac{\sin x-x}{x^2}=\lim\limits_{x\to 0}\dfrac{\cos x-1}{2x}=\lim\limits_{x\to 0}\dfrac{-\sin x}{2}=0$，所以 $\lim\limits_{x\to 0}\dfrac{f(x)-f(0)}{x}=f'(0)=2$.

4. 提示：作辅助函数 $f(x)=\dfrac{\ln x}{x}$.

5. 提示：利用函数单调性证明.

6. 提示：由 $f(x)$ 在 $[a,b]$ 上不恒为常数，构造一个区间，应用拉格朗日中值定理.

7. 提示：（1）利用单调性证明；（2）令 $F(x)=x^2$，$g(x)=\displaystyle\int_a^x f(t)\mathrm{d}t(a\leqslant x\leqslant b)$，然后应用柯西中值定理；（3）应用拉格朗日中值定理.

本章小结

（1）导数 $f'(x_0)$ 是一种特殊的极限，它表示函数 $f(x)$ 在点 x_0 处的瞬时变化率，它的几何意义是曲线 $y=f(x)$ 在点 $(x_0,f(x_0))$ 处切线的斜率.

（2）特殊函数的求导法：隐函数求导法、对数求导法、参数式函数求导法、分段函数求导法.

（3）函数的可导性与连续性之间的关系：若函数 $y=f(x)$ 在点 x_0 处可导，则 $f(x)$ 在点 x_0 处一定连续，反之不然，即函数 $y=f(x)$ 在点 x_0 处连续，却不一定在点 x_0 处可导.

可微与可导的关系：$f(x)$ 在点 x_0 处可微 $\Leftrightarrow$ $f(x)$ 在点 x_0 处可导，且 $\mathrm{d}y|_{x=x_0}=f'(x_0)\mathrm{d}x$.

（4）三个微分中值定理：罗尔定理、拉格朗日中值定理、柯西中值定理，前一个都是后一个的特例. 它们将可导函数在两点的函数值与这两点之间某一点的导数值联系在一起，揭示了函数的整体性质与局部性质之间的联系．它们有一些共同的特征：对函数的要求是，在闭区间 $[a,b]$ 上连续，在开区间 (a,b) 内可导；在结论中都断言在开区间 (a,b) 内存在某一点 ξ．这种 ξ 至少有一个，但是可能不止一个．定理只是说明这种点的"存在性"，除了对一些比较简单的函数，无法指明这种点的确切位置．

（5）洛必达法则是根据柯西中值定理推出的求 $\dfrac{0}{0}$ 型或 $\dfrac{\infty}{\infty}$ 型未定式极限的一种重要且简便有效的方法，使用洛必达法则时应该注意：

1）检验定理中的条件，还需及时地整理化简，如仍属未定式，则可以继续使用；

2）使用时应结合运用其他求极限的方法，如等价无穷小量替换，作恒等变形或适当的变量代换等，结合使用能使运算简捷；

3）洛必达法则的条件是充分的，并非必要的，若所求极限不满足其条件，则应考虑用其他方法求极限．

（6）利用函数的一阶导数和二阶导数，可以判定函数的单调性和曲线的凹凸性，从而对函数所表示的曲线的升降和弯曲情况有定性的认识，但是当函数的定义域为无穷区间或有无穷间断点时，通过曲线的水平渐近线、垂直渐近线和斜渐近线来刻画曲线向无穷远处延伸的变化趋势．

（7）证明不等式的方法：用单调性证明不等式；用中值定理证明不等式；用凹凸性证明不等式；用最值证明不等式．

（8）讨论函数零点的方法通常有：零点定理、罗尔定理．

第 5 章
一元函数积分学

本章导读

微积分是微分学与积分学的总称. 一元函数积分学将研究两个基本问题——不定积分与定积分. 由于许多实际问题需要解决和求导问题相反的问题, 即某个函数的导数已知, 要求这个函数, 由此引出了原函数和不定积分的概念; 同时, 在许多实际问题中, 一些量的计算, 往往可以归结为其微小量的无穷累加问题, 由此引出定积分的概念. 在积分学中, 最重要的定理是牛顿-莱布尼茨公式, 该公式不仅为定积分计算提供了一个有效的方法, 而且在理论上把定积分与不定积分联系了起来. 而后的原函数存在定理又把导数、积分和函数连续联系了起来, 因其重要作用而被誉为微积分基本定理. 本章先介绍不定积分的概念及计算方法, 然后介绍定积分的概念、计算方法及其在几何学和物理学中的一些应用.

本章要点

- 不定积分的概念
- 积分法
- 定积分的概念
- 微积分基本定理
- 定积分的计算
- 定积分的应用

5.1 不定积分

微积分的诞生具有划时代的意义，是数学史上的分水岭和转折点. 微积分是牛顿和莱布尼茨在继承前人成果的基础上创造性地提出的，其实现了由量变到质变的飞跃. 牛顿主要从力学的概念出发，莱布尼茨主要从几何和哲学的角度出发，他们的成果尽管在背景、方法、形式上存在差异，但没有本质的区别. 牛顿和莱布尼茨通过一个简明的公式揭示了微分和积分的内在联系，从而打开了微积分应用的大门. 积分学是微积分的核心内容，它包括不定积分和定积分. 不定积分为后续定积分的计算打下了基础，提供了一种简便快捷的工具；定积分为后续其他积分学，如重积分、曲线积分、曲面积分的基础. 本节主要介绍不定积分的基本概念与性质，以及不定积分计算的重要方法.

5.1.1 知识回顾

1. 重要的概念和定理

（1）原函数与不定积分的概念

设函数 $f(x)$ 和 $F(x)$ 在区间 I 上有定义，若 $F'(x)=f(x)$ 在区间 I 上成立. 则称 $F(x)$ 为 $f(x)$ 在区间 I 上的原函数，$f(x)$ 在区间 I 上的全体原函数称为 $f(x)$ 在区间 I 上的不定积分，记为 $\int f(x)\mathrm{d}x$. 其中 $\int$ 称为积分号，x 称为积分变量，$f(x)$ 称为被积函数，$f(x)\mathrm{d}x$ 称为被积表达式.

（2）不定积分的性质

设 $\int f(x)\mathrm{d}x = F(x)+C$，其中 $F(x)$ 为 $f(x)$ 的一个原函数，C 为任意常数，则

1) $\int F'(x)\mathrm{d}x = F(x)+C$ 或 $\int \mathrm{d}F(x) = F(x)+C$；

2) $\left[\int f(x)\mathrm{d}x\right]' = f(x)$ 或 $\mathrm{d}\left[\int f(x)\mathrm{d}x\right] = f(x)\mathrm{d}x$；

3) $\int kf(x)\mathrm{d}x = k\int f(x)\mathrm{d}x$；

4) $\int [f(x) \pm g(x)]\mathrm{d}x = \int f(x)\mathrm{d}x \pm \int g(x)\mathrm{d}x$.

（3）原函数的存在性

设 $f(x)$ 在区间 I 上连续，则 $f(x)$ 在区间 I 上原函数一定存在，但初等函数的原函

数不一定是初等函数，例如 $\int \sin(x^2)\mathrm{d}x$， $\int \cos(x^2)\mathrm{d}x$， $\int \dfrac{\sin x}{x}\mathrm{d}x$， $\int \dfrac{\cos x}{x}\mathrm{d}x$， $\int \dfrac{1}{\ln x}\mathrm{d}x$， $\int \mathrm{e}^{-x^2}\mathrm{d}x$ 等被积函数有原函数，但不能用初等函数表示，故这些不定积分均称为积不出来.

2. 基本积分公式

（1）$\int k\mathrm{d}x = kx + C$ （k 是常数）；

（2）$\int x^\mu \mathrm{d}x = \dfrac{x^{\mu+1}}{\mu+1} + C$ （$\mu \neq -1$）；

（3）$\int \dfrac{\mathrm{d}x}{x} = \ln|x| + C$；

（4）$\int \dfrac{\mathrm{d}x}{1+x^2} = \arctan x + C$；

（5）$\int \dfrac{\mathrm{d}x}{\sqrt{1-x^2}} = \arcsin x + C$；

（6）$\int \cos x \mathrm{d}x = \sin x + C$；

（7）$\int \sin x \mathrm{d}x = -\cos x + C$；

（8）$\int \dfrac{\mathrm{d}x}{\cos^2 x} = \int \sec^2 x \mathrm{d}x = \tan x + C$；

（9）$\int \dfrac{\mathrm{d}x}{\sin^2 x} = \int \csc^2 x \mathrm{d}x = -\cot x + C$；

（10）$\int \sec x \tan x \mathrm{d}x = \sec x + C$；

（11）$\int \csc x \cot x \mathrm{d}x = -\csc x + C$；

（12）$\int \mathrm{e}^x \mathrm{d}x = \mathrm{e}^x + C$；

（13）$\int a^x \mathrm{d}x = \dfrac{a^x}{\ln a} + C$.

补充公式：

（1）$\int \dfrac{1}{\sqrt{a^2-x^2}}\mathrm{d}x = \arcsin \dfrac{x}{a} + C (a > 0)$；

（2）$\int \dfrac{1}{a^2+x^2}\mathrm{d}x = \dfrac{1}{a} \arctan \dfrac{x}{a} + C (a > 0)$；

（3）$\int \dfrac{\mathrm{d}x}{a^2-x^2} = \dfrac{1}{2a}\ln\left|\dfrac{x+a}{x-a}\right| + C (a>0)$；

（4）$\int \sec x \mathrm{d}x = \ln|\sec x + \tan x| + C$；

（5）$\int \csc x \mathrm{d}x = \ln|\csc x - \cot x| + C$；

（6）$\int \dfrac{1}{\sqrt{x^2 \pm a^2}} \mathrm{d}x = \ln(x + \sqrt{x^2 \pm a^2}) + C$.

3. 常用的积分方法

（1）第一类换元积分法（凑微分法）

设 $\int f(u)\mathrm{d}u = F(u) + C$，令 $u = \varphi(x)$ 可导，则 $\int f(\varphi(x))\mathrm{d}\varphi(x) = \int f(u)\mathrm{d}u = F(u) + C = F(\varphi(x)) + C$，这里要求对常用的微分公式要"倒背如流"，也就是非常熟练地凑出微分.

（2）第二类换元积分法

设 $x = \varphi(t)$ 可导，且 $\varphi'(t) \neq 0$，若 $\int f(\varphi(t))\varphi'(t)\mathrm{d}t = G(t) + C$，则 $\int f(x)\mathrm{d}x = \int f(\varphi(t))\varphi'(t)\mathrm{d}t = G(t) + C = G(\varphi^{-1}(x)) + C$，其中 $t = \varphi^{-1}(x)$ 为 $x = \varphi(t)$ 的反函数.

（3）分部积分法

设 $u(x)$、$v(x)$ 均有连续的导数，则 $\int u(x)\mathrm{d}v(x) = u(x)v(x) - \int v(x)\mathrm{d}u(x)$ 或 $\int u(x)v'(x)\mathrm{d}x = u(x)v(x) - \int u'(x)v(x)\mathrm{d}x$.

1）对于 $p_n(x)\alpha^x$，$p_n(x)\sin\alpha x$，$p_n(x)\cos\alpha x$ 情形，$p_n(x)$ 为 n 次多项式，a 为常数. 进行 n 次分部积分，每次均取 α^x、$\sin\alpha x$、$\cos\alpha x$ 为 $v'(x)$；多项式部分为 $u(x)$.

2）对于 $p_n(x)\ln x$，$p_n(x)\arcsin x$，$p_n(x)\arctan x$ 情形，$p_n(x)$ 为 n 次多项式. 取 $p_n(x)$ 为 $v'(x)$，而 $\ln x$、$\arcsin x$、$\arctan x$ 为 $u(x)$，用分部积分法一次，被积函数的形式发生变化，再考虑其他方法.

（4）有理函数的积分法

有理真分式函数 $\dfrac{f(x)}{g(x)}$ 先分解成如下四个简单真分式：

$$\dfrac{A}{x-a},\ \dfrac{B}{(x-a)^\alpha},\ \dfrac{Cx+D}{x^2+px+q},\ \dfrac{Ex+F}{(x^2+px+q)^k}$$

再进行计算.

（5）三角函数的有理式积分

设 $R(u,v)$ 是 u,v 的有理函数，要求 $\int R(\sin x,\cos x)\mathrm{d}x$，只要作万能变换 $t=\tan\dfrac{x}{2}$，就可以化为有理函数的积分．即 $\int R(\sin x,\cos x)\mathrm{d}x=\int R\left(\dfrac{2t}{1+t^2},\dfrac{1-t^2}{1+t^2}\right)\dfrac{2}{1+t^2}\mathrm{d}t$．

用这种方法虽然可以求出积分，但不一定是最简单的方法．

（6）无理函数的积分

1）$\int R(x,\sqrt[n]{ax+b})\mathrm{d}x$，令 $u=\sqrt[n]{ax+b}$；

2）$\int R\left(x,\sqrt[n]{\dfrac{ax+b}{cx+d}}\right)\mathrm{d}x$，令 $u=\sqrt[n]{\dfrac{ax+b}{cx+d}}$；

3）$\int R(x,\sqrt{ax^2+bx+c})\mathrm{d}x$，可以将根号内的二次式经配方后化成下列三种情形之一：

$$\int R(t,\sqrt{a^2-t^2})\mathrm{d}t,\ \int R(t,\sqrt{a^2+t^2})\mathrm{d}t,\ \int R(t,\sqrt{t^2-a^2})\mathrm{d}t$$

分别作变换 $t=a\sin u,\ t=a\tan u,\ t=a\sec u$ 而去掉根号．

5.1.2 典型例题分析与讲解

【例 5-1】 求下列不定积分：

(1) $\int\dfrac{1}{x^2\mathrm{e}^{\frac{1}{x}}}\mathrm{d}x$；

(2) $\int (x\ln x)^{\frac{3}{2}}(\ln x+1)\mathrm{d}x$；

(3) $\int\dfrac{\sqrt{\ln(x+\sqrt{x^2+1})+5}}{\sqrt{x^2+1}}\mathrm{d}x$；

(4) $\int\dfrac{1-\ln x}{(x+\ln x)^2}\mathrm{d}x$；

(5) $\int\dfrac{\cos^2 x-\sin x}{\cos x(1+\cos x\mathrm{e}^{\sin x})}\mathrm{d}x$；

(6) $\int\dfrac{\sin 2x}{\sqrt{a^2\cos^2 x+b^2\sin^2 x}}\mathrm{d}x$（$a^2\ne b^2$）．

【案例分析】凑微分、有理函数积分．

【例 5-2】 求下列不定积分：

(1) $\int\dfrac{2^x\cdot 3^x}{9^x-4^x}\mathrm{d}x$；

(2) $\int\dfrac{1}{(x+a)^2(x+b)^2}\mathrm{d}x$（$a\ne b$）；

(3) $\int\dfrac{1}{(x^2+a^2)(x^2+b^2)}\mathrm{d}x$（$|a|\ne|b|$）；

(4) $\int\dfrac{x^2+1}{x^4+1}\mathrm{d}x$．

【案例分析】凑微分、有理函数积分．

(1) $\int \dfrac{2^x \cdot 3^x}{9^x - 4^x} dx = \int \dfrac{\left(\dfrac{3}{2}\right)^x}{\left(\dfrac{3}{2}\right)^{2x} - 1} dx = \dfrac{1}{\ln \dfrac{3}{2}} \int \dfrac{d\left(\dfrac{3}{2}\right)^x}{\left(\dfrac{3}{2}\right)^{2x} - 1}$

$= \dfrac{1}{2(\ln 3 - \ln 2)} \ln \left| \dfrac{\left(\dfrac{3}{2}\right)^x - 1}{\left(\dfrac{3}{2}\right)^x + 1} \right| + C$

$= \dfrac{1}{2(\ln 3 - \ln 2)} \ln \left| \dfrac{3^x - 2^x}{3^x + 2^x} \right| + C$

(2) $\int \dfrac{1}{(x+a)^2 (x+b)^2} dx = \dfrac{1}{(a-b)^2} \int \left(\dfrac{1}{x+a} - \dfrac{1}{x+b} \right)^2 dx$

$= \dfrac{1}{(a-b)^2} \int \left[\dfrac{1}{(x+a)^2} + \dfrac{1}{(x+b)^2} - \dfrac{2}{(x+a)(x+b)} \right] dx$

$= \dfrac{1}{(a-b)^2} \left(-\dfrac{1}{x+a} - \dfrac{1}{x+b} \right) + \dfrac{2}{(a-b)^3} \int \left(\dfrac{1}{x+a} - \dfrac{1}{x+b} \right) dx$

$= \dfrac{-(2x+a+b)}{(a-b)^2 (x+a)(x+b)} + \dfrac{2}{(a-b)^3} \ln \left| \dfrac{x+a}{x+b} \right| + C$

(3) $\int \dfrac{1}{(x^2 + a^2)(x^2 + b^2)} dx = \dfrac{1}{b^2 - a^2} \int \left(\dfrac{1}{x^2 + a^2} - \dfrac{1}{x^2 + b^2} \right) dx$

$= \dfrac{1}{b^2 - a^2} \left(\dfrac{1}{a} \arctan \dfrac{x}{a} - \dfrac{1}{b} \arctan \dfrac{x}{b} \right) + C$

(4) $\int \dfrac{x^2 + 1}{x^4 + 1} dx = \int \dfrac{1 + \dfrac{1}{x^2}}{x^2 + \dfrac{1}{x^2}} dx = \int \dfrac{d\left(x - \dfrac{1}{x}\right)}{\left(x - \dfrac{1}{x}\right)^2 + 2} = \dfrac{1}{\sqrt{2}} \arctan \dfrac{x - \dfrac{1}{x}}{\sqrt{2}} + C$

【例 5-3】 求 $\int \dfrac{1}{\sqrt{x} + \sqrt[3]{x}} dx$.

【案例分析】 换元积分法.

令 $\sqrt[6]{x} = t$，则

$\int \dfrac{1}{\sqrt{x} + \sqrt[3]{x}} dx = 6 \int \dfrac{t^5}{t^3 + t^2} dt = 6 \int \dfrac{(t^3 + 1) - 1}{t + 1} dt = 6 \int \left(t^2 - t + 1 - \dfrac{1}{t+1} \right) dt$

$= 2t^3 - 3t^2 + 6t - 6\ln|t+1| + C$

$= 2\sqrt{x} - 3\sqrt[3]{x} + 6\sqrt[6]{x} - 6\ln|\sqrt[6]{x} + 1| + C$

【例 5-4】 求 $\int \dfrac{1}{x^2 \sqrt{4 + x^2}} dx$.

【案例分析】换元积分法或者倒代换.

解法一：$\int \dfrac{1}{x^2\sqrt{4+x^2}}dx = \left(\begin{array}{c}x=2\tan t\\ dx=\dfrac{2dt}{\cos^2 t}\end{array}\right)\int \dfrac{1}{4\tan^2 t}\cdot \dfrac{1}{\dfrac{2}{\cos t}}\cdot \dfrac{2}{\cos^2 t}dt$

$= \int \dfrac{\cos t}{4\sin^2 t}dt = -\dfrac{1}{4\sin t}+C = -\dfrac{\sqrt{4+x^2}}{4x}+C$（这里已设 $x>0$）

解法二：

$\int \dfrac{1}{x^2\sqrt{4+x^2}}dx = \int \dfrac{1}{x^3\sqrt{1+\dfrac{4}{x^2}}}dx$

因为 $\dfrac{1}{x^3}dx = -\dfrac{1}{2}d\left(\dfrac{1}{x^2}\right)$

原式 $= -\dfrac{1}{8}\int \dfrac{1}{\sqrt{1+\dfrac{4}{x^2}}}d\left(\dfrac{4}{x^2}+1\right) = -\dfrac{1}{4}\sqrt{\dfrac{4}{x^2}+1}+C = -\dfrac{\sqrt{4+x^2}}{4x}+C$（这里已设 $x>0$）

【例 5-5】 求 $\int (\arcsin x)^2 dx$.

【案例分析】换元积分法或者分部积分法.

解法一：

$\int (\arcsin x)^2 dx = x(\arcsin x)^2 - \int x d(\arcsin x)^2 = x(\arcsin x)^2 - 2\int \dfrac{x\arcsin x}{\sqrt{1-x^2}}dx$

$= x(\arcsin x)^2 + 2\int \arcsin x d\sqrt{1-x^2}$

$= x(\arcsin x)^2 + 2\left[\sqrt{1-x^2}\arcsin x - \int \sqrt{1-x^2}d(\arcsin x)\right]$

$= x(\arcsin x)^2 + 2\left[\sqrt{1-x^2}\arcsin x - \int dx\right]$

$= x(\arcsin x)^{2C} + 2\sqrt{1-x^2}\arcsin x - 2x + C$

解法二：令 $\arcsin x = t$，则 $x = \sin t$，

$\int (\arcsin x)^2 dx = \int t^2 d(\sin t) = t^2\sin t - 2\int t\sin t dt$

$= t^2\sin t + 2\int t d(\cos t) = t^2\sin t + 2t\cos t - 2\int \cos t dt$

$= t^2\sin t + 2t\cos t - 2\sin t + C$

$= x(\arcsin x)^{2C} + 2\sqrt{1-x^2}\arcsin x - 2x + C$

【例 5-6】 设 $f(x)$ 的一个原函数 $F(x) = \ln^2(x+\sqrt{x^2+1})$，求 $I = \int xf'(x)dx$.

【案例分析】分部积分法.

$I = \int x df(x) = xf(x) - \int f(x)dx = xF'(x) - F(x) + C$

$$= \frac{2x}{\sqrt{x^2+1}}\ln(x+\sqrt{1+x^2}) - \ln^2(x+\sqrt{1+x^2}) + C$$

【例 5-7】 设 $F'(x) = f(x)$，当 $x \geq 0$ 时，$f(x)F(x) = \frac{xe^x}{2(1+x)^2}$，又 $F(0) = 1$，$F(x) > 0$，求 $f(x)$（$x \geq 0$）．

【案例分析】 凑微分法．

$$2\int f(x)F(x)dx = 2\int F(x)dF(x) = F^2(x) + C_1,$$

$$\int \frac{xe^x}{(1+x)^2}dx = \int \frac{[(x+1)-1]e^x}{(1+x)^2}dx = \int \frac{1}{(1+x)}de^x - \int \frac{e^x}{(1+x)^2}dx$$

$$= \frac{e^x}{(1+x)} + \int \frac{e^x}{(1+x)^2}dx - \int \frac{e^x}{(1+x)^2}dx = \frac{e^x}{(1+x)} + C_2$$

所以 $F^2(x) = \frac{e^x}{1+x} + C$，因为 $F(0) = 1$，所以 $C = 0$，又 $F(x) > 0$，因此 $F(x) = \sqrt{\frac{e^x}{1+x}} = \frac{e^{\frac{x}{2}}}{\sqrt{1+x}}$．

则 $f(x) = F'(x) = \dfrac{\frac{1}{2}e^{\frac{x}{2}}\sqrt{1+x} - \frac{1}{2\sqrt{1+x}}e^{\frac{x}{2}}}{1+x} = \dfrac{xe^{\frac{x}{2}}}{2(1+x)^{\frac{3}{2}}}$．

【例 5-8】 设 $f(\sin^2 x) = \frac{x}{\sin x}$，求 $I = \int \frac{\sqrt{x}}{\sqrt{1-x}}f(x)dx$．

【案例分析】 换元积分法．

解法一：令 $u = \sin^2 x$，则 $\sin x = \sqrt{u}$，$x = \arcsin\sqrt{u}$，$f(u) = \frac{\arcsin\sqrt{u}}{\sqrt{u}}$，于是

$$I = \int \frac{\arcsin\sqrt{x}}{\sqrt{1-x}}dx = -2\int \arcsin\sqrt{x}\, d(\sqrt{1-x})$$

$$= -2\sqrt{1-x}\arcsin\sqrt{x} + 2\int \sqrt{1-x}\, \frac{1}{\sqrt{1-x}}d(\sqrt{x})$$

$$= -2\sqrt{1-x}\arcsin\sqrt{x} + 2\sqrt{x} + C$$

解法二：令 $x = \sin^2 t$，则 $\frac{\sqrt{x}}{\sqrt{1-x}} = \frac{\sin t}{\cos t}$，$dx = 2\sin t\cos t\, dt$，于是

$$I = \int \frac{\sin t}{\cos t} \cdot \frac{t}{\sin t} \cdot 2\sin t\cos t\, dt = -2\int t\, d(\cos t)$$

$$= -2t\cos t + 2\int \cos t\, dt = -2t\cos t + 2\sin t + C$$

$$= -2\sqrt{1-x}\arcsin\sqrt{x} + 2\sqrt{x} + C$$

5.1.3 典型真题分析与讲解

【例 5-9】（2000 年竞赛真题）$\int \dfrac{x^{14}}{(x^5+1)^4}dx = $ _____ .

【案例分析】 凑微分再结合换元积分法.

$$\int \dfrac{x^{14}}{(x^5+1)^4}dx = \dfrac{1}{5}\int \dfrac{x^{10}\cdot(x^5)'}{(x^5+1)^4}dx = \dfrac{1}{5}\int \dfrac{x^{10}}{(x^5+1)^4}dx^5 \;(t=x^5)$$

$$= \dfrac{1}{5}\int \dfrac{(t+1)^2-2(t+1)+1}{(t+1)^4}dt = \dfrac{1}{5}\int \dfrac{1}{(t+1)^2} - \dfrac{2}{(t+1)^3} + \dfrac{1}{(t+1)^4}dt$$

$$= \dfrac{1}{5}\left[\dfrac{-1}{(t+1)} + \dfrac{1}{(t+1)^2} - \dfrac{1}{3}\dfrac{1}{(t+1)^3}\right]+C$$

$$= \dfrac{1}{5}\left[\dfrac{-1}{(x^5+1)} + \dfrac{1}{(x^5+1)^2} - \dfrac{1}{3}\dfrac{1}{(x^5+1)^3}\right]+C$$

【例 5-10】（2002 年竞赛真题）$\int (\arcsin x - \arccos x)dx = $ _____ .

【案例分析】 分部积分法. **答案：** $x\arcsin x + 2\sqrt{1-x^2} - x\arccos x + C$.

【例 5-11】（2002 年竞赛真题）$\int \arcsin x \cdot \arccos x\, dx = $ _____ .

【案例分析】 分部积分法.

$$\int \arcsin x \cdot \arccos x\, dx = x\cdot \arcsin x \cdot \arccos x - \int x\left(\dfrac{\arccos x}{\sqrt{1-x^2}} - \dfrac{\arcsin x}{\sqrt{1-x^2}}\right)dx$$

$$\int x\dfrac{\arccos x}{\sqrt{1-x^2}}dx = \int \arccos x\, d(-\sqrt{1-x^2})$$

$$= -\sqrt{1-x^2}\arccos x - \int (-\sqrt{1-x^2})\dfrac{-1}{\sqrt{1-x^2}}dx$$

$$= -\sqrt{1-x^2}\arccos x - \int 1\, dx$$

$$= -\sqrt{1-x^2}\arccos x - x + C$$

同理求 $\int x\dfrac{\arcsin x}{\sqrt{1-x^2}}dx = -\sqrt{1-x^2}\arcsin x + x + C$.

即原式为

$$\int \arcsin x \cdot \arccos x\, dx = x\cdot \arcsin x \cdot \arccos x + \sqrt{1-x^2}(\arccos x - \arcsin x) + 2x + C$$

【例 5-12】（2004 年竞赛真题）$\int \dfrac{e^x(1-x)}{(x-e^x)^2}dx = $ _____ .

【案例分析】 凑微分法.

因为 $\left(\dfrac{e^x}{x}\right)' = \dfrac{e^x(x-1)}{x^2}$，所以

$$\int \frac{\mathrm{e}^x(1-x)}{(x-\mathrm{e}^x)^2}\mathrm{d}x = \int \frac{\mathrm{e}^x(1-x)}{x^2\left(1-\dfrac{\mathrm{e}^x}{x}\right)^2}\mathrm{d}x = \int \frac{1}{\left(\dfrac{\mathrm{e}^x}{x}-1\right)^2}\mathrm{d}\left(\dfrac{\mathrm{e}^x}{x}\right)$$

$$= -\frac{1}{\dfrac{\mathrm{e}^x}{x}-1} + C = \frac{x}{x-\mathrm{e}^x} + C$$

【例 5-13】（2004 年竞赛真题） $\int \dfrac{x+\sin x \cdot \cos x}{(\cos x - x\sin x)^2}\mathrm{d}x = \underline{\qquad}$.

【案例分析】凑微分法.

考虑分母出现 $(\cos x - x\sin x)^2$，设 $g(x) = \dfrac{f(x)}{\cos x - x\sin x}$，则

$$g'(x) = \left(\frac{f(x)}{\cos x - x\sin x}\right)' = \frac{f'(x)(\cos x - x\sin x) - f(x)(-\sin x - \sin x - x\cos x)}{(\cos x - x\sin x)^2}$$

令 $g'(x) = \dfrac{x+\sin x \cos x}{(\cos x - x\sin x)^2}$ 则 $f(x) = \cos x$，

$$\int \frac{x + \sin x \cdot \cos x}{(\cos x - x\sin x)^2}\mathrm{d}x = \frac{\cos x}{\cos x - x\sin x} + C$$

【例 5-14】（2010 年竞赛真题） $\int \dfrac{1-x}{x^2}\mathrm{e}^x\mathrm{d}x = \underline{\qquad}$.

【案例分析】换元积分法或者倒代换.

答案：$\dfrac{\mathrm{e}^x}{x}$.

【例 5-15】（2010 年竞赛真题） $\int \dfrac{1+x}{x^2\mathrm{e}^x}\mathrm{d}x = \underline{\qquad}$.

【案例分析】抵消法.

$$\int \frac{1+x}{x^2\mathrm{e}^x}\mathrm{d}x = \int \frac{\mathrm{e}^{-x}}{x^2}\mathrm{d}x + \int \frac{\mathrm{e}^{-x}}{x}\mathrm{d}x = -\int \mathrm{e}^{-x}\mathrm{d}\left(\frac{1}{x}\right) + \int \frac{\mathrm{e}^{-x}}{x}\mathrm{d}x$$

$$= -\frac{\mathrm{e}^{-x}}{x} - \int \frac{\mathrm{e}^{-x}}{x}\mathrm{d}x + \int \frac{\mathrm{e}^{-x}}{x}\mathrm{d}x = -\frac{\mathrm{e}^{-x}}{x} + C$$

【例 5-16】（2019 年竞赛真题） $\int \max\{x, x^2 - x\}\mathrm{d}x = \underline{\qquad}$.

【案例分析】分段积分，注意连续性.

答案：$F(x) = \begin{cases} \dfrac{1}{3}x^3 - \dfrac{1}{2}x^2 + C, & x < 0 \\ \dfrac{1}{2}x^2 + C, & 0 \leqslant x \leqslant 2 \\ \dfrac{1}{3}x^3 - \dfrac{1}{2}x^2 + \dfrac{4}{3}, & x > 2 \end{cases}$.

基础训练题（一）

1. 若 e^{-x} 是 $f(x)$ 的原函数，则 $\int x^2 f(\ln x)dx = $ _____.

2. 已知 $F(x)$ 是 $f(x)$ 的一个原函数，且 $f(x) = \dfrac{xF(x)}{1+x^2}$，则 $f(x) = $ _____.

3. 设 $f(x)$ 的一个原函数为 $\dfrac{\sin x}{x}$，则 $\int x f'(2x)dx = $ _____.

4. 设 $F(x)$ 是 $f(x)$ 的一个原函数，$F(1) = \dfrac{\sqrt{2}}{4}\pi$，若当 $x > 0$ 时，有 $f(x)F(x) = \dfrac{\arctan\sqrt{x}}{\sqrt{x}(1+x)}$，试求 $f(x)$.

5. 设 $F(x) \geq 0$ 为 $f(x)$ 的原函数，当 $x \geq 0$ 时，$f(x)F(x) = \sin^2 2x$，$F(0) = 1$，求 $f(x)$.

6. 设 $f(x)$ 连续，且对一切 x，均有 $\int 2(f(x)-1)dx = f(x) - 1$，则 $f(x) = $ (　　).

   A. $e^{2x} + C$　　　　B. $e^{x^2} + C$　　　　C. $ce^{x^2} + 1$　　　　D. $ce^{2x} + 1$

7. 设 $\int f(\sqrt{x})dx = x(e^{\sqrt{x}} + 1) + c$，则 $f(x) = $ _____.

8. 设 $\int xf(x)dx = \arcsin x + c$，则 $\int \dfrac{1}{f(x)}dx = $ _____.

9. 设 $F(x)$ 是 e^{-x^2} 的一个原函数，求 $\dfrac{dF(\sqrt{x})}{dx}$ _____.

拔高训练题（一）

1. $\int \dfrac{x+5}{x^2-6x+13}dx$.

2. $\int \dfrac{x^2+1}{x^4+1}dx$.

3. $\int \dfrac{dx}{x^4+x^2+1}$.

4. $\int \dfrac{1-x^7}{x(1+x^7)}dx$.

5. $\int \dfrac{1}{x(x^{10}+1)^2}dx$.

6. $\int \dfrac{x^{11}}{x^8+3x^4+2}dx$.

7. $\int \dfrac{x\mathrm{d}x}{x^4+2x^2+5}$.

8. $\int \dfrac{2x^3+1}{(x-1)^{100}}\mathrm{d}x$.

基础训练题答案（一）

1. $-\dfrac{x^2}{2}+C$.

2. $\dfrac{2x}{\sqrt{1+x^2}}$.

3. $\dfrac{x\cos 2x-\sin 2x}{4x}+C$.

4. $\dfrac{1}{\sqrt{2x}(1+x)}$.

5. $\dfrac{\sin^2 2x}{\sqrt{x-\dfrac{1}{4}\sin 4x+1}}$.

6. D.

7. $\dfrac{x+1}{2}\mathrm{e}^x+x+C$.

8. $-\dfrac{1}{3}(1-x^2)^{3/2}+C$.

9. $\dfrac{\mathrm{e}^{-x}(2x-1)}{\sqrt{x}}$.

拔高训练题答案（一）

1. 提示：原式 $= \dfrac{1}{2}\int \dfrac{d(x^2-6x+13+16x)}{x^2-6x+13}$

2. 提示：原式 $= \int \dfrac{1+\dfrac{1}{x^2}}{x^2+\dfrac{1}{x^2}}\,dx = \int \dfrac{d\left(x-\dfrac{1}{x}\right)}{\left(x-\dfrac{1}{x}\right)^2+2}\,dx$

3. 提示：原式 $= \dfrac{1}{2}\int \left(\dfrac{1+x^2}{x^4+x^2+1}+\dfrac{1-x^2}{x^4+x^2+1}\right)dx$

    $= \dfrac{1}{2}\int \left(\dfrac{\dfrac{1}{x^2}+1}{x^2+1+\dfrac{1}{x^2}}+\dfrac{\dfrac{1}{x^2}-1}{x^2+1+\dfrac{1}{x^2}}\right)dx$

4. 提示：原式 $= \int \dfrac{1}{x(1+x^7)}\,dx - \int \dfrac{x^7}{x(1+x^7)}\,dx$

    $= \int \dfrac{\dfrac{1}{7}}{x^7(1+x^7)}\,dx^7 - \int \dfrac{\dfrac{1}{7}}{(1+x^7)}\,dx^7$

5. 提示：原式 $= \int \dfrac{x^9}{x^{10}(1+x^{10})^2}\,dx$

6. 提示：原式 $= \int \dfrac{x^{11}}{(2+x^4)(1+x^4)}\,dx$

7. 提示：原式 $= \int \dfrac{x}{4+(1+x^2)^2}\,dx$

8. 提示：原式 $= -99\int (2x^3+1)\,d\left[(x-1)^{-99}\right]$

5.2 定积分和反常积分

定积分既是一个基本概念，又是一种基本思想．定积分的思想是"化整为零　近似代替　积零为整　取极限"，即定积分"和的极限"的思想，在高等数学、物理、工程技术等领域以及在人们生产实践活动中具有广泛的应用和重要的意义，很多问题的数学结构与定积分中求"和的极限"的数学结构是一样的．本节将介绍定积分的概念、几何意义和性质．为了便于理解，先看两个实际问题．

5.2.1　知识回顾

1. 定积分的重要概念、性质

（1）定积分的定义及其几何意义．特别地，当积分区间是 $[0,1]$ 时，此时将区间 n 等分，则 $\int_0^1 f(x)\mathrm{d}x = \lim\limits_{n\to\infty} \dfrac{1}{n} \sum\limits_{i=1}^{n} f\left(\dfrac{i}{n}\right)$．

（2）定积分的性质．中值定理：设 $f(x)$ 在 $[a,b]$ 上连续，则存在 $\xi \in [a,b]$，使得 $\int_a^b f(x)\mathrm{d}x = f(\xi)(b-a)$．

定义 1　称 $\dfrac{1}{b-a}\int_a^b f(x)\mathrm{d}x$ 为 $f(x)$ 在 $[a,b]$ 上的积分平均值．

2. 定积分有关的基本定理

定理 1　设 $f(x)$ 在 $[a,b]$ 上连续，则 $F(x) = \int_a^x f(x)\mathrm{d}x, x \in [a,b]$，在 $[a,b]$ 上可导，且 $F'(x) = f(x)$．

推广形式，设 $F'(x) = \int_{\varphi_1(x)}^{\varphi_2(x)} f(t)\mathrm{d}t$，$\varphi_1(x)$、$\varphi_2(x)$ 可导，$f(x)$ 连续，则 $F'(x) = f(\varphi_2(x))\varphi_2'(x) - f(\varphi_1(x))\varphi_1'(x)$

定理 2　（牛顿 – 莱布尼茨公式）设 $f(x)$ 在 $[a,b]$ 上可积，$F(x)$ 为 $f(x)$ 在 $[a,b]$ 上任意一个原函数，则有 $\int_a^b f(x)\mathrm{d}x = F(x)\big|_a^b = F(b) - F(a)$．

定理 3　（定积分的换元积分法）$\int_a^b f(x)\mathrm{d}x = \int_\alpha^\beta f(\varphi(t))\varphi'(t)\mathrm{d}t$，其中 $x = \varphi(t)$ 在 $[\alpha, \beta]$

上有连续导数且单调，$\varphi(\alpha)=a$，$\varphi(\beta)=b$.

定理 4（定积分的分部积分法）$\int_a^b u(x)v'(x)\mathrm{d}x = u(x)v(x)\big|_a^b - \int_a^b v(x)u'(x)\mathrm{d}x$.

3. 反常积分

定积分 $\int_a^b f(x)\mathrm{d}x$ 的积分区间 $[a,b]$ 是有限区间，又 $f(x)$ 在 $[a,b]$ 上是有界的，如果将积分区间推广到无穷区间或 $f(x)$ 推广到无界函数，就是两种不同类型的反常积分.

（1）无穷区间上的反常积分

定义 2 设 $\int_a^{+\infty} f(x)\mathrm{d}x = \lim\limits_{t\to+\infty}\int_a^t f(x)\mathrm{d}x$，若极限存在，则称反常积分 $\int_a^{+\infty} f(x)\mathrm{d}x$ 是收敛的，它的值就是极限值；若极限不存在，则称反常积分 $\int_a^{+\infty} f(x)\mathrm{d}x$ 是发散的. 而发散的反常积分没有值的概念.

$\int_{-\infty}^b f(x)\mathrm{d}x = \lim\limits_{u\to-\infty}\int_u^b f(x)\mathrm{d}x$ 同样有收敛和发散的概念，收敛的反常积分有值的概念.

$\int_{-\infty}^{+\infty} f(x)\mathrm{d}x = \int_{-\infty}^c f(x)\mathrm{d}x + \int_c^{+\infty} f(x)\mathrm{d}x = \lim\limits_{t_1\to-\infty}\int_{t_1}^c f(x)\mathrm{d}x + \lim\limits_{t_2\to+\infty}\int_c^{t_2} f(x)\mathrm{d}x$

公式 1 $\int_1^{+\infty} \dfrac{1}{x^p}\mathrm{d}x = \begin{cases} \dfrac{1}{p-1}, & p>1 \\ \text{发散}, & p\leq 1 \end{cases}$.

（2）无界函数的反常积分（瑕积分）

定义 3 设函数 $f(x)$ 在区间 $(a,b]$ 上连续，点 a 为 $f(x)$ 的瑕点（即 $\lim\limits_{x\to a^+} f(x)=\infty$），取 $t>a$，若极限 $\lim\limits_{t\to a^+}\int_t^b f(x)\mathrm{d}x$ 存在，则称此极限为函数 $f(x)$ 在区间 $(a,b]$ 上的广义积分，记作 $\int_a^b f(x)\mathrm{d}x$，即 $\int_a^b f(x)\mathrm{d}x = \lim\limits_{t\to a^+}\int_t^b f(x)\mathrm{d}x$. 此时也称广义积分 $\int_a^b f(x)\mathrm{d}x$ 收敛，否则，称广义积分 $\int_a^b f(x)\mathrm{d}x$ 发散. 无界函数的广义积分也称瑕积分.

类似地，可以定义瑕点为 b 的广义积分：$\int_a^b f(x)\mathrm{d}x$ 和瑕点为 $c(a<c<b)$ 的广义积分 $\int_a^b f(x)\mathrm{d}x$ 的敛散性.

设 $f(x)$ 在区间 $[a,b]$ 上除点 c 外处处连续（$c\in(a,b)$），c 为瑕点，$\int_a^b f(x)\mathrm{d}x = \int_a^c f(x)\mathrm{d}x + \int_c^b f(x)\mathrm{d}x$，若 $\int_a^c f(x)\mathrm{d}x$ 与 $\int_c^b f(x)\mathrm{d}x$ 都收敛，则称 $\int_a^b f(x)\mathrm{d}x$ 收敛.

上述广义积分称为无界函数的广义积分，也称为瑕积分.

公式 2 $\int_0^1 \dfrac{1}{x^q}dx \begin{cases} 收敛, & q<1 \\ 发散, & q\geq 1 \end{cases}$.

5.2.2 典型例题分析与讲解

【例 5-17】 计算下列定积分 $\int_{\frac{1}{e}}^{e}|\ln x|\,dx$.

【案例分析】积分区间可加性.

$$\int_{\frac{1}{e}}^{e}|\ln x|dx = \int_{\frac{1}{e}}^{1}(-\ln x)dx + \int_{1}^{e}\ln x\, dx = (-x\ln x + x)\Big|_{\frac{1}{e}}^{1} + (x\ln x - x)\Big|_{1}^{e} = 2\left(1 - \dfrac{1}{e}\right)$$

【例 3-18】 计算定积分 $I = \int_0^{\frac{\pi}{4}}\ln(1+\tan x)dx$.

【案例分析】换元积分法.

令 $x = \dfrac{\pi}{4} - t$，则

$$I = \int_{\frac{\pi}{4}}^{0}\ln\left(1+\dfrac{1-\tan t}{1+\tan t}\right)d(-t) = \int_0^{\frac{\pi}{4}}\ln\dfrac{2}{1+\tan t}dt$$

$$= \dfrac{\pi}{4}\ln 2 - I,\quad 2I = \dfrac{\pi}{4}\ln 2,\quad I = \dfrac{\pi}{8}\ln 2$$

【例 5-19】 设连续函数 $f(x)$ 满足 $f(x) = \ln x - \int_1^e f(x)dx$，求 $\int_1^e f(x)dx$.

【案例分析】令 $\int_1^e f(x)dx = A$，则 $f(x) = \ln x - A$，两边从 1 到 e 进行积分，得 $\int_1^e f(x)dx$
$= \int_1^e (\ln x - A)dx = A$.

可得 $A = \dfrac{1}{e}$，则 $\int_1^e f(x)dx = \dfrac{1}{e}$.

【例 5-20】 计算 $I = \int_0^{+\infty} \dfrac{xe^{-x}}{(1+e^{-x})^2}dx$.

【案例分析】分部积分法.

$$I = \int_0^{+\infty}\dfrac{xe^x}{(1+e^x)^2}dx = \int_0^{+\infty}\dfrac{x}{(1+e^x)^2}d(e^x+1) = -\int_0^{+\infty}x\,d\left(\dfrac{1}{e^x+1}\right)$$

$$= -\dfrac{x}{(e^x+1)}\Big|_0^{+\infty} + \int_0^{+\infty}\dfrac{1}{1+e^x}dx + \quad = I_1 + I_2$$

$$I_1 = \lim_{x\to+\infty}\dfrac{-x}{e^x+1} \xrightarrow{洛必达} = \lim_{x\to+\infty}\dfrac{-1}{e^x} = 0$$

$$I_2 = \int_0^{+\infty}\dfrac{e^x}{e^x(1+e^x)}dx \xrightarrow{令\, e^x = u} = \int_1^{+\infty}\dfrac{du}{u(1+u)}$$

$$= \int_1^{+\infty}\left(\frac{1}{u}-\frac{1}{u+1}\right)du = \ln\frac{u}{u+1}\Big|_1^{+\infty} = \ln 1 - \ln\frac{1}{2} = \ln 2$$

（这里 $\lim\limits_{u\to+\infty}\ln\dfrac{u}{u+1} = \ln 1 = 0$）于是 $I = I_1 + I_2 = \ln 2$.

5.2.3 典型真题分析与讲解

【例 5-21】（2020 年竞赛真题）求极限 $I = \lim\limits_{x\to 0^+}\dfrac{\int_0^x |2t-x|\sin 2t\,dt}{x(1-\cos x)}$.

【案例分析】洛必达法则.

$$\int_0^x |2t-x|\sin 2t\,dt = \int_0^{\frac{x}{2}}(x-2t)\sin 2t\,dt + \int_{\frac{x}{2}}^x (2t-x)\sin 2t\,dt$$

$$= x\int_0^{\frac{x}{2}}\sin 2t\,dt - \int_0^{\frac{x}{2}}2t\sin 2t\,dt + \int_{\frac{x}{2}}^x 2t\sin 2t\,dt - x\int_{\frac{x}{2}}^x \sin 2t\,dt$$

$$I = \lim_{x\to 0^+}\frac{x\int_0^{\frac{x}{2}}\sin 2t\,dt - \int_0^{\frac{x}{2}}2t\sin 2t\,dt + \int_{\frac{x}{2}}^x 2t\sin 2t\,dt - x\int_{\frac{x}{2}}^x \sin 2t\,dt}{\frac{x^3}{2}}$$

$$= \lim_{x\to 0^+}\frac{\int_0^{\frac{x}{2}}\sin 2t\,dt + 2x\sin 2x - \int_{\frac{x}{2}}^x \sin 2t\,dt - x\sin 2x}{\frac{3x^2}{2}}$$

$$= \frac{4}{3} + \lim_{x\to 0^+}\frac{\int_0^{\frac{x}{2}}\sin 2t\,dt - \int_{\frac{x}{2}}^x \sin 2t\,dt}{\frac{3x^2}{2}}$$

$$= \frac{4}{3} + \lim_{x\to 0^+}\frac{\frac{1}{2}\sin x - \left(\sin 2x - \frac{1}{2}\sin x\right)}{3x} = 1$$

【例 5-22】（2021 年竞赛真题）计算 $\int_0^2 \dfrac{x+\sin\pi x}{x^2-2x-3}dx$.

【案例分析】换元积分法.

令 $x = 1-t$, $x = 0 \Rightarrow t = 1$, $x = 2 \Rightarrow t = -1$，则

$$原式 = \int_1^{-1}\frac{1-t+\sin\pi(1-t)}{(1-t)^2-2(1-t)-3}d(1-t) = \int_{-1}^1 \frac{1-t+\sin\pi t}{t^2-4}dt$$

$$= \int_{-1}^1 \frac{1}{t^2-4}dt - \int_{-1}^1 \frac{t-\sin\pi t}{t^2-4}dt = \int_{-1}^1 \frac{1}{t^2-4}dt = -\frac{1}{2}\ln 3$$

【例 5-23】（2021 年竞赛真题）计算 $\int_1^3 \dfrac{\sqrt{|2x-x^2|}}{x}\mathrm{d}x$.

【案例分析】积分区间可加性.

$$\int_1^3 \dfrac{\sqrt{|2x-x^2|}}{x}\mathrm{d}x = \int_1^2 \dfrac{\sqrt{2x-x^2}}{x}\mathrm{d}x + \int_2^3 \dfrac{\sqrt{x^2-2x}}{x}\mathrm{d}x$$

$$= \int_1^2 \dfrac{\sqrt{1-(x-1)^2}}{x-1+1}\mathrm{d}x + \int_2^3 \dfrac{\sqrt{(x-1)^2-1}}{x-1+1}\mathrm{d}x$$

$$= \int_0^1 \dfrac{\sqrt{1-x^2}}{x+1}\mathrm{d}x + \int_1^2 \dfrac{\sqrt{x^2-1}}{x+1}\mathrm{d}x$$

分别计算：

$$\int_0^1 \dfrac{\sqrt{1-x^2}}{x+1}\mathrm{d}x = \int_0^1 \dfrac{\sqrt{(1-x)(1+x)}}{\sqrt{(1+x)(1+x)}}\mathrm{d}x = \int_0^1 \dfrac{\sqrt{1-x}}{\sqrt{1+x}}\mathrm{d}x = \int_0^1 \dfrac{1-x}{\sqrt{1-x^2}}\mathrm{d}x$$

$$= \int_0^1 \dfrac{1}{\sqrt{1-x^2}}\mathrm{d}x - \int_0^1 \dfrac{x}{\sqrt{1-x^2}}\mathrm{d}x = \arcsin x\big|_0^1 + \sqrt{1-x^2}\big|_0^1 = \dfrac{\pi}{2}-1$$

$$\int_1^2 \dfrac{\sqrt{x^2-1}}{x+1}\mathrm{d}x = \int_1^2 \dfrac{x-1}{\sqrt{x^2-1}}\mathrm{d}x = \sqrt{x^2-1}\big|_1^2 - \ln(x+\sqrt{x^2-1})\big|_1^2 = \sqrt{3}-\ln(2+\sqrt{3})$$

则原式 $= \dfrac{\pi}{2}-1+\sqrt{3}-\ln(2+\sqrt{3})$.

【例 5-24】（2020 年竞赛真题）已知 $\int f(x)\mathrm{d}x = x\arctan x + c$，求 $\int_0^{+\infty} f(x)\mathrm{d}x$.

【案例分析】先求原函数. 由已知可得 $f(x) = \arctan x + \dfrac{x}{1+x^2}$，则

$$\int \dfrac{f(x)}{1+x^2}\mathrm{d}x = \int \dfrac{\arctan x}{1+x^2}\mathrm{d}x + \int \dfrac{x}{(1+x^2)^2}\mathrm{d}x$$

$$= \int \arctan x\,\mathrm{d}(\arctan x) + \dfrac{1}{2}\int (1+x^2)^{-2}\mathrm{d}(1+x^2) = \dfrac{1}{2}(\arctan x)^2 - \dfrac{1}{2}\dfrac{1}{1+x^2}+c$$

$$\int_0^{+\infty} f(x)\mathrm{d}x = \left[\dfrac{1}{2}(\arctan x)^2 - \dfrac{1}{2(1+x^2)}\right]_0^{+\infty} = \dfrac{\pi^2}{8}+\dfrac{1}{2}$$

基础训练题（二）

1. 求定积分 $\int_{-2}^{2} \max\{x, x^2\} \, dx$.

2. 求定积分 $\int_{0}^{2\pi} \sqrt{1-\sin 2x} \, dx$.

3. 设 $f(x)$ 在 $[0, +\infty)$ 上连续，且 $f(x) > 0$，证明：$g(x) = \dfrac{\int_{0}^{x} t f(t) \, dt}{\int_{0}^{x} f(t) \, dt}$ 在 $(0, +\infty)$ 内单调增加.

4. 求函数 $f(x) = \int_{1}^{x^2} (x^2 - t) e^{-t^2} \, dt$ 的极值.

拔高训练题（二）

1. 求定积分 $I = \int_0^{\frac{\pi}{2}} \dfrac{\mathrm{d}x}{1+(\tan x)^a}$（$a$ 为常数）（$(\tan x)^a \neq -1$）.

2. 求定积分 $I = \int_2^4 \dfrac{\sqrt{\ln(9-x)}}{\sqrt{\ln(9-x)}+\sqrt{\ln(x+3)}} \mathrm{d}x$.

3. 求定积分 $I = \int_0^{+\infty} \dfrac{1}{1+x^4} \mathrm{d}x$.

4. 设 $f(x)$ 在 $(0,+\infty)$ 内可导，$f(1)=\dfrac{5}{2}$，对所有 $x \in (0,+\infty)$，$t \in (0,+\infty)$，均有 $\int_1^{xt} f(u)\mathrm{d}u = t\int_1^x f(u)\mathrm{d}u + x\int_1^t f(u)\mathrm{d}u$，求 $f(x)$.

基础训练题答案（二）

1. $\dfrac{11}{2}$.

2. $4\sqrt{2}$.

3. 证明思路：求导.

4. 极大值为 $\dfrac{1}{2}(1-e^{-1})$，极小值为 0.

拔高训练题答案（二）

1. $\dfrac{\pi}{4}$（提示：换元积分法）.

2. 1（提示：换元积分法）.

3. $\dfrac{\pi}{2\sqrt{2}}$.

4. $f(x) = \dfrac{5}{2}(\ln x + 1)$（提示：两边同时对 x 求导）.

5.3 定积分的应用

微积分理论建立与完善的过程，是促进人类文明和社会进步的过程. 反之，生产力的发展、工程科技中的技术难题——对求积问题的研究（如曲线围成区域的面积、曲线的弧长、曲面围成空间区域的体积等），又导致了积分学的另一个分支——定积分的产生和完善. 本节通过对曲边梯形的面积等实际问题的研究，运用极限思想，经历分割整体、局部线性化、以直代曲、化无限为有限、变连续为离散等过程，引出定积分的基本概念，讨论其基本性质和计算方法，然后讨论定积分在实际问题中的应用，最后讨论了两类广义积分的概念及计算方法.

5.3.1 知识回顾

1. 直角坐标系

模型 I $S_1 = \int_a^b [y_2(x) - y_1(x)] dx$，其中 $y_2(x) \geq y_1(x)$，$x \in [a, b]$.

模型 II $S_2 = \int_c^d [x_2(y) - x_1(y)] dy$，其中 $x_2(y) \geq x_1(y)$，$y \in [c, d]$，如图 5-1 所示.

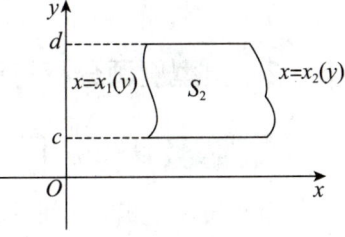

图 5-1

注：复杂图形分割为若干个小图形，使其中每一个符合模型 I 或模型 II 加以计算，然后相加.

2. 极坐标系

模型 III $S_1 = \dfrac{1}{2} \int_\alpha^\beta r^2(\theta) d\theta$.

模型 IV $S_2 = \dfrac{1}{2} \int_\alpha^\beta [r_2^2(\theta) - r_1^2(\theta)] d\theta$，如图 5-2 所示.

图 5-2

3. 参数形式表露出的曲线所围成的面积

设曲线 C 的参数方程为 $\begin{cases} x = \varphi(t) \\ y = \psi(t) \end{cases}$ $(\alpha \leq t \leq \beta)$，$\varphi(\alpha) = a$，$\varphi(\beta) = b$，$\varphi(t)$ 在 $[\alpha, \beta]$（或 $[\beta, \alpha]$）上有连续导数，且 $\varphi'(t)$ 不变号，$\psi(t) \geq 0$ 且连续. 则曲边梯形面积（曲线 C 与

直线 $x=a$, $x=b$ 和 x 轴所围成）$S = \int_a^b y \mathrm{d}x = \int_\alpha^\beta \psi(t)\varphi'(t)\mathrm{d}t$

4. 平面图形绕定轴旋转所得旋转体的体积

由曲线 $y = f(x)$（≥ 0）与直线 $x = a$, $x = b$ 和 x 轴围成的平面图形，绕 x 轴旋转一周而成的旋转体体积为

$$V_x = \pi \int_a^b f^2(x)\mathrm{d}x$$

绕 y 轴旋转一周而成的旋转体体积为

$$V_y = 2\pi \int_a^b x f(x)\mathrm{d}x$$

由曲线 $x = g(y)$（≥ 0）与直线 $y = c$, $y = d$ 和 y 轴围成的平面图形，绕 y 轴旋转一周而成的旋转体体积为

$$V_y = \pi \int_c^d g^2(y)\mathrm{d}y$$

绕 x 轴旋转一周而成的旋转体体积为

$$V_x = 2\pi \int_c^d y g(y)\mathrm{d}y$$

5.3.2 典型例题分析与讲解

【例 5-25】 设 $f(x) = \int_{-1}^x t|t|\mathrm{d}t$，求 $f(x)$ 与 x 轴所围成封闭图形的面积.

【案例分析】 积分区间可加性. 由题可知

$$f(x) = \begin{cases} -\dfrac{1}{3}(x^3+1), & x \leq 0 \\ \dfrac{1}{3}(x^3-1), & x > 0 \end{cases}$$

所以 $f(x)$ 为偶函数，$S = 2\int_0^1 \left[0 - \left(-\dfrac{1}{3} + \dfrac{1}{3}x^3\right)\right]\mathrm{d}x = \dfrac{1}{2}$.

【例 5-26】 求由曲线 $y = x^2 - 2x$ 和直线 $y = 0$, $x = 1$, $x = 3$ 所围平面图形绕 y 轴旋转一周所得旋转体的体积.

【案例分析】 将积分区间进行分类.

解法一：如图 5-3 所示，平面图形 A_1 绕 y 轴旋转一周所得旋转体体积为

$$V_1 = \pi \int_{-1}^0 \left(1 + \sqrt{1+y}\right)^2 \mathrm{d}y - \pi = \dfrac{11\pi}{6}$$

平面图形 A_2 绕 y 轴旋转一周所得旋转体体积为

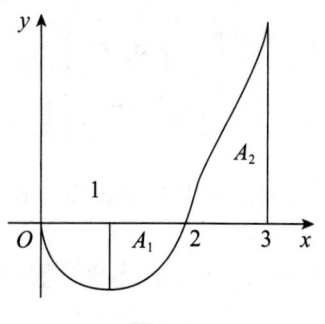

图 5-3

$$V_2 = 27\pi - \pi\int_0^3 \left(1+\sqrt{1+y}\right)^2 dy = \frac{43}{6}\pi$$

所求体积 $V_y = V_1 + V_2 = 9\pi$

解法二：$V_y = 2\pi\int_1^3 x|x^2 - 2x|dx$

$$= 2\pi\int_1^2 x(2x - x^2)dx + 2\pi\int_2^3 x(x^2 - 2x)dx$$

$$= 2\pi\left[\left(\frac{2}{3}x^3 - \frac{x^4}{4}\right)\bigg|_1^2 + \left(\frac{x^4}{4} - \frac{2}{3}x^3\right)\bigg|_2^3\right] = 9\pi$$

5.3.3 典型真题分析与讲解

【例 5-27】（2020 年竞赛真题）设曲线 $y = 2\sqrt{x}$ 与 $y = kx$ 围成的平面图形为 D，若 D 的面积为 $\frac{1}{3}$，求 D 绕 y 轴旋转一周而成旋转体的体积 V_y.

【案例分析】 先求出交点. 可求交点为 $(0, 0)$, $\left(\frac{4}{k^2}, \frac{4}{k}\right)$, 则

$$A = \int_0^{\frac{4}{k^2}} (2\sqrt{x} - kx)dx = \frac{32}{3}\left(\frac{1}{k^2}\right)^{\frac{3}{2}} - \frac{8}{k^3} = \frac{1}{3}$$

所以 $k = 2$，交点 $(0, 0), (1, 2)$.

两曲线的方程为 $x = \frac{y^2}{4}$，$x = \frac{y}{2}$，则

$$V_y = \int_0^2 \pi\left(\frac{y}{2}\right)^2 dy - \int_0^2 \pi\left(\frac{y^2}{4}\right)^2 dy = \frac{4}{15}\pi$$

【例 5-28】（2021 年竞赛真题）曲线 C 的方程为 $y = e^{-x}$，它在点 $(-1, e)$ 处的切线记为 L，则曲线 L 及 x 轴围成的无界图形的面积是多少？

【案例分析】 先求出切线方程. 可求得切线方程为 $y = -ex$，则

$$A = \int_{-1}^{+\infty} e^{-x}dx - \int_{-1}^{0}(-ex)dx = -e^{-x}\bigg|_{-1}^{+\infty} + \frac{e}{2}x^{-2}\bigg|_{-1}^{0} = \frac{e}{2}$$

基础训练题（三）

1. 求曲线 $y^2 = 2x$ 在点 $\left(\dfrac{1}{2}, 1\right)$ 处法线与曲线所围成图形的面积.

2. 求曲线 $y = \ln x$，x 轴及直线 $x = \dfrac{1}{2}$ 与 $x = 2$ 所围成平面区域的面积.

拔高训练题（三）

1. 求圆 $(x-b)^2 + y^2 = a^2 (0 < a < b)$ 绕 x 轴旋转一周所得旋转体（环体）的体积.

2. 设 D_1 是由抛物线 $y = 2x^2$ 和直线 $x = a$, $x = 2$ 及 $y = 0$ 所围成的平面区域；D_2 是由抛物线 $y = 2x^2$ 和直线 $x = a$, $y = 0$ 所围成的平面区域，其中 $0 < a < 2$，如图 5-4 所示.

（1）试求 D_1 绕 x 轴旋转而成的旋转体体积 V_1，D_2 绕 y 轴而成的旋转体体积 V_2；

（2）问当 a 为何值时，$V_1 + V_2$ 取得最大值？试求此最大值.

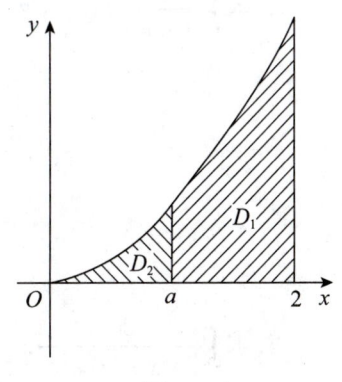

图 5-4

基础训练题答案（三）

1. $\dfrac{16}{3}$.   2. $\dfrac{3}{2}\ln 2 - \dfrac{1}{2}$.

拔高训练题答案（三）

1. $2a^2 b\pi^2$.

2. （1） $\dfrac{64\pi}{5} - \dfrac{4\pi a^5}{5}$；$\dfrac{4\pi a^5}{5}$.

（2） $a = 1$ 是极大值点，也是最大值点. 此时 $V_1 + V_2$ 的最大值为 $\dfrac{129}{5}\pi$.

本章测试题（A）

1. 求 $\int \dfrac{\mathrm{d}x}{1+\sin x}$.

2. 求 $\int \dfrac{\mathrm{d}x}{\sin 2x \cos x}$.

3. 求 $\int \dfrac{\mathrm{d}x}{\sin^2 x + 2\cos^2 x}$.

4. 求 $\int \dfrac{\tan x \mathrm{d}x}{a^2\sin^2 x + b^2\cos^2 x}$.

5. 求 $\int \dfrac{\mathrm{d}x}{\sin^3 x}$.

6. 求 $\int \dfrac{\mathrm{d}x}{\sin^3 x \cos^5 x}$.

7. 求 $\int \dfrac{\sin x \mathrm{d}x}{\sin x + \cos x}$.

8. 求 $\int \dfrac{\tan x}{\sqrt{\cos x}} \mathrm{d}x$.

9. 求 $\displaystyle\int \frac{dx}{\sin 2x + 2\sin x}$.

10. 求 $\displaystyle\int \frac{\sin x}{1+\sin x}dx$.

11. 求 $\displaystyle\int \frac{1}{1+\sin x+\cos x}dx$.

12. 求 $\displaystyle\int \frac{\sin x\cos x}{\sin x+\cos x}dx$.

13. 求 $\displaystyle\int \frac{x+\sin x}{1+\cos x}dx$.

14. 求 $\displaystyle\int \sin^5 x\cos^6 x\,dx$.

15. 求 $\displaystyle\int \frac{dx}{\sin^2 x\cos^2 x}$.

16. 求 $\displaystyle\int \frac{\sin x}{\sin x+\cos x}dx$.

17. 求 $\displaystyle\int \frac{\arctan x}{x^2(1+x^2)}dx$.

18. 求 $\displaystyle\int (\arcsin x)^2\,dx$.

19. 求 $\int \dfrac{\arctan e^x}{e^{2x}} dx$.

20. 求 $\int \dfrac{\ln \sin x}{\sin^2 x} dx$.

21. 计算极限.

（1） $\lim\limits_{n\to\infty} \ln \dfrac{\sqrt[n]{n!}}{n}$；

（2） $\lim\limits_{n\to\infty} \left(\dfrac{1}{n^2+1^2} + \dfrac{2}{n^2+2^2} + \cdots + \dfrac{n}{n^2+n^2} \right)$.

22. 估计下列各积分的值.

（1） $\int_2^0 e^{x^2-x} dx$；

（2） $\int_0^{\sqrt{3}} x \arctan x \, dx$.

23. 证明：

（1） $\lim\limits_{n\to\infty} \int_0^1 \dfrac{x^n e^x}{1+e^x} dx = 0$；

（2） $\lim\limits_{n\to\infty} \int_n^{n+p} \dfrac{\sin x}{x} dx = 0$.

24. 比较大小 $\int_0^1 |\ln t| \cdot [\ln(1+t)]^n \, dt$, $\int_0^1 t^n \cdot |\ln t| \, dt$.

25. 求满足下列条件的函数 $f(x)$（设 $f(x)$ 连续）：$f(x) = 3x^2 - 3x\int_0^2 f(t)dt + 2\int_0^1 f(t)dt$.

26. 证明方程 $\int_0^x \sqrt{1+t^4}\, dt + \int_{\cos x}^0 e^{-t^2}\, dt = 0$ 存在唯一的根.

27. 设 $f(x)$ 连续，则 $\dfrac{d}{dx}\int_1^2 f(x+t)dt = $ _____ .

28. 设 $f(x)$ 连续，则 $\dfrac{d}{dx}\int_0^x tf(x^2 - t^2)dt = $ _____ .

29. 设 $F(x) = \dfrac{x^2}{x-a}\int_a^x f(t)dt$，其中 $f(x)$ 连续，则 $\lim\limits_{x \to a} F(x) = $ _____ .

30. 设 $f(x) = \int_0^{\sin x} \sin(t^2)dt$, $g(x) = x^3 + x^4$，求证：当 $x \to 0$ 时，$f(x)$ 是 $g(x)$ 的同阶但非等价无穷小量.

31. 设 $f(x) = \begin{cases} \dfrac{\int_0^{2x}(e^{t^2}-1)dt}{x^2}, & x \neq 0 \\ a, & x = 0 \end{cases}$，问当 a 取何值时，$f(x)$ 在 $x=0$ 处可导，并求 $f'(0)$.

32. 函数 $f(x) = \begin{cases} \dfrac{\sin 2(e^x-1)}{e^x}, & x > 0 \\ 2, & x = 0 \\ \dfrac{1}{x}\int_0^x \cos^2 t\, dt, & x < 0 \end{cases}$ 在 $(-\infty, +\infty)$ 内（　　）.

A. 处处连续　　　　　　　　　　　B. $x=0$ 是第一类间断点

C. 有多个间断点　　　　　　　　　D. $x=0$ 是第二类间断点

33. 设 $f(x) = \begin{cases} 1+x^2, & x < 0 \\ e^{-x}, & x \geq 0 \end{cases}$，求 $\int_1^3 f(x-2)dx$.

34. 求 $\int_0^1 \dfrac{\ln(1+x)}{(2-x)^2}dx$.

35. 求 $\int_1^4 \dfrac{|x|}{x^2}dx$.　　　　　　　　36. 求 $\int_{\frac{1}{e^2}}^{e^2} \dfrac{|\ln x|}{\sqrt{x}}dx$.

37. 求 $\int_{-1}^{1} x\sqrt{|x|}\,dx$.

38. 求 $\int_{0}^{1} \dfrac{x}{e^x + e^{1-x}}\,dx$.

39. $F(x) = \int_{x}^{x+2\pi} e^{\sin t} \sin t\,dt$ 为（　　）.

A. 正常数　　　　B. 负常数　　　　C. 恒为零　　　　D. 与 x 有关

40. 位于曲线 $y = xe^{-x}\,(0 \leqslant x \leqslant +\infty)$ 下方，x 轴上方的无界图形的面积是多少？

41. 已知 $f(\pi) = 2$, $\int_{0}^{\pi}(f(x) + f''(x))\sin x\,dx = 5$，求 $f(0)$.

42. 已知函数 $f(x)$ 在 $[0, 2]$ 上二阶可导且 $f(2) = 1$，$f'(2) = 0$，$\int_{0}^{2} f(x)\,dx = 4$，求 $\int_{0}^{1} x^2 f''(2x)\,dx$.

43. 在 $[-\infty, +\infty]$ 上 $f(x) = f(x-\pi) + \sin x$，且当 $x \in [0, \pi]$ 时，$f(x) = x$，计算 $\int_{\pi}^{3\pi} f(x) \mathrm{d}x$.

本章测试题（B）

1. 求 $\int \cos(\ln x) \mathrm{d}x$.

2. 求 $\int \dfrac{\arccos x}{\sqrt{(1-x^2)^3}} \mathrm{d}x$.

3. 求 $\int \dfrac{\mathrm{d}x}{\mathrm{e}^x(1+\mathrm{e}^{2x})}$.

4. 求 $\int \dfrac{\mathrm{e}^x(1+\mathrm{e}^x)\mathrm{d}x}{\sqrt{1-\mathrm{e}^{2x}}}$.

5. 求 $\int \mathrm{e}^{2x}(1+\tan x)^2 \mathrm{d}x$（抵消法）.

6. 求 $\int \dfrac{\mathrm{e}^{3x}+\mathrm{e}^x}{\mathrm{e}^{4x}-\mathrm{e}^{2x}+1} \mathrm{d}x$.

7. 求 $\displaystyle\int \frac{x\mathrm{e}^x}{\sqrt{\mathrm{e}^x-1}}\mathrm{d}x$.

8. 求 $\displaystyle\int \frac{\mathrm{d}x}{x\sqrt{x^2-1}}$，$(x>1)$.

9. 求 $\displaystyle\int \sqrt{\frac{\mathrm{e}^x-1}{\mathrm{e}^x+1}}\mathrm{d}x$.

10. 求 $\displaystyle\int \frac{\sqrt{x+1}-\sqrt{x-1}}{\sqrt{x+1}+\sqrt{x-1}}\mathrm{d}x$.

11. 求 $\displaystyle\int \frac{x\mathrm{d}x}{\sqrt{1+\sqrt[3]{x^2}}}$.

12. 求 $\displaystyle\int \frac{x^3\mathrm{d}x}{\sqrt{1+x^2}}$.

13. 求 $\displaystyle\int \max\{1,|x|\}\mathrm{d}x$.

14. 设 $f(x)=\begin{cases} x^2, & x\leqslant 0 \\ \sin x, & x>0 \end{cases}$，求 $\displaystyle\int f(x)\mathrm{d}x$.

15. 设 $\forall x \in \mathbb{R}$，$f(x+4)=f(x)$，当 $x \in (-2, 2]$ 时，$f'(x)=|x|+1$，$f(0)=1$，求 $f(9)$.

16. 求 $\displaystyle\int \frac{f'(\ln x)}{x\sqrt{f(\ln x)}}\mathrm{d}x$.

17. 求 $\displaystyle\int \frac{1+f'(\sqrt{x})}{\sqrt{x}}\mathrm{d}x$.

18. 设当 $x \neq 0$ 时，$f'(x)$ 连续，求 $\displaystyle\int \frac{xf'(x)-(1+x)f(x)}{x^2 \mathrm{e}^x}\mathrm{d}x$（抵消法）.

19. 设函数 $f(x)$ 在 $[1, +\infty)$ 上可导，$f(1)=0$，$f'(\mathrm{e}^x+1)=3\mathrm{e}^{2x}+2$，求 $f(x)$.

20. 设 $f(\ln x) = \dfrac{\ln(1+x)}{x}$，求 $\displaystyle\int f(x)\mathrm{d}x$.

21. 设 $F(x)=\int_0^x tf(x^2-t^2)\mathrm{d}t$，其中 $f(x)$ 在 $x=0$ 的某邻域内可导，且 $f(0)=0, f'(0)=1$，求 $\lim\limits_{x\to 0}\dfrac{F(x)}{x^4}$.

22. 求定积分 $\int_{-\frac{\pi}{4}}^{\frac{\pi}{4}} \mathrm{e}^{\frac{x}{2}}\dfrac{\cos x-\sin x}{\sqrt{\cos x}}\mathrm{d}x$.

23. 求定积分 $\int_{\frac{\pi}{4}}^{\frac{\pi}{4}+50\pi}|\sin 2x|\mathrm{d}x$.

24. 求定积分 $\int_{-\frac{\pi}{2}}^{\frac{\pi}{2}}\dfrac{\sin^4 x}{1+\mathrm{e}^x}\mathrm{d}x$.

25. 已知曲线 $y = a\sqrt{x}(a > 0)$ 与 $y = \ln\sqrt{x}$ 在点 (x_0, y_0) 处有公共切线，求

（1）常数 a 及切点 (x_0, y_0)；

（2）两曲线与 x 轴所围成的图形的面积 A；

（3）两曲线与 x 轴所围成的图形绕 x 轴旋转所得的旋转体体积 V_x.

26. 设平面图形 D 由 $x^2 + y^2 \leq 2x$ 与 $y \geq x$ 确定，求 D 绕 $x = 2$ 旋转一周所得的旋转体体积.

27. 设 xOy 平面上有正方形 $D = \{(x, y) | 0 \leq x \leq 1, 0 \leq y \leq 1\}$ 及直线 $l: x + y = t(t \geq 0)$. 若 $s(t)$ 表示正方形 D 位于直线 l 左下方部分的面积，试求 $\int_0^x s(t)\mathrm{d}t(x \geq 0)$.

本章测试题答案（A）

1. 提示：原式 $= \int \dfrac{1}{\sin^2\dfrac{x}{2} + \cos^2\dfrac{x}{2} + 2\sin\dfrac{x}{2}\cos\dfrac{x}{2}} \mathrm{d}x$.

2. 提示：原式 $= \dfrac{1}{2}\int \dfrac{\sin x}{\sin^2 x \cos^2 x} \mathrm{d}x$.

3. 提示：原式 $= \int \dfrac{1}{1+\cos^2 x} \mathrm{d}x$.

4. 提示：原式 $= \int \dfrac{\tan x \cdot \sec^2 x}{a^2 \tan^2 x + b^2} \mathrm{d}x$.

5. 提示：原式 $= \int \dfrac{1}{\sin x} \cdot \csc^2 x \mathrm{d}x$.

6. 提示：原式 $= \int \dfrac{(\sin^2 x + \cos^2 x)^3}{\sin^3 x \cos^3 x} \cdot \dfrac{1}{\cos^2 x} \mathrm{d}x$.

7. 提示：原式 $= \int \dfrac{\cos x}{\sin x + \cos x} \mathrm{d}x$.

8. 提示：原式 $= \int \dfrac{\sin x}{\cos^{\frac{3}{2}} x} \mathrm{d}x$.

9. 提示：原式 $= \int \dfrac{\sin x}{2\sin^2 x (1+\cos x)} \mathrm{d}x$.

10. 提示：原式 $= \int 1 - \dfrac{1}{1+\sin x} \mathrm{d}x$.

11. 提示：原式 $= \int \dfrac{1}{2\cos^2\dfrac{x}{2} + 2\sin\dfrac{x}{2}\cos\dfrac{x}{2}} \mathrm{d}x$.

12. 提示：原式 $= \dfrac{1}{2}\int \dfrac{2\sin x \cos x + 1 - 1}{\sin x + \cos x} \mathrm{d}x$.

13. 提示：原式 $= \int \dfrac{x + \sin x}{2\cos^2\dfrac{x}{2}} \mathrm{d}x$.

14. 提示：原式 $= -\int \sin^4 x \cos^6 x \, d(\cos x)$.

15. 提示：原式 $= \int \dfrac{\sin^2 x + \cos^2 x}{\sin^2 x \cos^2 x} \, dx$.

16. 提示：原式 $= \int \dfrac{\cos x}{\sin x + \cos x} \, dx$.

17. 提示：令 $t = \arctan x$.

18. 提示：原式 $= x(\arcsin x)^2 - \int \dfrac{x \cdot 2\arcsin x}{\sqrt{1-x^2}} \, dx$.

19. 提示：令 $t = e^x$.

20. 提示：原式 $= \int \ln \sin x \cdot \csc^2 x \, dx$.

21. （1）-1；（2）$\dfrac{1}{2}\ln 2$.

22. （1）$\left[-2e^2, -2e^{-\frac{1}{4}}\right]$；（2）$[0, \pi]$.

23. （1）提示：定积分中值定理；（2）提示：定积分中值定理.

24. $\leqslant$.

25. $f(x) = 3x^2 - 12x + 10$.

26. 提示：在 $\left[0, \dfrac{\pi}{2}\right]$ 中使用零点定理和单调性.

27. $f(x+2) - f(x+1)$.

28. $xf(x^2)$.

29. $a^2 f(a)$.

30. 提示：洛必达法则.

31. $\dfrac{8}{3}$.

32. B.

33. $\dfrac{7}{3} - e^{-1}$.

34. $\dfrac{1}{3}\ln 2$.

35. $\dfrac{13}{12}$.

36. $2-5e^{-1}+3e$.

37. 0.

38. $\dfrac{1}{2\sqrt{e}}\arctan\sqrt{e}-\dfrac{1}{2\sqrt{e}}\arctan\dfrac{1}{\sqrt{e}}$.

39. A.

40. 1.

41. 3.

42. $\dfrac{1}{2}$.

43. π^2-2.

本章测试题答案（B）

1. 提示：令 $t=\ln x$.

2. 提示：原式 $t=\arccos x$.

3. 提示：原式 $=\displaystyle\int\dfrac{e^x}{(e^x)^2(1+(e^x)^2)}\mathrm{d}x$.

4. 提示：原式 $=\displaystyle\int\dfrac{1+e^x}{\sqrt{1-(e^x)^2}}\mathrm{d}(e^x)$.

5. 提示：原式 $=\displaystyle\int e^{2x}(1+\tan^2 x+2\tan x)\mathrm{d}x$.

6. 提示：原式 $=\displaystyle\int\dfrac{e^{-x}+e^x}{e^{-2x}+e^{2x}-1}\mathrm{d}x$.

7. 提示：令 $t=\sqrt{e^x-1}$.

8. 提示：令 $x=\sec t$.

9. 提示：令 $t=\sqrt{\dfrac{e^x-1}{e^x+1}}$.

10. 提示：原式 $=\displaystyle\int\dfrac{(x+1)+(x-1)-2\sqrt{x^2-1}}{2}\mathrm{d}x$.

11. 提示：令 $x^{\frac{1}{3}}=\tan t$.

12. 提示：令 $x = \tan t$.

13. $\begin{cases} -\dfrac{1}{2}x^2 - \dfrac{1}{2} + C, & x < -1 \\ x + C, & -1 \leq x \leq 1 \\ \dfrac{1}{2}x^2 + \dfrac{1}{2} + C, & x > 1 \end{cases}$

14. $\begin{cases} \dfrac{1}{3}x^3 + C, & x \leq 0 \\ 1 - \cos x + C, & x > 0 \end{cases}$.

15. $f(9) = f(1) = \dfrac{5}{2}$.

16. $2\sqrt{f(\ln x)} + C$.

17. $2\sqrt{x} + 2f(\sqrt{x}) + C$.

18. $\dfrac{f(x)}{x e^x} + C$.

19. $(x-1)(x^2 - 2x + 3)$.

20. $-e^{-x}\ln(1+e^x) - \ln(1+e^{-x}) + C$.

21. $\dfrac{1}{4}$.

22. $2^{\frac{3}{4}}\left(e^{\frac{\pi}{8}} - e^{-\frac{\pi}{8}}\right)$.

23. 100.

24. $\dfrac{3}{16}\pi$.

25. （1） $a = e^{-1}$, $(e^2, 1)$； （2） $\dfrac{1}{6}e^2 - \dfrac{1}{2}$； （3） $\dfrac{1}{2}\pi$.

26. $\dfrac{1}{2}\pi^2 - \dfrac{2}{3}\pi$.

27. $\displaystyle\int_0^x s(t)\,dt = \begin{cases} \dfrac{1}{6}x^2, & 0 \leq x \leq 1 \\ -\dfrac{1}{6}x^3 + x^2 - x + \dfrac{1}{3}, & 1 < x \leq 2 \\ x - 1, & x > 2 \end{cases}$.

本章小结

（1）不定积分与原函数是两个不同的概念，前者是个集合，后者是该集合中的一个元素，因此 $\int f(x)\mathrm{d}x \neq F(x)$；设 $F(x)$、$G(x)$ 是 $f(x)$ 的任意两个原函数，则 $F(x)=G(x)+C$. 原函数的几何意义：称 $y=F(x)+C$ 为 $f(x)$ 的积分曲线，其上横坐标为 x 处的切线互相平行.

（2）设 $f(x)$ 在 (a,b) 内连续，则其在 (a,b) 内必有原函数.

（3）初等函数在其定义区间内必有原函数，但它的原函数不一定是初等函数. 不能用初等函数来表示（积不出来）的不定积分如下：$\int e^{x^2}\mathrm{d}x$，$\int e^{-x^2}\mathrm{d}x$，$\int \dfrac{\sin x}{x}\mathrm{d}x$，$\int \dfrac{\cos x}{x}\mathrm{d}x$，$\int \sin x^2 \mathrm{d}x$，$\int \cos x^2 \mathrm{d}x$，$\int \dfrac{\mathrm{d}x}{\ln x}$，$\int \dfrac{e^x}{x}\mathrm{d}x$，$\int e^x \ln x \mathrm{d}x$，$\int \ln|\sin x|\mathrm{d}x$ 等.

（4）设 $f(x)$ 在 $[a,b]$ 上连续，或在 $[a,b]$ 上有界且只有有限个第一类间断点，则 $\int_a^b f(x)\mathrm{d}x$ 一定存在.

（5）定积分 $\int_a^b f(x)\mathrm{d}x$ 表示由曲线 $y=f(x)$，$x=a$，$x=b$ 及 x 轴所围平面图形面积的代数和.

（6）设 $f(x)$ 在 $[a,b]$ 上连续，$F(x)$ 是 $f(x)$ 的一个原函数，则
$$\int_a^b f(x)\mathrm{d}x = F(x)\Big|_a^b = F(b)-F(a)$$

（7）常用结论：

1）$\int_0^{\frac{\pi}{2}} f(\sin x)\mathrm{d}x = \int_0^{\frac{\pi}{2}} f(\cos x)\mathrm{d}x$，令 $x=\dfrac{\pi}{2}-t$；

2）$\int_0^{\pi} xf(\sin x)\mathrm{d}x = \dfrac{\pi}{2}\int_0^{\pi} f(\sin x)\mathrm{d}x$，令 $x=\pi-t$；

3）$\int_0^{\pi} f(\sin x)\mathrm{d}x = 2\int_0^{\frac{\pi}{2}} f(\sin x)\mathrm{d}x$，令 $\int_0^{\pi} = \int_0^{\frac{\pi}{2}} + \int_{\frac{\pi}{2}}^{\pi}$；

注意：$\int_0^{\pi} f(\cos x)\mathrm{d}x \neq 2\int_0^{\frac{\pi}{2}} f(\cos x)\mathrm{d}x$；

4）递推公式：

$$I_n = \int_0^{\frac{\pi}{2}} \sin^n x \, dx = \int_0^{\frac{\pi}{2}} \cos^n x \, dx = \begin{cases} \dfrac{n-1}{n} \times \dfrac{n-3}{n-2} \cdots \dfrac{5}{6} \times \dfrac{3}{4} \times \dfrac{1}{2} \times \dfrac{\pi}{2}, & n = 2k, \, k \in \mathbb{N}^* \\ \dfrac{n-1}{n} \times \dfrac{n-3}{n-2} \cdots \dfrac{6}{7} \times \dfrac{4}{5} \times \dfrac{2}{3} \times 1, & n = 2k+1, \, k \in \mathbb{N}^* \end{cases}$$

（8）$\int_a^{+\infty} f(x) dx = \lim\limits_{t \to +\infty} \int_a^t f(x) dx = F(x) \big|_a^{+\infty} = \lim\limits_{x \to +\infty} F(x) - F(a) = F(+\infty) - F(a)$.

（9）$\int_{-\infty}^b f(x) dx = \lim\limits_{u \to -\infty} \int_u^b f(x) dx = F(x) \big|_{-\infty}^b = F(b) - \lim\limits_{x \to -\infty} F(x) = F(b) - F(-\infty)$.

（10）$\int_{-\infty}^{+\infty} f(x) dx = F(x) \big|_{-\infty}^{+\infty} = \lim\limits_{x \to +\infty} F(x) - \lim\limits_{x \to -\infty} F(x) = F(+\infty) - F(-\infty)$.

（11）当 $p \leqslant 1$ 时，$\int_a^{+\infty} \dfrac{1}{x^p} dx$ 发散；当 $p > 1$ 时，$\int_a^{+\infty} \dfrac{1}{x^p} dx$ 收敛.

（12）设 $F(x)$ 是 $f(x)$ 的一个原函数，

1）点 a 为 $f(x)$ 的瑕点，则

$$\int_a^b f(x) dx = \lim\limits_{t \to a^+} \int_t^b f(x) dx = F(x) \big|_a^b = F(b) - \lim\limits_{x \to a^+} F(x) = F(b) - F(a)$$

2）点 b 为 $f(x)$ 的瑕点，则

$$\int_a^b f(x) dx = \lim\limits_{u \to b^-} \int_a^u f(x) dx = F(x) \big|_a^b = \lim\limits_{x \to b^-} F(x) - F(a) = F(b) - F(a)$$

3）c 为瑕点 $(a < c < b)$，则

$$\int_a^b f(x) dx = F(x) \big|_a^c + F(x) \big|_c^b = \left[\lim\limits_{x \to c^-} F(x) - F(a) \right] + \left[F(b) - \lim\limits_{x \to c^+} F(x) \right]$$

（13）$\int_0^1 \dfrac{1}{x^q} dx$ 当 $q \geqslant 1$ 时发散，当 $q < 1$ 时收敛.

（14）由曲线 $y = f(x)$，$y = g(x)$，以及直线 $x = a$、$x = b$ $(a \leqslant b)$ 所围成的平面图形，称为 x-型平面图形. 此类型的平面图形的面积为

$$A = \int_a^b |f(x) - g(x)| \, dx$$

（15）由曲线 $x = \varphi(y)$，$x = \psi(y)$，以及直线 $y = c$，$y = d$ $(c \leqslant d)$ 所围成的平面图形，称为 y-型平面图形. 此类型的平面图形的面积为

$$A = \int_c^d |\varphi(y) - \psi(y)| \, dy$$

（16）平面图形 A 由曲线 $y = f(x)$ $(f(x) > 0)$，直线 $x = a$，$x = b$ $(a < b)$ 及 x 轴所围成，A 绕 x 轴旋转一周而成的旋转体体积为 $V_x = \pi \int_a^b f^2(x) dx$；绕 y 轴旋转一周而成的旋转体体

积为 $V_y = 2\pi \int_a^b x f(x) \mathrm{d}x$.

（17）若平面图形 A 由曲线 $x = g(y)(g(y) > 0)$，直线 $y = c$，$y = d(c < d)$ 及 y 轴所围成，A 绕 y 轴旋转一周而成的旋转体体积为 $V_y = \pi \int_c^d g^2(y) \mathrm{d}y$，绕 x 轴旋转一周而成的旋转体体积为 $V_x = 2\pi \int_c^d y g(y) \mathrm{d}y$.

第 6 章
多元函数微分学

本章导读

前面讨论的是一元函数问题. 但在许多实际问题中往往涉及多方面的因素, 反映在数学上就是多元函数以及多元函数的微分和积分问题. 多元函数微积分的基本概念、理论和方法是一元函数微积分中相应概念、理论和方法的推广与发展, 它们既有许多相似之处, 又有很多本质上的不同. 学习时注意比较和区分. 本章将在一元函数微分学的基础上, 以二元函数为主, 讨论多元函数的微分法及其应用.

本章要点

- 多元函数的基本概念
- 偏导数与全微分的概念及其计算
- 多元复合函数和隐函数求导
- 多元函数的应用
- 二重积分的概念及性质
- 二重积分的交换积分次序
- 二重积分在直角坐标系下的计算方法
- 二重积分在极坐标系下的计算方法

6.1 多元函数的概念、极限与连续性

在实际问题中，经常需要讨论多于一个自变量的函数，这就是多元函数．一元函数的定义域是实数轴上的点集，而二元函数的定义域是坐标平面上的点集．因此，在研究二元函数之前需先讨论平面点集上的一些基本概念，在掌握了二元函数的有关理论与研究方法之后，可以把它推广到一般的多元函数中去．

6.1.1 知识回顾

1. 多元函数的概念

（1）二元函数的定义及其几何意义

设 D 是平面上的一个点集，若对每个点 $P(x,y) \in D$，按照某一对应规则 f，变量 z 都有一个值与之对应，则称 z 是变量 x、y 的二元函数，记为 $z=f(x,y)$，D 称为定义域．二元函数 $z=f(x,y)$ 的图形为空间一块曲面，它在 xOy 平面上的投影域就是定义域 D．

例如 $z=\sqrt{1-x^2-y^2}$，D：$x^2+y^2 \leqslant 1$，二元函数的图形为以原点为球心、半径为 1 的上半球面，其定义域 D 就是 xOy 平面上以原点为圆心、半径为 1 的闭圆．

（2）三元函数与 n 元函数

$u=f(x,y,z)$，$(x,y,z) \in \Omega$（空间一个点集），称为三元函数．

$u=f(x_1,x_2,\cdots,x_n)$ 称为 n 元函数．

它们的几何意义不再讨论，在偏导数和全微分中会用到三元函数．在条件极值中，可能会遇到超过三个自变量的多元函数．

2. 二元函数的极限

设 $f(x,y)$ 在点 (x_0,y_0) 的邻域内有定义，若对任意 $\varepsilon>0$，存在 $\delta>0$，只要 $\sqrt{(x-x_0)^2+(y-y_0)^2}<\delta$，就有 $|f(x,y)-A|<\varepsilon$，则 $\lim\limits_{\substack{x \to x_0 \\ y \to y_0}} f(x,y)=A$ 或 $\lim\limits_{(x,y) \to (x_0,y_0)} f(x,y)=A$，称当 $(x,y) \to (x_0,y_0)$ 时，$f(x,y)$ 的极限存在，极限值为 A；否则，称为极限不存在．

值得注意：这里 (x,y) 趋于 (x_0,y_0) 是在平面范围内，可以按任何方式沿任意曲线趋

于(x_0, y_0)，所以二元函数的极限比一元函数的极限复杂，但考试大纲只要求知道基本概念和简单地讨论极限存在性和计算极限值，不像一元函数求极限要求掌握各种方法和技巧.

3. 二元函数的连续性

（1）二元函数连续的概念

若$\lim\limits_{\substack{x \to x_0 \\ y \to y_0}} f(x,y) = f(x_0, y_0)$，则称$f(x,y)$在点$(x_0, y_0)$处连续. 若$f(x,y)$在区域$D$内每一点皆连续，则称$f(x,y)$在$D$内连续.

（2）闭区域上连续函数的性质

定理 1 （有界性定理）设$f(x,y)$在闭区域D上连续，则$f(x,y)$在D上一定有界.

定理 2 （最大值最小值定理）设$f(x,y)$在闭区域D上连续，则$f(x,y)$在D上一定有最大值和最小值：$\max\limits_{(x,y) \in D} f(x,y) = M$（最大值），$\min\limits_{(x,y) \in D} f(x,y) = m$（最小值）.

定理 3 （介值定理）设$f(x,y)$在闭区域D上连续，M为最大值，m为最小值，若$m \leq c \leq M$，则存在$(x_0, y_0) \in D$，使得$f(x_0, y_0) = c$.

6.1.2 典型例题分析与讲解

1. 求二元函数的定义域

【例 6-1】求函数$z = \arcsin \dfrac{x}{3} + \sqrt{xy}$的定义域.

【案例分析】要求$\left|\dfrac{x}{3}\right| \leq 1$，即$-3 \leq x \leq 3$；又要求$xy \geq 0$，即$x \geq 0$，$y \geq 0$ 或 $x \leq 0, y \leq 0$. 综合上述要求得定义域：

$$\begin{cases} -3 \leq x \leq 0 \\ y \leq 0 \end{cases} \text{或} \begin{cases} 0 \leq x \leq 3 \\ y \geq 0 \end{cases}$$

定义域如图 6-1 中阴影部分所示.

图 6-1

【例 6-2】求函数$z = \sqrt{4 - x^2 - y^2} + \ln(y^2 - 2x + 1)$的定义域.

【案例分析】要求$4 - x^2 - y^2 \geq 0$和$y^2 - 2x + 1 > 0$，即

$$\begin{cases} x^2 + y^2 \leq 2^2 \\ y^2 + 1 > 2x \end{cases}$$

函数定义域D在圆$x^2 + y^2 \leq 2^2$的内部（包括边界）和抛物线$y^2 + 1 = 2x$的左侧（不包括抛物线上的点），如图 6-2 中阴影

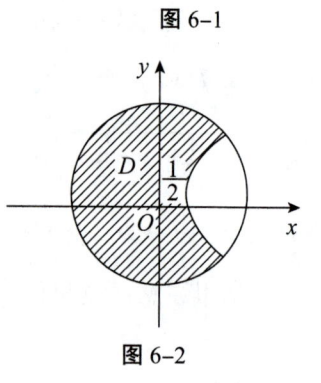

图 6-2

部分所示.

2. 有关二元复合函数

【例6-3】 设 $f(x+y, x-y) = x^2y + y^2$,求 $f(x, y)$.

【案例分析】设 $x+y = u$,$x-y = v$,解出 $x = \dfrac{1}{2}(u+v)$,$y = \dfrac{1}{2}(u-v)$.

代入所给函数化简得

$$f(u, v) = \frac{1}{8}(u+v)^2(u-v) + \frac{1}{4}(u-v)^2$$

故 $f(x, y) = \dfrac{1}{8}(x+y)^2(x-y) + \dfrac{1}{4}(x-y)^2$.

【例6-4】 设 $f(x+y, xy) = x^2 + 3xy + y^2 + 5$,求 $f(x, y)$.

【案例分析】因为

$$x^2 + 3xy + y^2 + 5 = (x^2 + 2xy + y^2) + xy + 5 = (x+y)^2 + xy + 5$$

所以 $f(x, y) = x^2 + y + 5$.

【例6-5】 设 $z = \sqrt{y} + f(\sqrt{x} - 1)$,当 $y = 1$ 时,$z = x$,求函数 f 和 z.

【案例分析】由条件可知 $x = 1 + f(\sqrt{x} - 1)$,令 $\sqrt{x} - 1 = u$,则

$$f(u) = x - 1 = (u+1)^2 - 1 = u^2 + 2u$$

所以 $f(x) = x^2 + 2x$,$z = \sqrt{y} + x - 1$.

3. 有关二元函数的极限

【例6-6】 证明:$f(x, y) = \dfrac{xy^2}{x^2 + y^4}$ 在原点 $(0, 0)$ 处的极限不存在.

【案例分析】因为 $\lim\limits_{\substack{y \to 0 \\ x = ky^2}} f(x, y) = \lim\limits_{\substack{y \to 0 \\ x = ky^2}} \dfrac{xy^2}{x^2 + y^4} = \lim\limits_{y \to 0} \dfrac{ky^4}{k^2y^4 + y^4} = \dfrac{k}{k^2 + 1}$,

所以 k 不同,极限值就不同,故 $\lim\limits_{(x, y) \to (0, 0)} f(x, y)$ 不存在.

评注:证明二元函数的极限不存在是个难点,关键是选择适当的 $P \to P_0$ 的路径,注意总结其选择路径的规律.

【例6-7】 $\lim\limits_{(x, y) \to (0, 0)} \dfrac{1 - \cos\sqrt{xy}}{\sqrt{2 - e^{xy}} - 1} = $ _____.

【案例分析】 $\lim\limits_{(x, y) \to (0, 0)} \dfrac{1 - \cos\sqrt{xy}}{\sqrt{2 - e^{xy}} - 1} = \lim\limits_{(x, y) \to (0, 0)} \dfrac{1 - \cos\sqrt{xy}}{\sqrt{1 + (1 - e^{xy})} - 1}$

$$= \lim\limits_{(x, y) \to (0, 0)} \dfrac{xy/2}{(1 - e^{xy})/2} = \lim\limits_{(x, y) \to (0, 0)} \dfrac{xy}{-xy} = -1$$

评注:二元函数的极限有与一元函数的极限类似的性质与运算法则,求法一般不难,这里不再多举例子.

4. 有关二元函数的连续

【例 6-8】 设 $f(x,y)=\begin{cases}\dfrac{x^3+y^2}{\sqrt{x^2+y^2}}, & (x,y)\neq(0,0)\\ 0, & (x,y)=(0,0)\end{cases}$，证明函数 $f(x,y)$ 在点 $(0,0)$ 处连续.

【证明】因为 $\lim\limits_{(x,y)\to(0,0)}f(x,y)=\lim\limits_{(x,y)\to(0,0)}\dfrac{x^3+y^2}{\sqrt{x^2+y^2}}$

$\xrightarrow{x=\rho\cos\theta,\,y=\rho\sin\theta}\lim\limits_{\rho\to 0}\dfrac{\rho^2(\rho\cos^3\theta+\sin^2\theta)}{\rho}=0=f(0,0)$

所以 $f(x,y)$ 在点 $(0,0)$ 处连续.

6.1.3 典型真题分析与讲解

【例 6-9】（江苏省 2018 年竞赛真题）求极限 $\lim\limits_{\substack{x\to\infty\\y\to\infty}}\dfrac{x^2+xy+y^2}{x^4+y^4}\cdot\sin(x^4+y^4)$.

【案例分析】应用不等式的性质得

$$|x^2+xy+y^2|\leqslant x^2+y^2+2|xy|\leqslant 2(x^2+y^2),\quad x^4+y^4\geqslant 2x^2y^2$$

$$0\leqslant\left|\dfrac{x^2+xy+y^2}{x^4+y^4}\cdot\sin(x^4+y^4)\right|\leqslant\dfrac{2(x^2+y^2)}{2x^2y^2}=\dfrac{1}{y^2}+\dfrac{1}{x^2}$$

因为 $\lim\limits_{\substack{x\to\infty\\y\to\infty}}\left(\dfrac{1}{y^2}+\dfrac{1}{x^2}\right)=0$，应用夹逼定理则得 $\lim\limits_{\substack{x\to\infty\\y\to\infty}}\dfrac{x^2+xy+y^2}{x^4+y^4}\cdot\sin(x^4+y^4)=0$.

【例 6-10】（2011 兰州理工大学高等数学竞赛真题）设二元函数 $u(x,y)$ 满足 $\dfrac{\partial u(x,y)}{\partial y}=x^2+2y$，$u(x,x^2)=1$，则 $u(x,y)=$ _____.

【案例分析】二元函数 $u(x,y)$ 满足 $\dfrac{\partial u(x,y)}{\partial y}=x^2+2y$，则 $u(x,y)=x^2y+y^2+C$，再令 $y=x^2$，得 $u(x,x^2)=2x^4+C$，结合 $u(x,x^2)=1$，有 $C=1-2x^4$，于是 $u(x,y)=1+x^2y+y^2-2x^4$.

【例 6-11】（江苏省 2000 年竞赛真题）极限 $\lim\limits_{\substack{x\to 0\\y\to 0}}\dfrac{\sin(x+y)}{x-y}=$ _____.

A. 1   B. 0   C. -1   D. 不存在

【案例分析】因为 $\lim\limits_{\substack{x\to 0\\y\to 0}}\dfrac{\sin(x+y)}{x-y}=\lim\limits_{\substack{x\to 0\\y=kx}}\dfrac{\sin(1+k)x}{(1-k)x}=\dfrac{1+k}{1-k}$，所以极限不存在. 选 D.

【例 6-12】（江苏省 2014 年竞赛真题）设函数 $f(x,y)=\begin{cases}\dfrac{x^2y^2}{(x^2+y^2)^{3/2}}, & x^2+y^2\neq 0\\ 0, & x^2+y^2=0\end{cases}$，问

$f(x,y)$ 在点 $(0,0)$ 处是否连续？是否可微？说明理由.

【案例分析】令 $x=r\cos\theta$, $y=r\cos\theta$, 则 $\lim\limits_{(x,y)\to(0,0)}\dfrac{x^2y^2}{(x^2+y^2)^{3/2}}=\lim\limits_{r\to 0}\dfrac{r^4\sin^2\theta\cos^2\theta}{r^3}=f(0,0)$, 故 $f(x,y)$ 在点 $(0,0)$ 处连续；又 $f'_x(0,0)=\lim\limits_{x\to 0}\dfrac{f(x,0)-f(0,0)}{x}=0$, $f'_y(0,0)=\lim\limits_{x\to 0}\dfrac{f(0,y)-f(0,0)}{y}=0$, 令 $\Delta\omega=f(x,y)-f(0,0)-f'_y(0,0)y$, 显然, $\Delta\omega=\dfrac{x^2y^2}{(x^2+y^2)^{3/2}}$.

由于 $\dfrac{\Delta\omega}{r}=\dfrac{x^2y^2}{(x^2+y^2)^2}\to\dfrac{k^2}{(1+k^2)^2}$ ($y=kx$, $x\to 0$), 故 $\lim\limits_{(x,y)\to(0,0)}\dfrac{\Delta\omega}{r}$ 不存在，从而 $f(x,y)$ 在点 $(0,0)$ 处不可微.

6.2 偏导数与全微分

在一元函数微分学中，通过讨论函数的因变量关于自变量的变化率引入了导数的概念，并且利用导数讨论了一元函数的相关性质. 多元函数比一元函数更经常地出现在实际应用中，并且它们的微积分更丰富多彩. 因为各变量间的交互作用，它们的导数更变化多端并且更加有趣，应用也更加广泛.

对于多元函数，同样需要讨论因变量关于自变量的变化率，但因为多元函数的自变量不止一个，所以自变量与因变量的关系比较复杂. 因此，在讨论多元函数的变化率时，需要明确因变量是关于哪一个自变量的变化率.

在一元函数微分学中，还介绍了用函数的微分近似代替函数增量的方法，该方法不仅计算简便，而且精确度高. 对于二元函数，当自变量在一点处有改变量时，函数有相应的改变量(称为全增量). 因为该点固定，所以全增量是自变量的改变量的函数. 一般来说，计算全增量比较复杂. 那么能否类似一元函数，用自变量的增量的线性函数近似代替全增量呢？这就是二元函数全微分所要研究的问题.

6.2.1 知识回顾

1. 偏导数与全微分的概念

（1）偏导数

二元：设 $z=f(x,y)$, 则

$$\dfrac{\partial z}{\partial x}=f'_x(x,y)=\lim\limits_{\Delta x\to 0}\dfrac{f(x+\Delta x,y)-f(x,y)}{\Delta x}$$

$$\frac{\partial z}{\partial y} = f'_y(x, y) = \lim_{\Delta y \to 0} \frac{f(x, y+\Delta y) - f(x, y)}{\Delta y}$$

三元：设 $u = f(x, y, z)$，则

$$\frac{\partial u}{\partial x} = f'_x(x, y, z); \quad \frac{\partial u}{\partial y} = f'_y(x, y, z); \quad \frac{\partial u}{\partial z} = f'_z(x, y, z)$$

（2）二元函数的二阶偏导数

设 $z = f(x, y)$，则

$$\frac{\partial^2 z}{\partial x^2} = f''_{xx}(x, y) = \frac{\partial}{\partial x}\left(\frac{\partial z}{\partial x}\right), \quad \frac{\partial^2 z}{\partial x \partial y} = f''_{xy}(x, y) = \frac{\partial}{\partial y}\left(\frac{\partial z}{\partial x}\right)$$

$$\frac{\partial^2 z}{\partial y \partial x} = f''_{yx}(x, y) = \frac{\partial}{\partial x}\left(\frac{\partial z}{\partial y}\right), \quad \frac{\partial^2 z}{\partial y^2} = f''_{yy}(x, y) = \frac{\partial}{\partial y}\left(\frac{\partial z}{\partial y}\right)$$

（3）全微分

设 $z = f(x, y)$，增量 $\Delta z = f(x+\Delta x, y+\Delta y) - f(x, y)$.

若 $\Delta z = A\Delta x + B\Delta y + o\left(\sqrt{(\Delta x)^2 + (\Delta y)^2}\right)$，当 $\Delta x \to 0$，$\Delta y \to 0$ 时，则称 $z = f(x, y)$ 可微，而全微分 $\mathrm{d}z = A\Delta x + B\Delta y$.

定义　$\mathrm{d}x = \Delta x$，$\mathrm{d}y = \Delta y$.

定理　可微情况下，$A = f'_x(x, y)$，$B = f'_y(x, y)$.

所以 $\mathrm{d}z = f'_x(x, y)\mathrm{d}x + f'_y(x, y)\mathrm{d}y$.

对于三元函数 $u = f(x, y, z)$，全微分 $\mathrm{d}u = f'_x(x, y, z)\mathrm{d}x + f'_y(x, y, z)\mathrm{d}y + f'_z(x, y, z)\mathrm{d}z$.

（4）相互关系

$$\begin{cases} f'_x(x, y) \\ f'_y(x, y) \end{cases} \text{连续} \Rightarrow \mathrm{d}f(x, y) \text{存在} \Rightarrow \begin{cases} f'_x(x, y), f'_y(x, y) \text{存在} \\ f(x, y) \text{连续} \end{cases}$$

2. 复合函数微分法——锁链公式

模型 I　设 $z = f(u, v)$，$u = u(x, y)$，$v = v(x, y)$，其关系图如图 6-3 所示，则

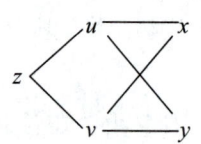

$$\frac{\partial z}{\partial x} = \frac{\partial z}{\partial u}\frac{\partial u}{\partial x} + \frac{\partial z}{\partial v}\cdot\frac{\partial v}{\partial x}; \quad \frac{\partial z}{\partial y} = \frac{\partial z}{\partial u}\frac{\partial u}{\partial y} + \frac{\partial z}{\partial v}\frac{\partial v}{\partial y}$$

图 6-3

模型 II　设 $u = f(x, y, z)$，$z = z(x, y)$，其关系图如图 6-4 所示，则

$$\frac{\partial u}{\partial x} = f'_x + f'_z\frac{\partial z}{\partial x}, \quad \frac{\partial u}{\partial y} = f'_y + f'_z\frac{\partial z}{\partial y}$$

图 6-4

模型 III 设 $u = f(x, y, z)$, $y = y(x)$, $z = z(x)$, 其关系图如图 6-5 所示, 则

$$\frac{du}{dx} = f'_x + f'_y \frac{dy}{dx} + f'_z \frac{dz}{dx}$$

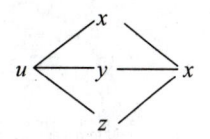

思考题 设 $z = f(u, v, w)$, $w = w(u, v)$, $u = u(t)$, $v = v(t)$, $t = t(x, y)$,

求 $\dfrac{\partial z}{\partial x}$ 的锁链公式, 并画出变量之间的关系图.

图 6-5

3. 隐函数微分法

设 $F(x, y, z) = 0$, 确定 $z = z(x, y)$, 则 $\dfrac{\partial z}{\partial x} = -\dfrac{F'_x}{F'_z}$; $\dfrac{\partial z}{\partial y} = -\dfrac{F'_x}{F'_z}$（要求偏导数连续且 $F'_z \neq 0$）.

6.2.2 典型例题分析与讲解

【例 6-13】 设 $f(x, y) = e^{\sqrt{x^2+y^4}}$, 则函数在原点处偏导数存在的情况是 (　　).

A. $f'_x(0, 0)$ 存在, $f'_y(0, 0)$

B. $f'_x(0, 0)$ 存在, $f'_y(0, 0)$ 不存在

C. $f'_x(0, 0)$ 不存在, $f'_y(0, 0)$ 存在

D. $f'_x(0, 0)$ 不存在, $f'_y(0, 0)$ 不存在

【案例分析】

$f'_x(0, 0) = \lim\limits_{x \to 0} \dfrac{e^{\sqrt{x^2+0^4}} - 1}{x - 0} = \lim\limits_{x \to 0} \dfrac{e^{|x|} - 1}{x - 0}$, 因为 $\lim\limits_{x \to 0^+} \dfrac{e^{|x|} - 1}{x - 0} = \lim\limits_{x \to 0^+} \dfrac{e^x - 1}{x - 0} = 1$, $\lim\limits_{x \to 0^-} \dfrac{e^{-x} - 1}{x - 0} = -1$.

故 $\lim\limits_{x \to 0^+} \dfrac{e^{|x|} - 1}{x - 0} \neq \lim\limits_{x \to 0^-} \dfrac{e^{-x} - 1}{x - 0}$, 所以 $f'_x(0, 0)$ 不存在.

因为 $f'_y(0, 0) = \lim\limits_{y \to 0} \dfrac{e^{\sqrt{0^2+y^4}} - 1}{y - 0} = \lim\limits_{y \to 0} \dfrac{e^{y^2} - 1}{y - 0} = \lim\limits_{y \to 0} \dfrac{y^2}{y} = 0$, 所以 $f'_y(0, 0)$ 存在. 故选 C.

评注: 开算数根也即含绝对值也即为分段函数, 必要时需要用偏导数定义讨论偏导数, 与一元函数类似, 是重要考点.

【例 6-14】 设函数 $F(x, y, z) = \int_0^{xy} \dfrac{\sin t}{1+t^2} dt$, 则 $\dfrac{\partial^2 F}{\partial x^2}\bigg|_{\substack{x=0 \\ y=2}} = $ _____.

【案例分析】 $\dfrac{\partial F}{\partial x} = \dfrac{y \sin xy}{1+(xy)^2}$, 为了计算简便, 由偏导数的定义, 可得

$\dfrac{\partial^2 F}{\partial x^2}\bigg|_{\substack{x=0 \\ y=2}} = \left(\dfrac{2\sin 2x}{1+4x^2}\right)'\bigg|_{x=0} = \dfrac{4(1+4x^2)\cos 2x - 16x \sin 2x}{(1+4x^2)^2}\bigg|_{x=0} = 4$

评注：$f'_x(x_0, y_0) = f'_x(x, y)\big|_{\substack{x=x_0\\y=y_0}}$，同时 $f'_x(x_0, y_0) = \dfrac{\mathrm{d}f(x, y_0)}{\mathrm{d}x}$；

$f'_y(x_0, y_0) = f'_x(x, y)\big|_{\substack{x=x_0\\y=y_0}}$，同时 $f'_y(x_0, y_0) = \dfrac{\mathrm{d}f(x_0, y)}{\mathrm{d}y}$.

利用后者往往可以大大简化计算，此例的解答就是利用的后者.

【例 6-15】设 $z = f(\varphi(2xy, x^2))$，这里 f 可导且 φ 具有连续偏导数，求 $\dfrac{\partial z}{\partial x}, \dfrac{\partial z}{\partial y}$.

【案例分析】$\dfrac{\partial z}{\partial x} = f'(\varphi(2xy, x^2)) \cdot \dfrac{\partial \varphi}{\partial x} = f'(\varphi(2xy, x^2)) \cdot (\varphi'_1 \cdot 2y + \varphi'_2 \cdot 2x)$

$\qquad = 2(x\varphi'_1 + y\varphi'_2) \cdot f'(\varphi(2xy, x^2))$

$\dfrac{\partial z}{\partial y} = f'\left[\varphi(2xy, x^2)\right] \cdot \dfrac{\partial \varphi}{\partial y} = f'(\varphi(2xy, x^2)) \cdot (\varphi'_1 \cdot 2x + \varphi'_2 \cdot 0)$

$\qquad = 2x \cdot \varphi'_1 \cdot f'(\varphi(2xy, x^2))$

评注：注意区分何时该用全导数记号，何时该用偏导数记号.

【例 6-16】设 $u = f(x, y, z)$，又 $y = \varphi(x, t), t = \psi(x, z)$，求 $\dfrac{\partial u}{\partial x}, \dfrac{\partial u}{\partial z}$.

【案例分析】由上述表达式可知 x, z 为自变量，所以

$\dfrac{\partial u}{\partial x} = f'_x + f'_y \dfrac{\partial y}{\partial x} = f'_x + f'_y(\varphi'_x + \varphi'_t \psi'_x) = f'_x + f'_y \varphi'_x + f'_y \varphi'_t \psi'_x$

$\dfrac{\partial u}{\partial z} = f'_y \dfrac{\partial y}{\partial z} + f'_z = f'_y(\varphi'_t \psi'_z) + f'_z = f'_y \varphi'_t \psi'_z + f'_z$.

评注：类似于一元函数，对于多层的复合关系，先要分清变量间的关系，然后逐层利用复合函数的链式法则即可.

【例 6-17】设有三元方程 $xy - z\ln y + \mathrm{e}^{xz} = 1$，根据隐函数存在定理，存在点 $(0, 1, 1)$ 的一个邻域，在此邻域内该方程（　　）.

A. 只能确定一个具有连续偏导数的隐函数 $z = z(x, y)$

B. 可确定两个具有连续偏导数的隐函数 $x = x(y, z)$ 和 $z = z(x, y)$

C. 可确定两个具有连续偏导数的隐函数 $y = y(x, z)$ 和 $z = z(x, y)$

D. 可确定两个具有连续偏导数的隐函数 $x = x(y, z)$ 和 $y = y(x, z)$

【案例分析】令 $F(x, y, z) = xy - z\ln y + \mathrm{e}^{xz} - 1$，显然 $F(x, y, z) = xy - z\ln y + \mathrm{e}^{xz} - 1$ 在点 $(0, 1, 1)$ 的一个邻域内具有连续的偏导数，且 $F(0, 1, 1) = 0$，而

$$F'_x(0, 1, 1) = y + z\mathrm{e}^{xz}\big|_{(0,1,1)} = 2 \neq 0$$

$F'_y(0, 1, 1) = x - \dfrac{z}{y}\bigg|_{(0,1,1)} = -1 \neq 0$，$F'_z(0, 1, 1) = -\ln y + x\mathrm{e}^{xz}\big|_{(0,1,1)} = 0$

故可确定两个具有连续偏导数的隐函数 $x = x(y, z)$ 和 $y = y(x, z)$，应选 D.

评注：本题考察了对隐函数存在定理的三个条件及结论的理解.

【例 6-18】设 $\begin{cases} u = f(ux, v+y) \\ v = g(u-x, v^2 y) \end{cases}$，其中 f、g 具有一阶连续偏导数，求 $\dfrac{\partial u}{\partial x}, \dfrac{\partial v}{\partial x}$.

【案例分析】方程组两端同时对 x 求偏导得：

$$\begin{cases} \dfrac{\partial u}{\partial x} = f_1' \cdot \left(x \dfrac{\partial u}{\partial x} + u \right) + f_2' \cdot \left(\dfrac{\partial v}{\partial x} \right) \\ \dfrac{\partial v}{\partial x} = g_1' \cdot \left(\dfrac{\partial u}{\partial x} - 1 \right) + g_2' \cdot \left(2yv \dfrac{\partial v}{\partial x} \right) \end{cases}$$

由此可知，当 $(xf_1' - 1)(2yvg_2' - 1) - f_2' g_1 \neq 0$ 时，有

$$\dfrac{\partial u}{\partial x} = \dfrac{-uf_1' \cdot (2yvg_2' - 1) - f_2' g_1'}{(xf_1' - 1)(2yvg_2' - 1) - f_2' g_1'}, \quad \dfrac{\partial v}{\partial x} = \dfrac{g_1'(xf_1' + uf_1' - 1)}{(xf_1' - 1)(2yvg_2' - 1) - f_2' g_1'}.$$

【例 6-19】设函数 $f(u)$ 可微，且 $f'(0) = \dfrac{1}{2}$，则 $z = f(4x^2 - y^2)$ 在点 $(1, 2)$ 处的全微分 $dz|_{(1,2)} = $ _____.

【案例分析】$\left.\dfrac{\partial z}{\partial x}\right|_{(1,2)} = 8xf'(4x^2 - y^2)\Big|_{(1,2)} = 8 \cdot \dfrac{1}{2} = 4$，

$\left.\dfrac{\partial z}{\partial y}\right|_{(1,2)} = -2yf'(4x^2 - y^2)\Big|_{(1,2)} = -2$，$dz|_{(1,2)} = \left.\dfrac{\partial z}{\partial x}\right|_{(1,2)} dx + \left.\dfrac{\partial z}{\partial y}\right|_{(1,2)} dy = 4x - 2dy$.

评注：一般地，若 $z = f(x, y)$，则 $dz|_{(x_0, y_0)} = \left.\dfrac{\partial z}{\partial x}\right|_{(x_0, y_0)} dx + \left.\dfrac{\partial z}{\partial y}\right|_{(x_0, y_0)} dy$；

若 $u = f(x, y, z)$，则 $du|_{(x_0, y_0, z_0)} = \left.\dfrac{\partial u}{\partial x}\right|_{(x_0, y_0, z_0)} dx + \left.\dfrac{\partial u}{\partial y}\right|_{(x_0, y_0, z_0)} dy + \left.\dfrac{\partial u}{\partial z}\right|_{(x_0, y_0, z_0)} dz$.

6.2.3 典型真题分析与讲解

【例 6-20】（2008 年北京竞赛真题）设 $\lim\limits_{(x,y) \to (0,0)} \dfrac{f(x, y) + 3x - 4y}{x^2 + y^2} = 2$，则 $2f_x'(0, 0) + f_y'(0, 0) = $ _____.

【案例分析】因为 $\lim\limits_{(x,y) \to (0,0)} \dfrac{f(x, y) + 3x - 4y}{x^2 + y^2} = 2$，所以 $\dfrac{f(x, y) + 3x - 4y}{x^2 + y^2} = 2 + \alpha$，其中 $\lim\limits_{(x,y) \to (0,0)} \alpha = 0$. 从而

$$f(x, y) = -3x + 4y + 2(x^2 + y^2) + \alpha(x^2 + y^2)$$

$$f_x'(0, 0) = \lim_{x \to 0} \dfrac{f(0+x, 0) - f(0, 0)}{x - 0} = \lim_{x \to 0} \dfrac{-3x + 2x^2 + \alpha x^2 - 0}{x} = -3$$

$$f'_y(0,0) = \lim_{y \to 0} \frac{f(0, 0+y) - f(0,0)}{y-0} = \lim_{x \to 0} \frac{4y + 2y^2 + \alpha y^2 - 0}{y} = 4$$

故 $2f'_x(0,0) + f'_y(0,0) = -6 + 4 = 2$.

评注：此例中这种把极限表示式转化为极限值加无穷小量，是有关极限分析过程中常用的思想.

【例 6-21】（天津工业大学竞赛真题）设 $f(x,y) = \begin{cases} xy\sin\dfrac{1}{\sqrt{x^2+y^2}}, & (x,y) \neq (0,0) \\ 0, & (x,y) = (0,0) \end{cases}$，

（1）$f(x,y)$ 在点 $(0,0)$ 处是否连续？

（2）求 $f'_x(x,y)$；

（3）$f(x,y)$ 在点 $(0,0)$ 处是否可微；

（4）$f'_x(x,y)$ 在点 $(0,0)$ 处是否连续.

【案例分析】（1）因为 $0 \leqslant |f(x,y)| = \left|xy\sin\dfrac{1}{\sqrt{x^2+y^2}}\right| \leqslant |xy|$，由夹逼定理得

$$\lim_{(x,y) \to (0,0)} f(x,y) = 0 = f(0,0)$$

故 $f(x,y)$ 在点 $(0,0)$ 处连续.

（2）当 $(x,y) \neq (0,0)$ 时，

$$f'_x(x,y) = y\sin\frac{1}{\sqrt{x^2+y^2}} - x^2 y \frac{1}{\sqrt{(x^2+y^2)^3}} \cos\frac{1}{\sqrt{x^2+y^2}}$$

当 $(x,y) = (0,0)$ 时，利用偏导数的定义得

$$f'_x(0,0) = \lim_{\Delta x \to 0} \frac{f(0+\Delta x, 0) - f(0,0)}{\Delta x} = \lim_{\Delta x \to 0} \frac{0}{\Delta x} = 0$$

故

$$f'_x(x,y) = \begin{cases} y\sin\dfrac{1}{\sqrt{x^2+y^2}} - x^2 y \dfrac{1}{\sqrt{(x^2+y^2)^3}} \cos\dfrac{1}{\sqrt{x^2+y^2}}, & (x,y) \neq (0,0) \\ 0, & (x,y) = (0,0) \end{cases}$$

同理可得

$$f'_y(x,y) = \begin{cases} x\sin\dfrac{1}{\sqrt{x^2+y^2}} - y^2 x \dfrac{1}{\sqrt{(x^2+y^2)^3}} \cos\dfrac{1}{\sqrt{x^2+y^2}}, & (x,y) \neq (0,0) \\ 0, & (x,y) = (0,0) \end{cases}$$

（3）为了考察 $f(x,y)$ 在点 $(0,0)$ 处是否可微，来考察 $\Delta z - [f'_x(0,0)\Delta x + f'_y(0,0)\Delta y]$ 是否为 $\rho = \sqrt{(\Delta x)^2 + (\Delta y)^2}$ 的高阶无穷小量，因为

$$0 \leqslant \left| \frac{\Delta z - \left[f'_x(0,0)\Delta x - f'_y(0,0)\Delta y \right]}{\rho} \right| = \left| \frac{\Delta x \Delta y \sin \frac{1}{\sqrt{(\Delta x)^2 + (\Delta y)^2}}}{\sqrt{(\Delta x)^2 + (\Delta y)^2}} \right| \leqslant \left| \frac{\Delta x \Delta y}{\sqrt{2|\Delta x \Delta y|}} \right|$$

$$= \left| \frac{\sqrt{|\Delta x \Delta y|}}{\sqrt{2}} \right| \to 0 \, (\Delta x \to 0, \, \Delta y \to 0)$$

故 $\lim\limits_{\rho \to 0} \dfrac{\Delta z - \left[f'_x(0,0)\Delta x - f'_y(0,0)\Delta y \right]}{\rho} = 0$，即 $\Delta z - \left[f'_x(0,0)\Delta x - f'_y(0,0)\Delta y \right] = o(\rho)$，所以 $f(x,y)$ 在点 $(0,0)$ 处可微.

（4）由于 $\lim\limits_{(x,y) \to (0,0)} f'_x(x,y) = \lim\limits_{(x,y) \to (0,0)} \left(2x \sin \dfrac{1}{\sqrt{x^2+y^2}} - \dfrac{x}{\sqrt{x^2+y^2}} \cos \dfrac{1}{\sqrt{x^2+y^2}} \right)$ 不存在，因此 $f'_x(x,y)$ 在点 $(0,0)$ 处不连续.

评注 1：利用偏导数和全微分的定义讨论函数偏导数的存在性和可微性，既是重点也是难点，需掌握.

评注 2：若 $f(x,y)$ 在点 $(0,0)$ 处连续，且偏导数存在，则判别 $f(x,y)$ 在点 $(0,0)$ 处是否可微，需考察 $\Delta z - \left[f'_x(0,0)\Delta x + f'_y(0,0)\Delta y \right]$ 是否为 $\rho = \sqrt{(\Delta x)^2 + (\Delta y)^2}$ 的高阶无穷小量.

评注 3：此例验证了偏导数连续是可微的充分条件，而非必要条件.

评注 4：注意这几个概念之间的关系与一元函数的有关结论的不同之处.

【**例 6-22**】（2007 年天津竞赛真题）设函数 $f(x,y) = |x-y|\varphi(x,y)$，其中 $\varphi(x,y)$ 在点 $(0,0)$ 的一个邻域内连续，证明：$f(x,y)$ 在点 $(0,0)$ 处可微的充要条件为 $\varphi(0,0) = 0$.

【**证明**】（必要性）已知 $f(x,y)$ 在点 $(0,0)$ 处可微，故 $f'_x(0,0)$ 与 $f'_y(0,0)$ 都存在. 而

$$f'_x(0,0) = \lim_{x \to 0} \frac{|x-0|\varphi(x,0) - 0 \cdot \varphi(0,0)}{x} = \lim_{x \to 0} \frac{|x|\varphi(x,0)}{x}$$

其中 $\lim\limits_{x \to 0^+} \dfrac{|x|\varphi(x,0)}{x} = \varphi(0,0)$，$\lim\limits_{x \to 0^-} \dfrac{|x|\varphi(x,0)}{x} = -\varphi(0,0)$，由于 $f'_x(0,0)$ 存在，故 $\varphi(0,0) = 0$.

（充分性）已知 $\varphi(0,0) = 0$，类似于证明必要性的过程，容易推出 $f'_x(0,0) = 0$，$f'_y(0,0) = 0$. 欲证 $f(x,y)$ 在点 $(0,0)$ 处可微，只需证

$$\lim_{(x,y) \to (0,0)} \frac{f(x,y) - f(0,0) - f'_x(0,0)x - f'_y(0,0)y}{\sqrt{x^2+y^2}} = \lim_{(x,y) \to (0,0)} \frac{|x-y|\varphi(x,y)}{\sqrt{x^2+y^2}} = 0$$

注意到：$\dfrac{|x-y|}{\sqrt{x^2+y^2}} \leqslant \dfrac{|x|}{\sqrt{x^2+y^2}} + \dfrac{|y|}{\sqrt{x^2+y^2}} \leqslant 2$，

所以 $0 \leqslant \dfrac{|x-y||\varphi(x,y)|}{\sqrt{x^2+y^2}} \leqslant 2|\varphi(x,y)|$.

又 $\lim_{(x,y)\to(0,0)} \varphi(x,y) = \varphi(0,0) = 0$,由夹逼定理知 $\lim_{(x,y)\to(0,0)} \frac{|x-y|\varphi(x,y)}{\sqrt{x^2+y^2}} = 0$.

从而 $f(x,y)$ 在点 $(0,0)$ 处可微,并且 $df(x,y) = 0$.

评注:此题是一元函数中的重要结论"设 $\varphi(x)$ 在 $x=a$ 处连续,则 $f(x) = |x-a|\varphi(x)$ 在 $x=a$ 处可导 $\Leftrightarrow \varphi(a) = 0$"在多元函数中的推广,但证明过程要比一元函数复杂得多.

【例 6-23】(2005 年天津竞赛真题)设 $z = f\left(xy, \frac{x}{y}\right) + g\left(\frac{y}{x}\right)$,其中 f 具有二阶连续偏导数,g 具有二阶连续导数. 求 $\frac{\partial^2 z}{\partial x^2}, \frac{\partial^2 z}{\partial x \partial y}$.

【案例分析】 $\frac{\partial z}{\partial x} = yf_1' + \frac{1}{y}f_2' - \frac{y}{x^2}g'$

$$\frac{\partial^2 z}{\partial x^2} = y\left(yf_{11}'' + \frac{1}{y}f_{12}''\right) + \frac{1}{y}\left(yf_{21}'' + \frac{1}{y}f_{22}''\right) + \frac{2y}{x^3}g' + \frac{y^2}{x^4}g''$$

$$= y^2 f_{11}'' + 2f_{12}'' + \frac{1}{y^2}f_{22}'' + \frac{2y}{x^3}g' + \frac{y^2}{x^4}g''$$

$$\frac{\partial^2 z}{\partial x \partial y} = f_1' + y\left(xf_{11}'' - \frac{x}{y^2}f_{12}''\right) - \frac{1}{y^2}f_2' + \frac{1}{y}\left(xf_{21}'' - \frac{x}{y^2}f_{22}''\right) - \frac{1}{x^2}g' - \frac{y}{x^3}g''$$

$$= f_1' - \frac{1}{y^2}f_2' + xyf_{11}'' - \frac{x}{y^3}f_{22}'' - \frac{1}{x^2}g' - \frac{y}{x^3}g''$$

评注 1:多元复合函数的求导法则是重点,应理解链式法则的内涵. 常见的链式法则有:

1) $z = f(u), u = \varphi(x,y)$:$\frac{\partial z}{\partial x} = \frac{dz}{du} \cdot \frac{\partial u}{\partial x}, \frac{\partial z}{\partial y} = \frac{dz}{du} \cdot \frac{\partial u}{\partial y}$;

2) $z = f(u,v), u = \varphi(x), v = \psi(x)$:$\frac{dz}{dx} = \frac{\partial z}{\partial u}\frac{du}{dx} + \frac{\partial z}{\partial v}\frac{dv}{dx}$;

3) $z = f(u,v), u = \varphi(x,y), v = \psi(x,y)$:$\frac{\partial z}{\partial x} = \frac{\partial z}{\partial u} \cdot \frac{\partial u}{\partial x} + \frac{\partial z}{\partial v} \cdot \frac{\partial v}{\partial x}, \frac{\partial z}{\partial y} = \frac{\partial z}{\partial u} \cdot \frac{\partial u}{\partial y} + \frac{\partial z}{\partial v} \cdot \frac{\partial v}{\partial y}$;

4) $z = f(u,v), u = \varphi(x,y), v = \psi(x)$:$\frac{\partial z}{\partial x} = \frac{\partial z}{\partial u} \cdot \frac{\partial u}{\partial x}, \frac{\partial z}{\partial y} = \frac{\partial z}{\partial u} \cdot \frac{\partial u}{\partial y} + \frac{\partial z}{\partial v} \cdot \frac{dv}{dy}$.

其他情形可以此类推,此例中就涉及 1)和 3).

评注 2:若 f 具有二阶连续偏导数,则 $f_{12}'' = f_{21}''$,注意将此两项进行合并.

【例 6-24】(2003 年天津竞赛真题)设变换 $\begin{cases} u = x + a\sqrt{y} \\ v = x + 2\sqrt{y} \end{cases}$ 把方程 $\frac{\partial^2 z}{\partial x^2} - y\frac{\partial^2 z}{\partial y^2} - \frac{1}{2}\frac{\partial z}{\partial y} = 0$

化为 $\frac{\partial^2 z}{\partial u \partial v} = 0$,试确定 a.

【案例分析】 计算一、二阶偏导数：

$$\frac{\partial z}{\partial x} = \frac{\partial z}{\partial u} \cdot \frac{\partial u}{\partial x} + \frac{\partial z}{\partial v} \cdot \frac{\partial v}{\partial x} = \frac{\partial z}{\partial u} + \frac{\partial z}{\partial v}$$

$$\frac{\partial z}{\partial y} = \frac{\partial z}{\partial u} \cdot \frac{\partial u}{\partial y} + \frac{\partial z}{\partial v} \cdot \frac{\partial v}{\partial y} = \frac{\partial z}{\partial u} \cdot \frac{a}{2\sqrt{y}} + \frac{\partial z}{\partial v} \cdot \frac{1}{\sqrt{y}} = \frac{1}{\sqrt{y}} \left(\frac{a}{2} \cdot \frac{\partial z}{\partial u} + \frac{\partial z}{\partial v} \right)$$

$$\frac{\partial^2 z}{\partial x^2} = \frac{\partial^2 z}{\partial u^2} + 2 \frac{\partial^2 z}{\partial u \partial v} + \frac{\partial^2 z}{\partial v^2}$$

$$\frac{\partial^2 z}{\partial y^2} = -\frac{1}{2} y^{-\frac{3}{2}} \left(\frac{a}{2} \cdot \frac{\partial z}{\partial u} + \frac{\partial z}{\partial v} \right) + \frac{1}{\sqrt{y}} \left(\frac{\partial^2 z}{\partial u^2} \cdot \frac{a^2}{4\sqrt{y}} + \frac{\partial^2 z}{\partial u \partial v} \cdot \frac{a}{\sqrt{y}} + \frac{\partial^2 z}{\partial v^2} \cdot \frac{1}{\sqrt{y}} \right)$$

代入方程 $\frac{\partial^2 z}{\partial x^2} - y \frac{\partial^2 z}{\partial y^2} - \frac{1}{2} \frac{\partial z}{\partial y} = 0$，得到

$$\frac{\partial^2 z}{\partial x^2} - y \frac{\partial^2 z}{\partial y^2} - \frac{1}{2} \frac{\partial z}{\partial y} = \left(1 - \frac{a^2}{4} \right) \frac{\partial^2 z}{\partial u^2} + (2 - a) \frac{\partial^2 z}{\partial u \partial v} = 0$$

依题意有 $\begin{cases} 1 - \dfrac{a^2}{4} = 0 \\ 2 - a \neq 0 \end{cases}$，所以 $a = -2$。

【例 6-25】（2009 年天津竞赛真题）设二元函数 $u(x, y)$ 具有二阶偏导数，且 $u(x, y) \neq 0$，证明：$u(x, y) = f(x)g(y)$ 的充要条件为 $u \dfrac{\partial^2 u}{\partial x \partial y} = \dfrac{\partial u}{\partial x} \cdot \dfrac{\partial u}{\partial y}$。

【证明】（必要性）若 $u(x, y) = f(x)g(y)$，则

$$\frac{\partial u}{\partial x} = f'(x)g(y), \quad \frac{\partial u}{\partial y} = f(x)g'(y), \quad \frac{\partial^2 u}{\partial x \partial y} = f'(x)g'(y)$$

显然有 $u \dfrac{\partial^2 u}{\partial x \partial y} = \dfrac{\partial u}{\partial x} \cdot \dfrac{\partial u}{\partial y}$。

（充分性）若 $u \dfrac{\partial^2 u}{\partial x \partial y} = \dfrac{\partial u}{\partial x} \cdot \dfrac{\partial u}{\partial y}$，则 $u \dfrac{\partial}{\partial y} \left(\dfrac{\partial u}{\partial x} \right) - \dfrac{\partial u}{\partial x} \cdot \dfrac{\partial u}{\partial y} = 0$，由于 $u(x, y) \neq 0$，因此

$$\frac{\partial}{\partial y} \left(\frac{\frac{\partial u}{\partial x}}{u} \right) = \frac{u \frac{\partial}{\partial y} \left(\frac{\partial u}{\partial x} \right) - \frac{\partial u}{\partial x} \cdot \frac{\partial u}{\partial y}}{u^2} = 0$$

即 $\dfrac{\partial}{\partial y} \left(\dfrac{\partial \ln u}{\partial x} \right) = 0$，因此 $\dfrac{\partial \ln u}{\partial x}$ 不含 y，故可设 $\dfrac{\partial \ln u}{\partial x} = \varphi(x)$。从而有

$$\ln u = \int \varphi(x) \mathrm{d}x + \psi(y)$$

$$u = \mathrm{e}^{\int \varphi(x) \mathrm{d}x + \psi(y)} = \mathrm{e}^{\int \varphi(x) \mathrm{d}x} \cdot \mathrm{e}^{\psi(y)}$$

即 $u(x, y) = f(x)g(y)$。

评注：此题的难点在充分性的证明上，注意是涉及了关于商的偏导数运算法则的逆运

算，看似简单，实际上非常考验大家的基本功.

【例6-26】（2010年天津竞赛真题）设 $z=z(x,y)$ 是由 $z+e^z=xy$ 所确定的二元函数，求：$\dfrac{\partial^2 z}{\partial x^2}$，$\dfrac{\partial^2 z}{\partial x \partial y}$.

【案例分析】解法一：利用隐函数的求导公式.

令 $F(x,y,z)=z+e^z-xy$，则由隐函数的求导公式得

$$\frac{\partial z}{\partial x}=-\frac{F'_x}{F'_z}=-\frac{-y}{1+e^z}=\frac{y}{1+e^z}, \quad \frac{\partial z}{\partial y}=-\frac{F'_y}{F'_z}=-\frac{-x}{1+e^z}=\frac{x}{1+e^z},$$

$$\frac{\partial^2 z}{\partial x^2}=\frac{-ye^z \frac{\partial z}{\partial x}}{(1+e^z)^2}=\frac{-y^2 e^z}{(1+e^z)^3}, \quad \frac{\partial^2 z}{\partial x \partial y}=\frac{1+e^z-ye^z \frac{\partial z}{\partial y}}{(1+e^z)^2}=\frac{1}{1+e^z}-\frac{-xye^z}{(1+e^z)^3}.$$

解法二：将等式 $z+e^z=xy$ 两边分别对 x、y 求偏导数，得

$$\frac{\partial z}{\partial x}+e^z \frac{\partial z}{\partial x}=y, \quad \frac{\partial z}{\partial x}=\frac{y}{1+e^z}$$

$$\frac{\partial z}{\partial y}+e^z \frac{\partial z}{\partial y}=x, \quad \frac{\partial z}{\partial y}=\frac{x}{1+e^z}$$

$$\frac{\partial^2 z}{\partial x^2}=\frac{-ye^z \frac{\partial z}{\partial x}}{(1+e^z)^2}=\frac{-y^2 e^z}{(1+e^z)^3}, \quad \frac{\partial^2 z}{\partial x \partial y}=\frac{1+e^z-ye^z \frac{\partial z}{\partial y}}{(1+e^z)^2}=\frac{1}{1+e^z}-\frac{-xye^z}{(1+e^z)^3}.$$

评注：一般地，利用 $\dfrac{\partial z}{\partial x}=-\dfrac{F_x}{F_z}$，$\dfrac{\partial z}{\partial y}=-\dfrac{F_y}{F_z}$ 求隐函数的二阶偏导数时，应注意到 z 仍然是 x,y 的函数，需进一步利用复合函数的求导法则去求，这是难点.

【例6-27】(2011年北京竞赛真题) 设函数 $z=z(x,y)$ 是由方程 $F\left(z+\dfrac{1}{x}, z-\dfrac{1}{y}\right)=0$ 确定的隐函数，其中 F 具有连续的二阶偏导数，且 $F'_u(u,v)=F'_v(u,v)\neq 0$. 求证：$x^2 \dfrac{\partial z}{\partial x}+y^2 \dfrac{\partial z}{\partial y}=0$ 和 $x^3 \dfrac{\partial^2 z}{\partial x^2}+xy(x+y)\dfrac{\partial^2 z}{\partial x \partial y}+y^3 \dfrac{\partial^2 z}{\partial y^2}=0$.

【案例分析】令 $G(x,y,z)=F\left(z+\dfrac{1}{x},z-\dfrac{1}{y}\right)$，则由隐函数的求导公式得

$$\frac{\partial z}{\partial x}=-\frac{G'_x}{G'_z}=-\frac{F'_1\left(-\dfrac{1}{x^2}\right)}{F'_1+F'_2}=\frac{F'_1}{x^2(F'_1+F'_2)}$$

$$\frac{\partial z}{\partial y}=-\frac{G'_y}{G'_z}=-\frac{F'_2 \cdot \dfrac{1}{y^2}}{F'_1+F'_2}=-\frac{F'_2}{y^2(F'_1+F'_2)}$$

由于 $F'_u(u,v) = F'_v(u,v) \neq 0$，因此 $x^2 \dfrac{\partial z}{\partial x} + y^2 \dfrac{\partial z}{\partial y} = x^2 \cdot \dfrac{F'_1}{x^2(F'_1 + F'_2)} + y^2 \cdot \left(-\dfrac{F'_2}{y^2(F'_1 + F'_2)}\right) = \dfrac{F'_1 - F'_2}{F'_1 + F'_2} = 0$.

将等式 $x^2 \dfrac{\partial z}{\partial x} + y^2 \dfrac{\partial z}{\partial y} = 0$ 两边分别对 x、y 求偏导数，得

$$2x\dfrac{\partial z}{\partial x} + x^2 \dfrac{\partial^2 z}{\partial x^2} + y^2 \dfrac{\partial^2 z}{\partial y \partial x} = 0, \quad \text{即} \quad x^2 \dfrac{\partial^2 z}{\partial x^2} + y^2 \dfrac{\partial^2 z}{\partial y \partial x} = -2x\dfrac{\partial z}{\partial x}$$

$$x^2 \dfrac{\partial^2 z}{\partial x \partial y} + 2y\dfrac{\partial z}{\partial y} + y^2 \dfrac{\partial^2 z}{\partial y^2} = 0, \quad \text{即} \quad x^2 \dfrac{\partial^2 z}{\partial x \partial y} + y^2 \dfrac{\partial^2 z}{\partial y^2} = -2y\dfrac{\partial z}{\partial y}$$

将上面的第一个式子两边同乘 x，第二个式子两边同乘 y，然后相加，并注意到 $x^2 \dfrac{\partial z}{\partial x} + y^2 \dfrac{\partial z}{\partial y} = 0$ 和 $\dfrac{\partial^2 z}{\partial x \partial y} = \dfrac{\partial^2 z}{\partial y \partial x}$，得到 $x^3 \dfrac{\partial^2 z}{\partial x^2} + xy(x+y)\dfrac{\partial^2 z}{\partial x \partial y} + y^3 \dfrac{\partial^2 z}{\partial y^2} = 0$.

评注：在证明第二个等式时，若先利用 $\dfrac{\partial z}{\partial x}$，$\dfrac{\partial z}{\partial y}$ 的表达式去求三个二阶偏导数，再代入待证明的等式的左端，显然很麻烦，而设法利用第一问的结果，两边同时对 x、y 求偏导数，问题便迎刃而解了．

【例 6-28】（2002 年天津竞赛真题）设 $u = f(x, y, z)$，$\varphi(x^2, y, z) = 0$，$y = \sin x$，其中 f、φ 具有连续的一阶偏导数，且 $\dfrac{\partial \varphi}{\partial z} \neq 0$，求 $\dfrac{\mathrm{d}u}{\mathrm{d}x}$．

【案例分析】在求导之前要先分析清楚变量之间的关系，对于此题，变量 u、y、z 都为 x 的一元函数．三式两端同时对 x 求全导数，得

$$\dfrac{\mathrm{d}u}{\mathrm{d}x} = f'_1 + f'_2 \cdot \dfrac{\mathrm{d}y}{\mathrm{d}x} + f'_3 \cdot \dfrac{\mathrm{d}z}{\mathrm{d}x}$$

$$2x\varphi'_1 + \varphi'_2 \cdot \dfrac{\mathrm{d}y}{\mathrm{d}x} + \varphi'_3 \cdot \dfrac{\mathrm{d}z}{\mathrm{d}x} = 0$$

$$\dfrac{\mathrm{d}y}{\mathrm{d}x} = \cos x$$

整理可得

$$\dfrac{\mathrm{d}z}{\mathrm{d}x} = -\dfrac{2x\varphi'_1 + \cos x \cdot \varphi'_2}{\varphi'_3}$$

$$\dfrac{\mathrm{d}u}{\mathrm{d}x} = f'_1 + \cos x \cdot f'_2 - \dfrac{2x\varphi'_1 + \cos x \cdot \varphi'_2}{\varphi'_3} f'_3$$

评注：分清函数关系后，此题也可以视为利用方程组求导数的方法求得的隐函数的导数．

【例 6-29】（2006 年天津竞赛真题）设函数 $z = z(x, y)$ 由方程 $z - y - x + x\mathrm{e}^{z-y-x} = \sqrt{2}$ 所

确定，则 dz = _____.

【案例分析】解法一：令 $F(x,y,z) = z - y - x + xe^{z-y-x} - \sqrt{2}$，则由隐函数的求导公式得

$$\frac{\partial z}{\partial x} = -\frac{F'_x}{F'_z} = -\frac{-1 + e^{z-y-x} - xe^{z-y-x}}{1 + xe^{z-y-x}} = \frac{1 - e^{z-y-x} + xe^{z-y-x}}{1 + xe^{z-y-x}},$$

$$\frac{\partial z}{\partial y} = -\frac{F'_y}{F'_z} = -\frac{-1 - xe^{z-y-x}}{1 + xe^{z-y-x}} = \frac{1 + xe^{z-y-x}}{1 + xe^{z-y-x}} = 1$$

故 $dz = \frac{\partial z}{\partial x}dx + \frac{\partial z}{\partial y}dy = \frac{1 - e^{z-y-x} + xe^{z-y-x}}{1 + xe^{z-y-x}}dx + dy$.

解法二：由全微分形式不变性，得

$$dz - dy - dx + e^{z-y-x}dx + xe^{z-y-x}(dz - dy - dx) = 0$$

故 $dz = \frac{1 - e^{z-y-x} + xe^{z-y-x}}{1 + xe^{z-y-x}}dx + dy$.

评注：求由隐函数所确定的函数的全微分时，既可以先利用隐函数的求导方法求出偏导数，再利用全微分的计算公式得 dz，也可以利用全微分形式不变性得 dz.

基础训练题（一）

一、选择题

1. 设 $f(x,y) = \sin\sqrt{|xy|}$，则 $f(x,y)$ 在点 $(0,0)$ 处（　　）.

   A. 连续，但偏导数不存在　　　　B. 可微

   C. 连续且偏导数存在　　　　　　D. 不连续但偏导数存在

2. 已知 $f(x,y)$ 具有二阶连续偏导数，$z = f(x, xy)$，记 $v = xy$，则下列结论中正确的是（　　）.

   A. $\frac{\partial^2 z}{\partial x^2} = \frac{\partial^2 f}{\partial x^2} + y\frac{\partial^2 f}{\partial x \partial v}$　　　　B. $\frac{\partial^2 z}{\partial x^2} = \frac{\partial^2 f}{\partial x^2} + 2y\frac{\partial^2 f}{\partial x \partial v}$

   C. $\frac{\partial^2 z}{\partial x^2} = \frac{\partial^2 f}{\partial x^2} + 2y\frac{\partial^2 f}{\partial x \partial v} + y\frac{\partial^2 f}{\partial v^2}$　　D. $\frac{\partial^2 z}{\partial x^2} = \frac{\partial^2 f}{\partial x^2} + 2y\frac{\partial^2 f}{\partial x \partial v} + y^2\frac{\partial^2 f}{\partial v^2}$

3. 下列命题中正确的是（　　）.

   A. 若二元函数 $z = f(x,y)$ 连续，则作为任一变量 x 或 y 的一元函数必连续

   B. 若二元函数 $z = f(x,y)$ 作为任一变量 x 或 y 的一元函数都连续，则 $z = f(x,y)$ 必连续

C. 若二元函数$z=f(x,y)$可微，则其必存在连续的一阶偏导数

D. 若二元函数$z=f(x,y)$不连续，则其必不可导

4. 已知f有连续的二阶偏导数，$\dfrac{\partial f}{\partial x}=x^2+y$，$\dfrac{\partial f}{\partial y}=ax+y^2$，则$a=$（　　）.

A. -1　　　　　　B. 0　　　　　　C. 1　　　　　　D. 2

5. 二元函数$f(x,y)=\begin{cases}1, & y=x(x-1)，且x\neq 1\\ 0, & \text{其他}\end{cases}$ 在点$(0,0)$处（　　）.

A. 连续且偏导数存在

B. 连续但偏导数不存在

C. 不连续但沿任何方向的方向导数都存在

D. 不连续且偏导数不存在

6. 设$z=h(x,y)$由方程$e^{xyz}=x+y+z$确定，则$h(x,y)$在点$P_0(0,1)$处的两个偏导数$\dfrac{\partial h(0,1)}{\partial x}$和$\dfrac{\partial h(0,1)}{\partial y}$（　　）.

A. 分别等于0和-1　　　　　　B. 分别等于-1和0

C. 都等于0　　　　　　D. 都等于-1

7. 已知$f(x,y)=\displaystyle\int_{e^{-x^2}}^{e^{-y^2}}\sin t^2 dt$，则$df(x,y)$等于（　　）.

A. $2xe^{-x^2}\sin e^{-2x^2}dx+2ye^{-y^2}\sin e^{-2y^2}dy$

B. $-2xe^{-x^2}\sin e^{-2x^2}dx+2ye^{-y^2}\sin e^{-2y^2}dy$

C. $2xe^{-x^2}\sin e^{-2x^2}dx-2ye^{-y^2}\sin e^{-2y^2}dy$

D. $-2xe^{-x^2}\sin e^{-2x^2}dx-2ye^{y^2}\sin e^{2y^2}dy$

8. 设$f(x,y)=\begin{cases}(x^2+y^2)\sin\dfrac{1}{x^2+y^2}, & x^2+y^2\neq 0\\ 0, & x^2+y^2=0\end{cases}$，则在点$(0,0)$处$f(x,y)$（　　）.

A. 偏导数不存在　　　　　　B. 不可微

C. 偏导数存在且连续　　　　　　D. 可微

二、解答题

1. 讨论 $\lim\limits_{\substack{x\to 0\\ y\to 0}}\dfrac{xy}{x^2+y^2}$ 的收敛性.

2. 设 $z=\ln(x^2+y^2)$，求 $\mathrm{d}z\Big|_{\substack{x=1\\y=1}}$.

3. 设 $z=\dfrac{x^2}{y^2}\ln(2x-y)$，求 $\dfrac{\partial z}{\partial x}$，$\dfrac{\partial z}{\partial y}$.

4. 已知 $f(x,y)=\mathrm{e}^{\frac{y}{\sin x}}\cdot\ln(x^3+xy^2)$，求 $f'_x(1,0)$.

5. 设 $\mathrm{e}^{-xy}-2z+\mathrm{e}^{-z}=0$，求 $\dfrac{\partial z}{\partial x}$，$\dfrac{\partial z}{\partial y}$.

6. 设 $z = f(\sin x, \cos y, e^{x+y})$，其中 f 具有二阶连续偏导数，求 $\dfrac{\partial z}{\partial x}$ 及 $\dfrac{\partial^2 z}{\partial y \partial x}$.

拔高训练题（一）

一、填空题

1. （考研真题）设函数 $f(u, v)$ 由关系式 $f(xg(y), y) = x + g(y)$ 确定，其中函数 $g(y)$ 可微，且 $g(y) \neq 0$，则 $\dfrac{\partial^2 f}{\partial u \partial v} = $ _____.

2. （考研真题）已知 $z = \left(\dfrac{y}{x}\right)^{\frac{x}{y}}$，则 $\dfrac{\partial z}{\partial x}\bigg|_{(1,2)} = $ _____.

3. 设 $f(x, y, z) = e^x yz^2$，其中 $z = z(x, y)$ 是由方程 $x + y + z + xyz = 0$ 所确定的隐函数，则 $f'_y(0, 1, -1) = $ _____.

4. （考研真题）设 $f(u, v)$ 具有二阶连续偏导数，$z = f(x, xy)$，则 $\dfrac{\partial^2 z}{\partial x \partial y} = $ _____.

5. （2004 年竞赛真题）设 $z = \dfrac{1}{x} f(xy) + y\varphi(x + y)$，其中 f、φ 具有二阶连续导数，则 $\dfrac{\partial^2 z}{\partial x \partial y} = $ _____.

6. （2004 年天津竞赛真题）由方程 $xyz + \sqrt{x^2 + y^2 + z^2} = \sqrt{2}$ 所确定的函数 $z = z(x, y)$ 在点 $(1, 0, -1)$ 处的全微分 $\mathrm{d}z = $ _____.

7. （2010 年考研真题）设函数 $z = z(x, y)$ 由方程 $F\left(\dfrac{y}{x}, \dfrac{z}{x}\right) = 0$ 确定，其中 F 为可微函数，且 $F_z \neq 0$，则 $x\dfrac{\partial z}{\partial x} + y\dfrac{\partial z}{\partial y} = $ _____.

8. 设 $z=f(x,y)$ 在点 $(0,1)$ 的某一邻域内可微，且 $f(x,y+1)=1+2x+3y+o(\rho)$，其中 $\rho=\sqrt{x^2+y^2}$，则方程 $f(x,y)=1$ 所确定的函数在 $x=0$ 处的导数 $\left.\dfrac{dy}{dx}\right|_{x=0}=$ _____.

9. （2006 年天津竞赛真题）由曲线 $\begin{cases} 3x^2+2y^2=12 \\ z=0 \end{cases}$ 绕 y 轴旋转一周得到的旋转面在点 $(0,\sqrt{3},\sqrt{2})$ 处的指向外侧的单位法向量为 _____.

二、选择题

1. （2007 年天津竞赛真题）考虑二元函数 $f(x,y)$ 在点 (x_0,y_0) 处的下面四条性质：

① 连续； ② 可微；

③ $f'_x(x_0,y_0)$ 与 $f'_y(x_0,y_0)$ 存在； ④ $f'_x(x,y)$ 与 $f'_y(x,y)$ 连续.

若用 "P $\Rightarrow$ Q" 表示可由性质 P 推出性质 Q，则有（　　）.

A. ② $\Rightarrow$ ③ $\Rightarrow$ ① B. ④ $\Rightarrow$ ② $\Rightarrow$ ①

C. ② $\Rightarrow$ ④ $\Rightarrow$ ① D. ④ $\Rightarrow$ ③ $\Rightarrow$ ②

2. （考研真题）二元函数 $f(x,y)$ 在点 $(0,0)$ 处可微的一个充分条件是（　　）.

A. $\lim\limits_{(x,y)\to(0,0)}[f(x,y)-f(0,0)]=0$

B. $\lim\limits_{(x,y)\to(0,0)}\dfrac{f(x,y)-f(0,0)}{\sqrt{x^2+y^2}}=0$

C. $\lim\limits_{x\to 0}\dfrac{f(x,0)-f(0,0)}{x}=0$，且 $\lim\limits_{(x,y)\to(0,0)}\dfrac{f(0,y)-f(0,0)}{y}=0$

D. $\lim\limits_{x\to 0}[f'_x(x,0)-f'_x(0,0)]=0$，且 $\lim\limits_{y\to 0}[f'_y(0,y)-f'_y(0,0)]=0$

3. （2004 年天津竞赛真题）设 $z=\begin{cases}\dfrac{xy}{x^2+y^2}, & x^2+y^2\neq 0 \\ 0, & x^2+y^2=0\end{cases}$，则 $z=z(x,y)$ 在点 $(0,0)$ 处（　　）.

A. 连续且偏导数存在 B. 连续但不可微

C. 不连续且偏导数不存在 D. 不连续但偏导数存在

4. （2004 年天津竞赛真题）函数 $f(x,y)=\sqrt{|xy|}$ 在点 $(0,0)$ 处（　　）.

A. 连续，但偏导数不存在 B. 偏导数存在，但不可微

C. 可微 D. 不连续且偏导数不存在

5. (2008年天津竞赛真题)设函数$z=f(x,y)$在点(x_0,y_0)处有$\left.\dfrac{\partial f}{\partial x}\right|_{(x_0,y_0)}=a$, $\left.\dfrac{\partial f}{\partial y}\right|_{(x_0,y_0)}=b$,则下列结论正确的是( ).

    A. $\lim\limits_{\substack{x\to x_0\\ y\to y_0}}f(x,y)$存在,但$f(x,y)$在点$(x_0,y_0)$处不连续

    B. $f(x,y)$在点(x_0,y_0)处连续

    C. $dz=adx+bdy$

    D. $\lim\limits_{x\to x_0}f(x,y_0)$, $\lim\limits_{y\to y_0}f(x_0,y)$都存在,且相等

6. (2009年天津竞赛真题)设$F(x,y)$具有二阶连续偏导数,$F(x_0,y_0)=0$,$F'_x(x_0,y_0)=0$,$F'_y(x_0,y_0)>0$. 若$y=y(x)$是由方程$F(x,y)=0$所确定的在点(x_0,y_0)附近的隐函数,则x_0是$y=y(x)$的极小值点的一个充分条件为( ).

    A. $F''_{xx}(x_0,y_0)>0$

    B. $F''_{xx}(x_0,y_0)<0$

    C. $F''_{yy}(x_0,y_0)>0$

    D. $F''_{yy}(x_0,y_0)<0$

7. (2001年天津竞赛真题)在平面有界闭区域D上具有二阶连续偏导数,且满足$\dfrac{\partial^2 u}{\partial x\partial y}>0$及$\dfrac{\partial^2 u}{\partial x^2}+\dfrac{\partial^2 u}{\partial y^2}=0$,则( ).

    A. $u(x,y)$的最小值点在区域的内部,最大值点在区域D的边界上

    B. $u(x,y)$的最大值点和最小值点必定都在区域D的边界上

    C. $u(x,y)$的最大值点在区域的内部,最小值点在区域D的边界上

    D. $u(x,y)$的最大值点和最小值点必定都在区域D的内部

8. (2011年考研真题)设函数$f(x)$具有二阶连续偏导数,且$f(x)>0$,$f'(0)=0$,则函数$z=f(x)\ln f(y)$在点$(0,0)$处取得极小值的一个充分条件是( ).

    A. $f(0)>1$, $f''(0)>0$ B. $f(0)>1$, $f''(0)<0$

    C. $f(0)<1$, $f''(0)>0$ D. $f(0)<1$, $f''(0)<0$

三、解答题

1.（1）求 $\lim\limits_{(x,y)\to(0,0)} \dfrac{xy}{\sqrt{x^2+y^2}}$； （2）求 $\lim\limits_{(x,y)\to(0,0)} \dfrac{xy}{2-\sqrt{xy+4}}$．

2.（2007年考研真题）已知函数 $f(u)$ 具有二阶导数，且 $f'(0)=1$，函数 $y=y(x)$ 由方程 $y-xe^{y-1}=1$ 所确定，设 $z=f(\ln y-\sin x)$，求 $\left.\dfrac{dz}{dx}\right|_{x=0}$，$\left.\dfrac{d^2 z}{dx^2}\right|_{x=0}$．

3. 设 $f(u,v)$ 具有二阶连续偏导数，且满足 $\dfrac{\partial^2 f}{\partial u^2}+\dfrac{\partial^2 f}{\partial v^2}=1$，又 $g(x,y)=f\left(xy,\dfrac{1}{2}(x^2-y^2)\right)$，求 $\dfrac{\partial^2 g}{\partial x^2}+\dfrac{\partial^2 g}{\partial y^2}$．

4.（2001年天津竞赛真题）设函数 $u(x,y)$ 的所有二阶偏导数都连续，$\dfrac{\partial^2 u}{\partial x^2}=\dfrac{\partial^2 u}{\partial y^2}$，且 $u(x,2x)=x$，$u_1'(x,2x)=x^2$，求 $u_{11}''(x,2x)$．

5.（2006年天津竞赛真题）设 $f(u,v)$ 有一阶连续偏导数，$z = f(x^2 - y^2, \cos(xy))$，$x = \rho\cos\theta$，$y = \rho\sin\theta$，证明：$\dfrac{\partial z}{\partial \rho}\cos\theta - \dfrac{1}{\rho}\dfrac{\partial z}{\partial \theta}\sin\theta = 2x\dfrac{\partial z}{\partial u} - y\dfrac{\partial z}{\partial v}\sin(xy)$.

6.（2009年北京竞赛真题）设 $z = z(x,y)$，变量 $\begin{cases} u = x - 2y \\ v = x + 3y \end{cases}$，且 $6\dfrac{\partial^2 z}{\partial x^2} + \dfrac{\partial^2 z}{\partial x \partial y} - \dfrac{\partial^2 z}{\partial y^2} = 0$，那么 $\dfrac{\partial^2 z}{\partial u \partial v} = $ _____.

7.（2008年天津竞赛真题）设二元函数 $z = z(x,y)$ 具有二阶连续偏导数，证明：$\dfrac{\partial^2 z}{\partial x^2} + 2\dfrac{\partial^2 z}{\partial x \partial y} + \dfrac{\partial^2 z}{\partial y^2} = 0$ 可经过变量替换 $u = x + y$，$v = x - y$，$w = xy - z$ 化为等式 $2\dfrac{\partial^2 w}{\partial u^2} - 1 = 0$.

8.（2010年天津竞赛真题）设 $z = z(x,y)$ 是由 $z + e^z = xy$ 所确定的二元函数，求：$\dfrac{\partial^2 z}{\partial x^2}$，$\dfrac{\partial^2 z}{\partial x \partial y}$.

9. 设 $z = z(x, y)$ 是由方程 $x^2 + y^2 - z = \varphi(x + y + z)$ 所确定的函数，其中 φ 具有二阶导数且 $\varphi' \neq -1$，（1）求 dz；（2）记 $u(x, y) = \dfrac{1}{x - y}\left(\dfrac{\partial z}{\partial x} - \dfrac{\partial z}{\partial y}\right)$，求 $\dfrac{\partial u}{\partial x}$.

10.（2002年天津竞赛真题）求 $f(x, y) = x^2 + 2x^2 y + y^2$ 在 $S = \{(x, y) \mid x^2 + y^2 = 1\}$ 上的最大值与最小值.

11.（2008年考研真题）已知曲线 $C: \begin{cases} x^2 + y^2 - 2z^2 = 0 \\ x + y + 3z = 5 \end{cases}$，求曲线 C 距离 xOy 平面最远的点和最近的点.

12. 求函数 $u = x^2 + y^2 + z^2$ 在约束条件 $z = x^2 + y^2$ 和 $x + y + z = 4$ 下的最大和最小值.

13.（2007年天津竞赛真题）求过第一卦限中的点(a,b,c)的平面，使之与三坐标平面所围成的四面体的体积最小.

14.（2009年考研真题）求二元函数$f(x,y)=x^2(2+y^2)+y\ln y$的极值.

15.（2013年考研真题）求$f(x,y)=\left(y+\dfrac{x^3}{3}\right)\mathrm{e}^{x+y}$的极值.

基础训练题答案（一）

一、1. C.　2. D.　3. A.　4. C.　5. C.　6. D.　7. C.　8. D.

二、1. 发散.

2. 设$x^2+y^2=u$，则$z=\ln u$，所以
$$\frac{\partial z}{\partial x}=\frac{\mathrm{d}z}{\mathrm{d}u}\frac{\partial u}{\partial x}=\frac{1}{u}\cdot 2x,\quad \frac{\partial z}{\partial y}=\frac{\mathrm{d}z}{\mathrm{d}u}\frac{\partial u}{\partial y}=\frac{1}{u}\cdot 2y$$

从而 $\mathrm{d}z\Big|_{\substack{x=1\\y=1}} = \dfrac{\partial z}{\partial x}\Big|_{\substack{x=1\\y=1}}\mathrm{d}x + \dfrac{\partial z}{\partial y}\Big|_{\substack{x=1\\y=1}}\mathrm{d}y = \mathrm{d}x + \mathrm{d}y$.

3. $\dfrac{\partial z}{\partial x} = \dfrac{2x}{y^2}\ln(2x-y) + \dfrac{2x^2}{y^2(2x-y)}$,

   $\dfrac{\partial z}{\partial y} = -\dfrac{2x^2}{y^3}\ln(2x-y) - \dfrac{x^2}{y^2(2x-y)}$.

4. $f(x,0) = 3\ln x$. 于是 $f_x'(x,0) = \dfrac{3}{x}$, $f_x'(1,0) = 3$.

5. 方程两端对 x 求偏导数，得 $\mathrm{e}^{-xy}(-y) - 2\dfrac{\partial z}{\partial x} - \mathrm{e}^{-z}\cdot\dfrac{\partial z}{\partial x} = 0$，即 $\dfrac{\partial z}{\partial x} = -\dfrac{y\mathrm{e}^{-xy}}{2+\mathrm{e}^{-z}}$；

   方程两端对 y 求偏导数，得 $\mathrm{e}^{-xy}(-x) - 2\dfrac{\partial z}{\partial y} - \mathrm{e}^{-z}\cdot\dfrac{\partial z}{\partial y} = 0$，即 $\dfrac{\partial z}{\partial y} = -\dfrac{x\mathrm{e}^{-xy}}{2+\mathrm{e}^{-z}}$.

6. $\dfrac{\partial z}{\partial x} = f_1'\cdot\cos x + f_3'\cdot\mathrm{e}^{x+y}$,

   $\dfrac{\partial^2 z}{\partial y\partial x} = \dfrac{\partial^2 z}{\partial x\partial y} = \left[f_{12}''\cdot(-\sin y) + f_{13}''\cdot\mathrm{e}^{x+y}\right]\cos x + \mathrm{e}^{x+y}f_3' + \left[f_{32}''\cdot(-\sin y) + f_{33}''\cdot\mathrm{e}^{x+y}\right]\mathrm{e}^{x+y}$.

拔高训练题答案（一）

一、1. $-\dfrac{g'(v)}{g^2(v)}$ （提示：令 $u = xg(y)$, $v = y$，则 $f(u,v) = \dfrac{u}{g(v)} + g(v)$）.

2. $\dfrac{\sqrt{2}}{2}(\ln 2 - 1)$.

3. $\dfrac{2}{\mathrm{e}}$.

4. $xf_{12}'' + f_2' + xyf_{22}''$.

5. $yf''(xy) + \varphi'(x+y) + y\varphi''(x+y)$.

6. $\mathrm{d}x - \sqrt{2}\mathrm{d}y$.

7. $x\dfrac{\partial z}{\partial x} + y\dfrac{\partial z}{\partial y} = \dfrac{yF_1' + zF_2'}{xF_2'} - \dfrac{yF_1'}{F_2'} = z$.

8. $-\dfrac{2}{3}$（提示：先利用全微分的定义和公式求出 $f'_x(0,1)$，$f'_y(0,1)$，再利用隐函数的求导法则）.

9. $\dfrac{1}{\sqrt{5}}(0,\sqrt{2},\sqrt{3})$.

二、1. B.　　2. B.　　3. D.　　4. B.　　5. D.　　6. B.　　7. B.

8. A（提示：利用二元函数极值的充分条件）.

三、1.（1）0（提示：用夹逼准则）　（2）−4.

2. 1，1.

3. x^2+y^2.

4. $u''_{11}(x,2x)=-\dfrac{4}{3}x$.

5. 略.

6. 0.

7. 提示：由题意可先解得 $x=\dfrac{u+v}{2}$，$y=\dfrac{u-v}{2}$，从而 $w=\dfrac{u^2-v^2}{4}-z\left(\dfrac{u+v}{2},\dfrac{u-v}{2}\right)$.

8. $-\dfrac{-y^2 e^z}{(1+e^z)^3}$，$\dfrac{1}{1+e^z}-\dfrac{-xy e^z}{(1+e^z)^3}$.

9. $\mathrm{d}z=\dfrac{(-\varphi'+2x)\mathrm{d}x+(-\varphi'+2y)\mathrm{d}y}{\varphi'+1}$，$\dfrac{\partial u}{\partial x}=-\dfrac{2\varphi''(1+2x)}{(\varphi'+1)^2}$.

10. $\max\limits_{(x,y)\in S}f(x,y)=1+\dfrac{4\sqrt{3}}{9}$；$\min\limits_{(x,y)\in S}f(x,y)=1-\dfrac{4\sqrt{3}}{9}$.

11. 最远点 $(-5,-5,5)$，最近点 $(1,1,1)$.

12. 最小值为 6，最大值为 72.

13. $\dfrac{x}{3a}+\dfrac{y}{3b}+\dfrac{z}{3c}=1$.

14. $f\left(0,\dfrac{1}{e}\right)=-\dfrac{1}{e}$ 为极小值；20.

15. 极小值点为 $\left(1,-\dfrac{4}{3}\right)$，极小值为 $-e^{-\frac{1}{3}}$.

6.3 二重积分

6.3.1 知识回顾

1. 在直角坐标系中化二重积分为累次积分以及交换积分顺序

模型 I 设有界闭区域（见图 6-6）：
$$D = \{(x, y) \mid a \leqslant x \leqslant b, \varphi_1(x) \leqslant y \leqslant \varphi_2(x)\}$$

其中 $\varphi_1(x)$、$\varphi_2(x)$ 在 $[a, b]$ 上连续，$f(x, y)$ 在 D 上连续，则

$$\iint_D f(x, y) \mathrm{d}\sigma = \iint_D f(x, y) \mathrm{d}x\mathrm{d}y = \int_a^b \mathrm{d}x \int_{\varphi_1(x)}^{\varphi_2(x)} f(x, y) \mathrm{d}y$$

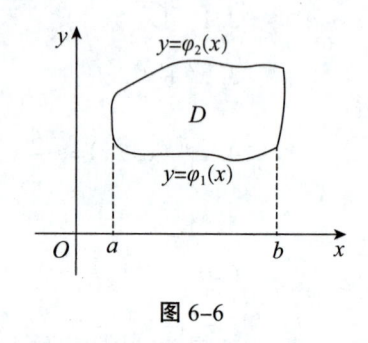

图 6-6

模型 II 设有界闭区域（见图 6-7）：
$$D = \{(x, y) \mid c \leqslant y \leqslant d, \varphi_1(y) \leqslant x \leqslant \varphi_2(y)\}$$

其中 $\varphi_1(y)$、$\varphi_2(y)$ 在 $[c, d]$ 上连续，$f(x, y)$ 在 D 上连续，则

$$\iint_D f(x, y) \mathrm{d}\sigma = \iint_D f(x, y) \mathrm{d}x\mathrm{d}y = \int_c^d \mathrm{d}y \int_{\varphi_1(y)}^{\varphi_2(y)} f(x, y) \mathrm{d}x$$

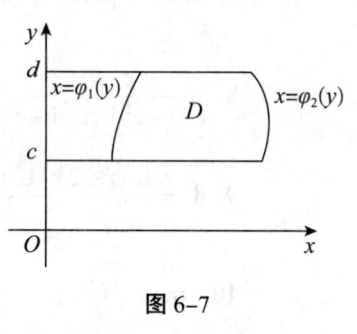

图 6-7

关于二重积分的计算主要根据模型 I 或模型 II，把二重积分化为累次积分从而进行计算．对于比较复杂的区域 D，如果既不符合模型 I 中关于 D 的要求，又不符合模型 II 中关于 D 的要求，那么就需要把 D 分解成一些小区域，使得每一个小区域能够符合模型 I 或模型 II 中关于区域的要求，利用二重积分性质，可知大区域上二重积分等于这些小区域上二重积分之和，而每个小区域上的二重积分则可以化为累次积分进行计算．在直角坐标系中两种不同顺序的累次积分的互相转化是一种很重要的手段，具体做法是先把给定的累次积分反过来化为二重积分，求出它的积分区域 D，然后根据 D 把二重积分化为另外一种顺序的累次积分．

2. 在极坐标系中化二重积分为累次积分

在极坐标系中一般只考虑一种顺序的累次积分，也即先固定 θ 对 γ 进行积分，再对 θ 进行积分，由于区域 D 的不同类型，因此有几种常用的模型．

模型Ⅲ 设有界闭区域（见图6-8）：
$$D=\{(\gamma,\theta)|\alpha\leq\theta\leq\beta,\varphi_1(\theta)\leq\gamma\leq\varphi_2(\theta)\}$$

其中 $\varphi_1(\theta),\varphi_2(\theta)$ 在 $[\alpha,\beta]$ 上连续，$f(x,y)=f(\gamma\cos\theta,\gamma\sin\theta)$ 在 D 上连续．则

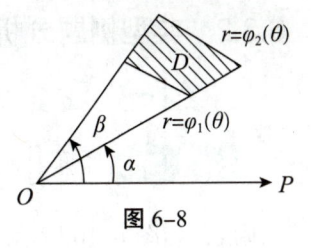

$$\iint\limits_D f(x,y)\mathrm{d}\sigma=\iint\limits_D f(r\cos\theta,r\sin\theta)r\mathrm{d}r\mathrm{d}\theta=\int_\alpha^\beta \mathrm{d}\theta\int_{\varphi_1(\theta)}^{\varphi_2(\theta)}f(r\cos\theta,r\sin\theta)r\mathrm{d}r$$

模型Ⅳ 设有界闭区域（见图6-9）：
$$D=\{(\gamma,\theta)|\alpha\leq\theta\leq\beta,0\leq\gamma\leq\varphi(\theta)\}$$

其中 $\varphi(\theta)$ 在 $[\alpha,\beta]$ 上连续，$f(x,y)=f(\gamma\cos\theta,\gamma\sin\theta)$ 在 D 上连续．则

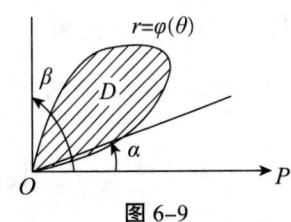

$$\iint\limits_D f(x,y)\mathrm{d}\sigma=\iint\limits_D f(r\cos\theta,r\sin\theta)r\mathrm{d}r\mathrm{d}\theta=\int_\alpha^\beta \mathrm{d}\theta\int_0^{\varphi(\theta)}f(r\cos\theta,r\sin\theta)r\mathrm{d}r$$

补充：对称性的结论．

（1）若积分区域 D 关于 x 轴对称，可积函数 $f(x,-y)=-f(x,y)$，则 $\iint\limits_D f(x,y)\mathrm{d}x\mathrm{d}y=0$．

（2）若积分区域 D 关于 x 轴对称，可积函数 $f(x,-y)=f(x,y)$，则 $\iint\limits_D f(x,y)\mathrm{d}x\mathrm{d}y=2\iint\limits_{D_1}f(x,y)\mathrm{d}x\mathrm{d}y$，$D_1$ 为 D 的上半部分．

（3）若积分区域 D 关于原点对称，可积函数 $f(-x,-y)=-f(x,y)$，则 $\iint\limits_D f(x,y)\mathrm{d}x\mathrm{d}y=0$．

（4）若积分区域 D 关于原点对称，可积函数 $f(-x,-y)=f(x,y)$，则 $\iint\limits_D f(x,y)\mathrm{d}x\mathrm{d}y=2\iint\limits_{D_1}f(x,y)\mathrm{d}x\mathrm{d}y$，$D_1$ 为 D 的上半部分．

（5）若积分区域 D 关于直线 $y=x$ 对称，$f(x,y)$ 可积，则 $\iint\limits_D f(x,y)\mathrm{d}x\mathrm{d}y=\iint\limits_D f(y,x)\mathrm{d}x\mathrm{d}y$

6.3.2 典型例题分析与讲解

1. 二重积分的计算

【例 6-30】计算 $\iint\limits_{D} e^{-y^2} dxdy$,其中 D 由 $y=x$,$y=1$ 和 y 轴所围成,如图 6-10 所示.

【案例分析】如果 $\iint\limits_{D} e^{-y^2} dxdy = \int_0^1 dx \int_x^1 e^{-y^2} dy$,那么先对 e^{-y^2} 求原函数就不行,故考虑另一种顺序的累次积分.

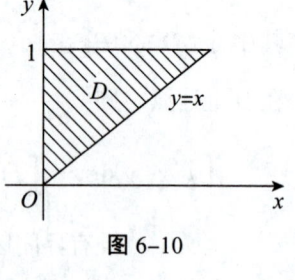

$\iint\limits_{D} e^{-y^2} dxdy = \int_0^1 dy \int_0^y e^{-y^2} dx$,这时先对 x 积分,e^{-y^2} 当作常数处理就可以了. 则

$$\iint\limits_{D} e^{-y^2} dxdy = \int_0^1 dy \int_0^y e^{-y^2} dx = \int_0^1 y e^{-y^2} dy = \frac{1}{2}(1-e^{-1})$$

图 6-10

【例 6-31】计算 $\iint\limits_{\substack{|x|\leqslant 1 \\ 0\leqslant y\leqslant 2}} \sqrt{|y-x^2|} dxdy$.

【案例分析】积分区域如图 6-11 所示.

原式 $= \int_{-1}^1 dx \left(\int_0^{x^2} \sqrt{x^2-y} dy + \int_{x^2}^2 \sqrt{y-x^2} dy \right)$

$= -\frac{2}{3} \int_{-1}^1 (x^2-y)^{\frac{3}{2}} \Big|_{y=0}^{y=x^2} dx + \frac{2}{3} \int_{-1}^1 (y-x^2)^{\frac{3}{2}} \Big|_{y=x^2}^{y=2} dx$

$= \frac{2}{3} \int_{-1}^1 |x|^3 dx + \frac{2}{3} \int_{-1}^1 (2-x^2)^{\frac{3}{2}} dx = \frac{5}{3} + \frac{\pi}{2}$

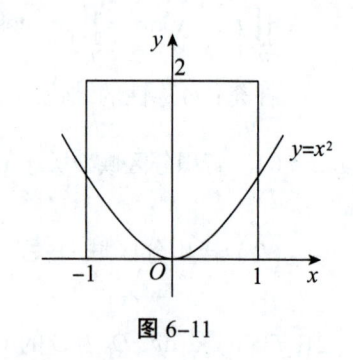

图 6-11

【例 6-32】求 $I = \iint\limits_{D} (\sqrt{x^2+y^2} + y) d\sigma$,其中

$$D: \begin{cases} x^2 + y^2 \leqslant 4 \\ (x+1)^2 + y^2 \geqslant 1 \end{cases}$$

【案例分析】解法一:积分区域如图 6-12 所示,则

$\iint\limits_{D} = \iint\limits_{D\text{大圆}} - \iint\limits_{D\text{小圆}}$. 因为

$\iint\limits_{D\text{大圆}} (\sqrt{x^2+y^2} + y) d\sigma = \iint\limits_{D\text{大圆}} \sqrt{x^2+y^2} d\sigma + 0\text{(对称性)}$

$= \int_0^{2\pi} d\theta \int_0^2 r^2 dr = \frac{16}{3}\pi$

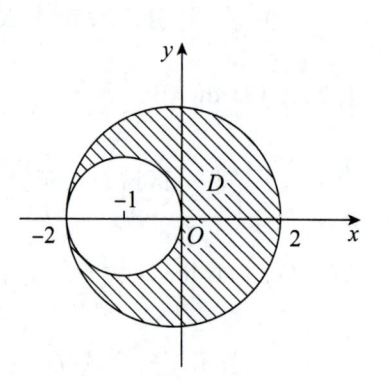

图 6-12

$\iint\limits_{D\text{小圆}} (\sqrt{x^2+y^2} + y) d\sigma = \iint\limits_{D\text{小圆}} \sqrt{x^2+y^2} d\sigma = \int_{\frac{\pi}{2}}^{\frac{3\pi}{2}} d\theta \int_0^{-2\cos\theta} r^2 dr = \frac{32}{9}$

所以 $\iint\limits_{D} (\sqrt{x^2+y^2} + y) d\sigma = \frac{16}{9}(3\pi - 2)$.

解法二：由积分区域（见图 6-13）对称性和被积函数的奇偶性可知

$$\iint\limits_D y\mathrm{d}\sigma = 0$$

$$\iint\limits_D \sqrt{x^2+y^2}\mathrm{d}\sigma = 2\iint\limits_{D上} \sqrt{x^2+y^2}\mathrm{d}\sigma$$

$$\text{原式} = 2\iint\limits_{D上1} \sqrt{x^2+y^2}\mathrm{d}\sigma + 2\iint\limits_{D上2} \sqrt{x^2+y^2}\mathrm{d}\sigma$$

$$= 2\left(\int_0^{\frac{\pi}{2}}\mathrm{d}\theta\int_0^2 r^2\mathrm{d}r + \int_{\frac{\pi}{2}}^{\pi}\mathrm{d}\theta\int_{-2\cos\theta}^2 r^2\mathrm{d}r\right)$$

$$= 2\left(\frac{4}{3}\pi + \frac{4}{3}\pi - \frac{16}{9}\right) = \frac{16}{9}(3\pi-2)$$

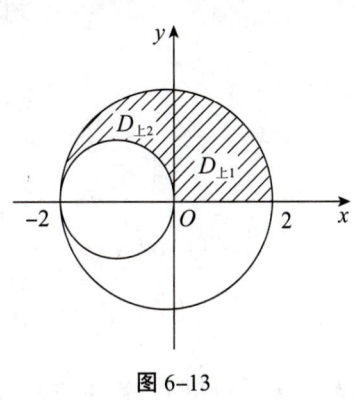

图 6-13

【例 6-33】计算二重积分 $I = \iint\limits_D r^2\sin\theta\sqrt{1-r^2\cos 2\theta}\mathrm{d}r\mathrm{d}\theta$，其中

$$D = \left\{(r,\theta)\Big| 0 \leqslant r \leqslant \sec\theta,\ 0 \leqslant \theta \leqslant \frac{\pi}{4}\right\}$$

【案例分析】

$$\text{原式} = \iint\limits_D r\sin\theta\sqrt{1-r^2(\cos^2\theta-\sin^2\theta)}\ r\mathrm{d}r\mathrm{d}\theta = \iint\limits_D y\sqrt{1-x^2-y^2}\mathrm{d}x\mathrm{d}y$$

其中 $D = \{(x,y)| 0 \leqslant x \leqslant 1,\ 0 \leqslant y \leqslant x\}$，于是

$$I = \int_0^1\mathrm{d}x\int_0^x y\sqrt{1-x^2-y^2}\mathrm{d}y = \frac{1}{2}\int_0^1\mathrm{d}x\int_0^x \sqrt{1-x^2-y^2}\mathrm{d}(1-x^2-y^2) = \frac{1}{3}\int_0^1\left[1-(1-x^2)^{\frac{3}{2}}\right]\mathrm{d}x$$

$$= \frac{1}{3} - \int_0^{\frac{\pi}{2}}\cos^4\theta\mathrm{d}\theta = \frac{1}{3} - \frac{3}{16}\pi$$

2. 交换积分的顺序

【例 6-34】交换 $\int_0^{2a}\mathrm{d}x\int_{\sqrt{2ax-x^2}}^{\sqrt{2ax}} f(x,y)\mathrm{d}y$ 的积分顺序.

【案例分析】原式 $= \iint\limits_D f(x,y)\mathrm{d}x\mathrm{d}y$

其中 D 由 $y = \sqrt{2ax-x^2}$ 和 $y = \sqrt{2ax}$ 以及 $x = 2a$ 所围成，$D = D_1 \cup D_2 \cup D_3$.

由 $y = \sqrt{2ax}$ 解出 $x = \dfrac{y^2}{2a}$，由 $y = \sqrt{2ax-x^2}$ 解出 $x = a \pm \sqrt{a^2-y^2}$.

因此按另一顺序把二重积分化为对三块小区域的累次积分，得

$$\text{原式} = \int_0^a\mathrm{d}y\int_{\frac{y^2}{2a}}^{a-\sqrt{a^2-y^2}} f(x,y)\mathrm{d}x + \int_0^a\mathrm{d}y\int_{a+\sqrt{a^2-y^2}}^{2a} f(x,y)\mathrm{d}x + \int_a^{2a}\mathrm{d}y\int_{\frac{y^2}{2a}}^{2a} f(x,y)\mathrm{d}x$$

【例 6-35】设 $f'(y)$ 存在，证明：$I = \int_0^a\mathrm{d}x\int_0^x \dfrac{f'(y)}{\sqrt{(a-x)(x-y)}}\mathrm{d}y = \pi[f(a)-f(0)]$.

【案例分析】积分区域如图 6-14 所示，交换积分次序：

$$I = \int_0^a \mathrm{d}y \int_y^a f'(y) \frac{\mathrm{d}x}{\sqrt{\left(\dfrac{a-y}{2}\right)^2 - \left(x - \dfrac{a+y}{2}\right)^2}}$$

令 $x - \dfrac{a+y}{2} = \dfrac{a-y}{2}\sin t$，则 $\mathrm{d}x = \dfrac{a-y}{2}\cos t\,\mathrm{d}t$，于是

$$I = \int_0^a f'(y)\mathrm{d}y \int_{-\frac{\pi}{2}}^{\frac{\pi}{2}} \frac{\dfrac{a-y}{2}\cos t}{\dfrac{a-y}{2}\cos t}\mathrm{d}t = \pi \int_0^a f'(y)\mathrm{d}y = \pi\left[f(a) - f(0)\right]$$

图 6-14

6.3.3 典型真题分析与讲解

【例 6-36】（2008 年竞赛真题）设 D 为 $y = x$，$x = 0$，$y = 1$ 所围区域（见图 6-15），求 $\iint_D \arctan y\,\mathrm{d}x\mathrm{d}y$.

【案例分析】由积分区域可知 $D:\{0 \leqslant y \leqslant 1, 0 \leqslant x \leqslant y\}$，则

$$\iint_D \arctan y\,\mathrm{d}x\mathrm{d}y = \int_0^1 \mathrm{d}y \int_0^y \arctan y\,\mathrm{d}x$$

$$= \int_0^1 y\arctan y\,\mathrm{d}y$$

$$= \frac{1}{2}\left(y^2\arctan y\Big|_0^1 - \int_0^1 \frac{y^2}{1+y^2}\mathrm{d}y\right)$$

$$= \frac{\pi}{8}$$

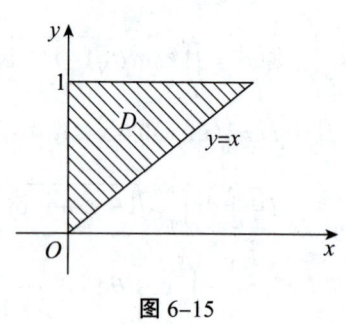

图 6-15

【例 6-37】（2020 年竞赛真题）求 $\iint_D \dfrac{\mathrm{e}^x - \sqrt{x}\mathrm{e}^{y^2}}{x}\mathrm{d}x\mathrm{d}y$，其中 D 由 $y = \sqrt{x}$，$y = 0$，$x = 1$ 所围成.

【案例分析】由积分区域可知 $D:\{0 \leqslant x \leqslant 1, 0 \leqslant y \leqslant \sqrt{x}\}$，则

$$\iint_D \frac{\mathrm{e}^x - \sqrt{x}\mathrm{e}^{y^2}}{x}\mathrm{d}x\mathrm{d}y = \int_0^1 \mathrm{d}x \int_0^{\sqrt{x}} \frac{\mathrm{e}^x - \sqrt{x}\mathrm{e}^{y^2}}{x}\mathrm{d}y = \int_0^1 \mathrm{d}x \int_0^{\sqrt{x}}\left(\frac{\mathrm{e}^x}{x} - \frac{\sqrt{x}\mathrm{e}^{y^2}}{x}\right)\mathrm{d}y$$

$$= \int_0^1 \mathrm{d}x \int_0^{\sqrt{x}} \frac{\mathrm{e}^x}{x}\mathrm{d}y - \int_0^1 \mathrm{d}x \int_0^{\sqrt{x}} \frac{\sqrt{x}\mathrm{e}^{y^2}}{x}\mathrm{d}y = \int_0^1 \frac{\mathrm{e}^x}{\sqrt{x}}\mathrm{d}x - \int_0^1\left(\int_0^{\sqrt{x}}\frac{\sqrt{x}\mathrm{e}^{y^2}}{x}\mathrm{d}y\right)\mathrm{d}x$$

$$= \int_0^1 \frac{\mathrm{e}^x}{\sqrt{x}}\mathrm{d}x - \int_0^1\left(\int_0^{\sqrt{x}} \frac{\sqrt{x}\mathrm{e}^{y^2}}{x}\mathrm{d}y\right)\mathrm{d}x = \int_0^1 \frac{\mathrm{e}^x}{\sqrt{x}}\mathrm{d}x - \int_0^1\left(\frac{1}{\sqrt{x}}\int_0^{\sqrt{x}}\mathrm{e}^{y^2}\mathrm{d}y\right)\mathrm{d}x$$

$$= \int_0^1 \frac{\mathrm{e}^x}{\sqrt{x}}\mathrm{d}x - 2\int_0^1\left(\int_0^{\sqrt{x}}\mathrm{e}^{y^2}\mathrm{d}y\right)\mathrm{d}\sqrt{x} = \int_0^1 \frac{\mathrm{e}^x}{\sqrt{x}}\mathrm{d}x - 2\int_0^1 \mathrm{e}^{y^2}\mathrm{d}y + 2\int_0^1 \sqrt{x}\,\mathrm{d}\left(\int_0^{\sqrt{x}}\mathrm{e}^{y^2}\mathrm{d}y\right)$$

$$= \int_0^1 \frac{e^x}{\sqrt{x}} dx - 2\int_0^1 e^{y^2} dy + 2\int_0^1 \sqrt{x} \cdot \frac{1}{2} \frac{e^x}{\sqrt{x}} dx$$

$$= 2\int_0^1 e^{t^2} dt - 2\int_0^1 e^{y^2} dy + e - 1$$

$$= e - 1$$

【例 6-38】（2019 年竞赛真题）计算 $I = \iint \frac{1 - x^3 y^2}{(y + 2\sqrt{1-x^2})^2} dxdy$，其中 $D: x^2 + y^2 \leq 1, -y \leq x \leq y$.

【案例分析】 $I = \iint_D \frac{1}{(y + 2\sqrt{1-x^2})^2} dxdy - \iint_D \frac{x^3 y^2}{(y + 2\sqrt{1-x^2})^2} dxdy$

$$= 2\iint_{D_1} \frac{1}{(y + 2\sqrt{1-x^2})^2} dxdy - 0 \quad (D_1 \text{ 是第一卦限的部分})$$

$$= 2\int_0^{\frac{\sqrt{2}}{2}} dx \int_x^{\sqrt{1-x^2}} \frac{1}{(y + 2\sqrt{1-x^2})^2} dy = 2\int_0^{\frac{\sqrt{2}}{2}} \frac{-1}{y + 2\sqrt{1-x^2}} \bigg|_x^{\sqrt{1-x^2}} dx$$

$$= 2\int_0^{\frac{\sqrt{2}}{2}} \frac{-1}{y + 2\sqrt{1-x^2}} \bigg|_x^{\sqrt{1-x^2}} dx = -\frac{2}{3}\int_0^{\frac{\sqrt{2}}{2}} \frac{1}{\sqrt{1-x^2}} dx + 2\int_0^{\frac{\sqrt{2}}{2}} \frac{1}{x + 2\sqrt{1-x^2}} dx$$

$$= -\frac{2}{3} \arcsin x \bigg|_0^{\frac{\sqrt{2}}{2}} + 2\int_0^{\frac{\pi}{4}} \frac{\cos t}{\sin t + 2\cos t} dt$$

$$= -\frac{\pi}{6} + 2\int_0^{\frac{\pi}{4}} \frac{\frac{1}{5}(\sin t + 2\cos t)^2 + \frac{2}{5}(\sin t + 2\cos t)^2}{\sin t + 2\cos t} dt$$

$$= -\frac{\pi}{6} + 2\left[\frac{1}{5}\ln(\sin t + 2\cos t) + \frac{2}{5}t\right]\bigg|_0^{\frac{\pi}{4}}$$

$$= \frac{\pi}{30} + \frac{2}{5}\left(\ln 3 - \frac{3}{2}\ln 2\right)$$

【例 6-39】（2018 年竞赛真题）试求二重积分 $\int_{-1}^1 dx \int_x^{2-|x|} (e^{|y|} + \sin(x^3 y^3)) dy$.

【案例分析】 用直线 $y = -x$ 将区域 D 分割成上下两部分 D_1、D_2. D_1 关于 y 轴对称，D_2 关于 x 轴对称，所以 $\sin(x^3 y^3)$ 在两个区间的积分都等于零，于是可得

原式 $= \iint_{D_1} e^{|y|} dxdy + \iint_{D_2} e^{|y|} dxdy$

$$= 2\iint_{D_1(x \leq 0)} e^{|y|} dxdy + \iint_{D_2(y \geq 0)} e^{|y|} dxdy \, (D' = D_1(x \leq 0) \cup D_2(y \geq 0))$$

$$= 2\iint_{D'} e^y dxdy = 2\int_{-1}^0 dx \int_0^{2+x} e^y dy$$

$$= 2\int_{-1}^0 (e^{2+x} - 1) dx = 2(e^{2+x} - 1)\bigg|_{-1}^0 = 2(e^2 - e - 1)$$

【例 6-40】（2010年竞赛真题）求二重积分 $\iint_D (\cos^2 x + \sin^2 y) dx dy$，其中 $D: x^2 + y^2 \leq 1$.

【案例分析】区域 D 关于 $y = x$ 对称，于是可得

$$\iint_D (\cos^2 x + \sin^2 y) dx dy = \iint_D (\cos^2 y + \sin^2 x) dx dy$$

则

$$原式 = \frac{1}{2}\left[\iint_D (\cos^2 x + \sin^2 y) dx dy + \iint_D (\cos^2 y + \sin^2 x) dx dy\right]$$

$$= \frac{1}{2} \iint_D (\cos^2 x + \sin^2 y + \cos^2 y + \sin^2 x) dx dy$$

$$= \iint_D dx dy = \pi$$

基础训练题（二）

1. 设 $f(x, y)$ 是连续函数，则二次积分 $\int_{-1}^{0} dx \int_{x+1}^{\sqrt{1+x^2}} f(x, y) dy = ($).

A. $\int_0^1 dy \int_{-1}^{y-1} f(x, y) dx + \int_1^2 dy \int_{-1}^{\sqrt{y^2-1}} f(x, y) dx$

B. $\int_0^1 dy \int_{-1}^{y-1} f(x, y) dx$

C. $\int_0^1 dy \int_{-1}^{y-1} f(x, y) dx + \int_1^{\sqrt{2}} dy \int_{-1}^{-\sqrt{y^2-1}} f(x, y) dx$

D. $\int_0^2 dy \int_{-1}^{-\sqrt{y^2-1}} f(x, y) dx$

2. 设函数 $f(x, y)$ 在区域 $D: y \leq -x$，$y \geq x^2$ 上连续，则二重积分 $\iint_D f(x, y) dx dy$ 可化累次积分为 ( ).

A. $\int_{-1}^0 dx \int_{\sqrt{-x}}^{x^2} f(x, y) dy$

B. $\int_{-1}^0 dx \int_{-\sqrt{x}}^{x^2} f(x, y) dy$

C. $\int_0^1 dy \int_{-\sqrt{y}}^{-y^2} f(x, y) dx$

D. $\int_0^1 dy \int_{\sqrt{y}}^{y^2} f(x, y) dx$

3. 设 $f(x,y)$ 为连续函数，则二次积分 $\int_0^1 dy \int_{\frac{1}{2}y^2}^{\sqrt{3-y^2}} f(x,y) dx$ 可交换积分次序为 ( ).

A. $\int_0^1 dx \int_0^{\sqrt{2x}} f(x,y) dy + \int_1^{\sqrt{3}} dx \int_0^{\sqrt{3-x^2}} f(x,y) dy$

B. $\int_0^{\frac{1}{2}} dx \int_0^{\sqrt{2x}} f(x,y) dy + \int_{\frac{1}{2}}^{\sqrt{2}} dx \int_0^1 f(x,y) dy + \int_{\sqrt{2}}^{\sqrt{3}} dx \int_0^{\sqrt{3-x^2}} f(x,y) dy$

C. $\int_0^1 dx \int_{\sqrt{2x}}^{\sqrt{3-x^2}} f(x,y) dy$

D. $\int_0^{\frac{\pi}{2}} d\theta \int_{\frac{2\cos\theta}{\sin^2\theta}}^{\sqrt{3}} f(r\cos\theta, r\sin\theta) r dr$

4. 计算二重积分 $\iint_D (x-y^2) dxdy$，其中 $D: 0 \leq y \leq \sin x$，$0 \leq x \leq \pi$.

5. 计算二重积分 $\iint_D xy\,dxdy$，其中 D 是由曲线 $y = x^2$，直线 $y = 0$，$x = 2$ 所围成的区域.

6. 计算二重积分 $\iint_D \sqrt{x}y\,dxdy$，其中 D 为由 $y = x$，$y = 2x$，$x = 4$ 所围成的区域.

7. 计算二重积分 $\iint_D xy\,dxdy$，其中 $D: x \leq y \leq \sqrt{3}x$，$1 \leq x \leq 2$.

拔高训练题（二）

1. 设 $f(x, y)$ 为连续函数，则 $\int_0^1 dx \int_0^{x^2} f(x, y) dy + \int_1^2 dx \int_0^{2-x} f(x, y) dy$ 可交换积分次序为（　　）.

A. $\int_0^1 dy \int_0^y f(x, y) dx + \int_1^2 dy \int_0^{2-y} f(x, y) dx$

B. $\int_0^1 dy \int_0^{x^2} f(x, y) dx + \int_1^2 dy \int_0^{2-x} f(x, y) dx$

C. $\int_0^1 dy \int_{\sqrt{y}}^{2-y} f(x, y) dx$

D. $\int_0^1 dy \int_{x^2}^{2-x} f(x, y) dx$

2. 若区域 D 为 $(x-1)^2 + y^2 \leq 1$，则二重积分 $\iint_D f(x, y) dx dy$ 化成累次积分为（　　）.

A. $\int_0^\pi d\theta \int_0^{2\cos\theta} F(r, \theta) dr$ 　　　　B. $\int_{-\pi}^{\pi} d\theta \int_0^{2\cos\theta} F(r, \theta) dr$

C. $\int_{-\frac{\pi}{2}}^{\frac{\pi}{2}} d\theta \int_0^{2\cos\theta} F(r, \theta) dr$ 　　　　D. $2\int_0^{\frac{\pi}{2}} d\theta \int_0^{2\cos\theta} F(r, \theta) dr$

其中 $F(r, \theta) = f(r\cos\theta, r\sin\theta) r$.

3. 若区域 D 为 $x^2 + y^2 \leq 2x$，则二重积分 $\iint_D (x+y)\sqrt{x^2+y^2} dx dy$ 化成累次积分为（　　）.

A. $\int_{-\frac{\pi}{2}}^{\frac{\pi}{2}} d\theta \int_0^{2\cos\theta} (\cos\theta + \sin\theta)\sqrt{2r\cos\theta} r dr$ 　　B. $\int_0^\pi (\cos\theta + \sin\theta) d\theta \int_0^{2\cos\theta} r^3 dr$

C. $2\int_0^{\frac{\pi}{2}} (\cos\theta + \sin\theta) d\theta \int_0^{2\cos\theta} r^3 dr$ 　　D. $2\int_{-\frac{\pi}{2}}^{\frac{\pi}{2}} (\cos\theta + \sin\theta) d\theta \int_0^{2\cos\theta} r^3 dr$

4. 设有界闭域 D_1 与 D_2 关于 y 轴对称，且 $D_1 \cap D_2 = \varnothing$，$f(x, y)$ 是定义在 $D_1 \cup D_2$ 上的连续函数，则二重积分 $\iint_D f(x^2, y) dx dy = $（　　）.

A. $2\iint_{D_1} f(x^2, y) dx dy$ 　　　　B. $4\iint_{D_2} f(x^2, y) dx dy$

C. $4\iint\limits_{D_1} f(x^2, y)\mathrm{d}x\mathrm{d}y$ \qquad\qquad D. $\dfrac{1}{2}\iint\limits_{D_2} f(x^2, y)\mathrm{d}x\mathrm{d}y$

5. 若区域 D 为 $|x| \leqslant 1$, $|y| \leqslant 1$, 则 $\iint\limits_{D} x\mathrm{e}^{\cos(xy)}\sin(xy)\mathrm{d}x\mathrm{d}y = ($ \quad $)$.

A. e \qquad\qquad B. e^{-1} \qquad\qquad C. 0 \qquad\qquad D. π

6. 二重积分的有关等式证明.

（1）已知 $f(x)$ 在 $[0, a]$ 上连续且可积，证明：$2\int_0^a f(x)\mathrm{d}x \int_x^a f(y)\mathrm{d}y = \left[\int_0^a f(x)\mathrm{d}x\right]^2$；

（2）设 $f(u)$ 为连续函数，证明：$\iint\limits_{x^2+y^2 \leqslant 1} f(x+y)\mathrm{d}\sigma = \int_{-\sqrt{2}}^{\sqrt{2}} \sqrt{2-u^2} f(u)\mathrm{d}u$.

7. 二重积分的有关不等式证明.

（1）设 $f(x)$ 在 $[a, b]$ 上连续，证明：$(\int_a^b f(x)\mathrm{d}x)^2 \leqslant (b-a)\int_a^b f^2(x)\mathrm{d}x$；

（2）设 $f(x)$ 在 $[a, b]$ 上连续，且 $f(x) > 0$，证明：$\int_a^b f(x)\mathrm{d}x \int_a^b \dfrac{1}{f(x)}\mathrm{d}x \geqslant (b-a)^2$；

（3）设 $f(x)$、$g(x)$ 均为 $[a,b]$ 上严格单调增加的连续函数，证明：
$$(b-a)\int_a^b f(x)g(x)\mathrm{d}x > \int_a^b f(x)\mathrm{d}x \int_a^b g(x)\mathrm{d}x$$

8. 利用积分区域的对称性.

（1）设 $f(u)$ 连续，计算 $\iint_D x\left[1+yf(x^2+y^2)\right]\mathrm{d}\sigma$，其中 D 由曲线 $y=x^3$，$y=1$，$x=-1$ 所围成；

（2）$\iint_D x\sin(x^2+y)\cos(x^2-y)\mathrm{d}\sigma$，其中 $D:0\leqslant x\leqslant 1,|y|\leqslant 1$；

（3）$\iint_D \sin x^2 \cos y^2 \mathrm{d}\sigma$，其中 $D:x^2+y^2\leqslant R^2$.

基础训练题答案（二）

1. C.

2. C.

3. B.

4. 原式 $= \int_0^\pi dx \int_0^{\sin x}(x-y^2)dy$

$= \int_0^x \left(x\sin x - \frac{1}{3}\sin^3 x\right)dx$

$= \pi - \frac{4}{9}$

5. 原式 $= \int_0^2 x dx \int_0^{x^2} y dy$

$= \frac{1}{2}\int_0^2 x^5 dx$

$= \frac{16}{3}$

6. 原式 $= \int_0^4 dx \int_x^{2x} \sqrt{x} y dy$

$= \int_0^4 \frac{3}{2} x^2 \sqrt{x} dx$

$= \frac{384}{7}$

7. 原式 $= \int_1^2 x dx \int_x^{\sqrt{3}x} y dy$

$= \int_1^2 x^3 dx$

$= 3\frac{3}{4}$

拔高训练题答案（二）

1. C.　　2. C.　　3. D.　　4. A.　　5. C.　　6~8. 略.

本章测试题（A）

一、选择题

1. 函数 $f(x, y)$ 在点 (x_0, y_0) 处连续是函数在该点可微的（　　）.

　A. 充分而不必要条件

　B. 必要而不充分条件

　C. 必要而且充分条件

　D. 既不必要也不充分条件

2. 对于二元函数 $z = f(x, y)$，下列结论正确的是（　　）.

　A. 若 $\lim\limits_{\substack{x \to x_0 \\ y \to y_0}} = A$，则必有 $\lim\limits_{x \to x_0} f(x, y) = A$ 且有 $\lim\limits_{y \to y_0} f(x, y) = A$

　B. 若在点 (x_0, y_0) 处 $\dfrac{\partial z}{\partial x}$ 和 $\dfrac{\partial z}{\partial y}$ 都存在，则在点 (x_0, y_0) 处 $z = f(x, y)$ 可微

　C. 若在点 (x_0, y_0) 处 $\dfrac{\partial z}{\partial x}$ 和 $\dfrac{\partial z}{\partial y}$ 存在且连续，则在点 (x_0, y_0) 处 $z = f(x, y)$ 可微

　D. 若 $\dfrac{\partial^2 z}{\partial x^2}$ 和 $\dfrac{\partial^2 z}{\partial y^2}$ 都存在，则 $\dfrac{\partial^2 z}{\partial x^2} = \dfrac{\partial^2 z}{\partial y^2}$

3. 设 D 为区域 $x^2 + y^2 \leqslant 2ax\ (a > 0)$，化积分 $\iint\limits_{D} F(x, y)\mathrm{d}\sigma$ 为二次积分的正确方法是（　　）.

　A. $\displaystyle\int_0^{2a}\mathrm{d}x\int_{-a}^{a} f(x, y)\mathrm{d}y$ 　　　　B. $2\displaystyle\int_0^{2a}\mathrm{d}x\int_0^{\sqrt{2a-x^2}} f(x, y)\mathrm{d}y$

　C. $\displaystyle\int_0^{a}\mathrm{d}\theta\int_{-a}^{2a\cos\theta} f(\rho\cos\theta, \rho\sin\theta)\rho\mathrm{d}\rho$ 　　D. $\displaystyle\int_{-\frac{\pi}{2}}^{\frac{\pi}{2}}\mathrm{d}\theta\int_0^{2a\cos\theta} f(\rho\cos\theta, \rho\sin\theta)\rho\mathrm{d}\rho$

4. 设 $I = \displaystyle\int_1^3 \mathrm{d}x\int_0^{\ln x} f(x, y)\mathrm{d}y$，改变积分次序，则 $I=$（　　）.

　A. $\displaystyle\int_0^{\ln 3}\mathrm{d}y\int_0^{e^y} f(x, y)\mathrm{d}x$ 　　　　B. $\displaystyle\int_0^{\ln 3}\mathrm{d}y\int_{e^y}^{3} f(x, y)\mathrm{d}x$

　C. $\displaystyle\int_0^{\ln 3}\mathrm{d}y\int_0^{3} f(x, y)\mathrm{d}x$ 　　　　D. $\displaystyle\int_1^{3}\mathrm{d}y\int_0^{\ln x} f(x, y)\mathrm{d}x$

5. 二次积分 $\int_0^{\frac{\pi}{2}} d\theta \int_0^{\cos\theta} f(\rho\cos\theta, \rho\sin\theta)\rho d\rho$ 可以写成（　　）.

A. $\int_0^1 dy \int_0^{\sqrt{y-y^2}} f(x, y)dx$ 　　　　B. $\int_0^1 dy \int_0^{\sqrt{1-y^2}} f(x, y)dx$

C. $\int_0^1 dx \int_0^1 f(x, y)dy$ 　　　　D. $\int_0^1 dx \int_0^{\sqrt{x-x^2}} f(x, y)dy$

二、解答题

1. 设 $z = f(xy, y)$，其中 f 具有二阶连续偏导数，求 $\dfrac{\partial^2 z}{\partial x \partial y}$.

2. 设 $\ln\sqrt{x^2+y^2} = \arctan\dfrac{y}{x}$，求 $\dfrac{dy}{dx}$.

3. 设 $\dfrac{x}{z} = \ln\dfrac{z}{y}$，求 $\dfrac{\partial z}{\partial x}$.

4. 将周长为 $2p$ 的矩形绕它的一边旋转得一圆柱体，问矩形的边长各为多少时，所得圆柱体的体积为最大？

本章测试题（B）

一、填空题

1. 设 $f(x,y) = \sin x + (y-1)\ln(x^2+y^2)$，则 $f'_x(0,1) = \underline{\qquad}$.

2. 设 D 由曲线 $\rho = a\sin\theta$，$\rho = a$ 所围成，则 $\iint\limits_D dxdy = \underline{\qquad}$.

3. 设 $f(x,y)$ 在 $[0,1]$ 上连续，若 $\int_0^1 f(x)dx = 3$，则 $\int_0^1 dx \int_0^1 f(x)f(y)dy = \underline{\qquad}$.

4. 若 $f(x,y) = xy^3 + (x-1)\arccos\dfrac{y^2}{2x}$，则 $f'_y(1,y) = \underline{\qquad}$.

5. 积分 $\int_0^2 dx \int_x^2 e^{-y^2} dy$ 的值等于 $\underline{\qquad}$.

二、解答题

1. 设 $\sin y + e^x - xy^2 = 0$，求 $\dfrac{dy}{dx}$.

2. 计算二重积分 $\iint\limits_D (3x+2y)dxdy$，其中 D 是由直线 $x=0$，$y=0$，$x+y=2$ 所围成的闭区域.

3. 改变二次积分 $I = \int_0^2 dy \int_{y^2}^{2y} f(x, y) dx$ 的积分次序.

4. 计算二重积分 $\iint\limits_D (3x + 2y) dxdy$，其中 D 是由直线 $x = 0$，$y = 0$，$y = x - 1$ 所围成的闭区域.

5. 计算 $I = \iint\limits_D |x - y^2| d\sigma$，其中 $D: -1 \leqslant y \leqslant 1, 0 \leqslant x \leqslant 1$.

6. 计算 $I = \iint\limits_D |x^2 + y^2 - 2| d\sigma$，其中 $D: x^2 + y^2 \leqslant 3$.

7. 求由锥面 $z^2 = x^2 + y^2$ 与圆柱面 $x^2 + y^2 = ax(a > 0)$ 所围成的立体的体积.

本章测试题答案（A）

一、选择题

1. B.　　2. C.　　3. D.　　4. B.　　5. D.

二、解答题

1. $\dfrac{\partial z}{\partial x} = y f_1'$

$$\dfrac{\partial^2 z}{\partial x \partial y} = \dfrac{\partial}{\partial y}\left(\dfrac{\partial z}{\partial x}\right) = \dfrac{\partial}{\partial y}(y f_1') = f_1' + y(x f_{11}'' + f_{12}'')$$

2. 方程两边对 x 求导得

$$\dfrac{1}{\sqrt{x^2+y^2}} \cdot \dfrac{1}{2\sqrt{x^2+y^2}}(2x+2yy') = \dfrac{1}{1+\left(\dfrac{y}{x}\right)^2} \cdot \dfrac{xy'-y}{x^2}$$

由此得 $y' = \dfrac{x+y}{x-y}$.

3. 方程 $\dfrac{x}{z} = \ln z - \ln y$ 两边同时对 x 求导得

$$\dfrac{z - x\dfrac{\partial z}{\partial x}}{z^2} = \dfrac{1}{z}\dfrac{\partial z}{\partial x}, \quad \dfrac{\partial z}{\partial x} = \dfrac{z}{x+z}$$

4. 目标函数：$V = \pi x^2 y$，附加条件：$x + y = p$，$L(x, y) = \pi x^2 y + \lambda(x + y - p)$. 解方程组：

$$\begin{cases} L_x = 2\pi xy + \lambda = 0 \\ L_y = \pi x^2 + \lambda = 0 \\ x + y = p \end{cases}$$

得唯一可能极值点：$x = \dfrac{2}{3}p$，$y = \dfrac{1}{3}p$.

故当矩形的边长分别为 $\dfrac{2}{3}p$ 和 $\dfrac{1}{3}p$ 时，绕短边旋转所得到圆柱体的体积最大，且其体积为 $V = \dfrac{4}{27}\pi p^3$.

本章测试题答案（B）

一、填空题

1. 1.　　2. $\dfrac{3}{4}\pi a^2$.　　3. 9.　　4. $3y^2$.　　5. $\dfrac{1}{2}(1-\mathrm{e}^{-4})$.

二、解答题

1. 方程两边对 x 同时求导得

$$\cos y \cdot y' + \mathrm{e}^x - y^2 - 2xyy' = 0$$

由此得 $y' = \dfrac{\mathrm{e}^x - y^2}{2xy - \cos y}$

2. $\iint (3x+2y)\mathrm{d}x\mathrm{d}y = \int_0^2 \mathrm{d}x \int_0^{2-x}(3x+2y)\mathrm{d}y = \int_0^2 (3xy+y^2)\Big|_0^{2-x}\mathrm{d}x$

$\qquad\qquad\qquad\qquad = \int_0^2 (2x - 2x^2 + 4)\mathrm{d}x = \left(x^2 - \dfrac{2}{3}x^3 + 4x\right)\Big|_0^2 = \dfrac{20}{3}$

3. 积分区域为 $D: 0 \leqslant y \leqslant 2,\ y^2 \leqslant x \leqslant 2y$.

D 也可表示为 $D: 0 \leqslant x \leqslant 4,\ \dfrac{x}{2} \leqslant y \leqslant \sqrt{x}$, 所以

$$I = \int_0^4 \mathrm{d}x \int_{\frac{x}{2}}^{\sqrt{x}} f(x,y)\mathrm{d}y$$

4. $\iint_D (3x+2y)\mathrm{d}x\mathrm{d}y = \int_0^1 \mathrm{d}x \int_{x-1}^0 (3x+2y)\mathrm{d}y = \int_0^1 (3xy+y^2)\Big|_{x-1}^0 \mathrm{d}x$

$\qquad\qquad\qquad\qquad = -\int_0^1 (4x^2 - 5x + 1)\mathrm{d}x = \dfrac{1}{6}$

5. $\dfrac{11}{15}$.

6. $\dfrac{5\pi}{2}$.

7. $\dfrac{8}{9}a^3$.

本章小结

（1）多元函数微分学的内容是与一元函数微分学相互对应的．由于从一元到二元会产生一些新的问题，而从二元到多元往往是形式上的类推，因此以二元函数为代表进行讨论．

如果把自变量看成一点 P，那么对于一元函数，点 P 在区间上变化；对于二元函数 $f(x,y)$，点 $P(x,y)$ 将在一平面区域中变化．这样，无论对一元、二元或多元函数，都可以统一写成 $u=f(P)$，它称为点函数．利用点函数，可以把一元和多元函数的极限和连续统一表示成 $\lim\limits_{P \to P_0} f(P) = A$，$\lim\limits_{P \to P_0} f(P) = f(P_0)$．

（2）二元函数微分学与一元函数微分学相比，其根本区别在于自变量点 P 的变化从一维（区间）发展成二维（区域）．在区间上，点 P 的变化只能有左右两个方向；对区域来说，点 P 的变化则可以有无限多个方向．这就是研究二元函数所产生的一切新问题的根源．例如，考察二元函数的极限：

$$\lim_{\substack{x \to 0 \\ y \to 0}} \frac{xy}{x^2+y^2}$$

容易看出，如果先让 $x \to 0$ 再让 $y \to 0$，那么

$$\lim_{y \to 0}\left(\lim_{x \to 0} \frac{xy}{x^2+y^2}\right) = \lim_{y \to 0} 0 = 0$$

同样，先让 $y \to 0$ 再让 $x \to 0$，也得到

$$\lim_{x \to 0}\left(\lim_{y \to 0} \frac{xy}{x^2+y^2}\right) = 0，$$

但是若让 (x,y) 沿直线 $y=kx\,(k \neq 0)$ 而趋于 $(0,0)$，则有

$$\lim_{\substack{x \to 0 \\ y \to kx}} \frac{xy}{x^2+y^2} = \lim_{x \to 0} \frac{kx^2}{x^2(1+k^2)} = \frac{k}{1+k^2}$$

它将随 k 的不同而具有不同的值，因此极限 $\lim\limits_{\substack{x \to 0 \\ y \to 0}} \frac{xy}{x^2+y^2}$ 不存在，从这里可以体会到，从一维跨入二维后情况会变得多么复杂．

又如，在一元函数中，函数在可导点处必定连续，但是对二元函数来说，这一结论

并不一定成立.

多元可导函数与一元可导函数的这一重大差异可能使初学者感到诧异,其实仔细想一想是可以理解的. 因为偏导数 $f'_x(0,0)$ 实质上是一元函数 $f(x,0)$ 在 $x=0$ 处关于 x 的导数. 它的存在只保证了一元函数 $f(x,0)$ 在 $x=0$ 处的连续. 同理,偏导数 $f'_y(0,0)$ 的存在保证了 $f(0,y)$ 在 $y=0$ 处的连续. 从几何意义来看,$z=f(x,y)$ 是一张曲面,$z=f(x,0)$,$y=0$ 为它与平面 $y=0$ 的交线;$z=f(0,y)$,$x=0$ 为它与平面 $x=0$ 的交线. 函数 $z=f(x,y)$ 在点 $(0,0)$ 处的可导,仅仅保证了上述两条交线在 $(0,0)$ 处连续,当然不足以说明二元函数 $z=f(x,y)$ 即曲面本身一定在点 $(0,0)$ 处连续.

(3)在一元函数中,可微与可导这两个概念是等价的. 但是对二元函数来说,可微性要比可导性强,我们知道,二元函数的可导不能保证函数的连续,但若 $z=f(x,y)$ 在点 (x_0,y_0) 处可微,即全微分存在,那么有全增量的表达式:

$$\Delta z = f'_x(x_0,y_0)\Delta x + f'_y(x_0,y_0)\Delta y + o(\rho)$$

其中当 $\rho \to 0$ 时,$o(\rho) \to 0$,从而

$$\lim_{\substack{\Delta x=0 \\ \Delta y=0}} \Delta z = 0$$

因此如果函数在点 (x_0,y_0) 处可微,那么它在点 (x_0,y_0) 处必连续.

函数是否可微从定义本身可以检验,但不太方便. 然而有一个很简便的充分条件:若 $f(x,y)$ 在点 (x_0,y_0) 处不仅可导而且偏导数连续,则 $f(x,y)$ 必在点 (x_0,y_0) 处可微. 函数 $f(x,y)$ 的偏导数是容易求得的,求出两个偏导数后在它们连续的点处,全微分立即可以写出:

$$dz = f'_x(x,y)dx + f'_y(x,y)dy$$

(4)二元函数的极限、连续、偏导、可微关系图如图 6-16 所示.

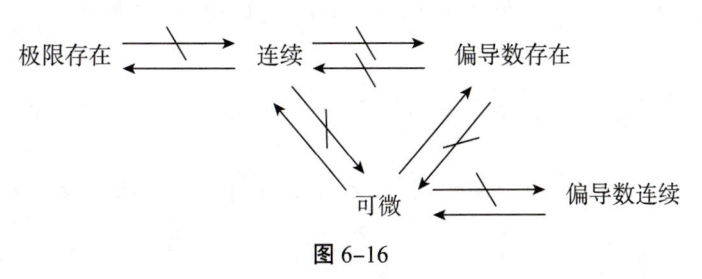

图 6-16

(5)求多元函数偏导数的方法,实质上就是一元函数求导法. 例如,对 x 求偏导,就是把其余自变量都暂时看成常量,从而函数就变成是 x 的一元函数. 这时一元函数的所有

求导公式和法则统统可以使用.

对于多元复合函数求导, 在一些简单的情况, 当然可以把它们先复合再求偏导数, 但是当复合关系比较复杂时, 先复合再求导往往繁杂易错. 如果复合关系中含有抽象函数, 先复合的方法有时就行不通. 这时, 复合函数的求导公式便显示了其优越性. 由于函数复合关系可以多种多样, 在使用求导公式时应仔细分析, 灵活运用.

（6）二元函数的极值不一定在驻点取得, 二元函数的极值还可能在偏导数不存在的点取得.

（7）在实际问题中, 需要解决的往往是求给定函数在特定区域中的最大值或最小值. 最大、最小值是全局性概念, 而极值却是局部性概念, 它们有区别也有联系. 如果连续函数的最大、最小值在区域内部取得, 那么它一定就是此函数的极大、极小值. 又若函数在区域内可导, 则它一定在驻点处取得极大、极小值. 由于从实际问题建立的函数往往都是连续可导函数, 因此最大（最小）值的存在性是显然的.

从实际问题所归纳的极值问题通常是条件极值. 条件极值和无条件极值是两个不同的概念. 我们所说的把条件极值化成无条件极值来处理, 并不是化成原来函数的无条件极值, 而是代入条件后化成减少了自变量的新函数的无条件极值.

（8）用拉格朗日乘数法求出的点可能是极值点, 到底是否为极值点还是要用极值存在的充分条件或其他方法判别. 但是, 若讨论的目标函数是从实际问题中得来, 且实际问题确有其值, 通过拉格朗日乘数法求得的可能极值点只有一个, 则此点就是极值点, 无需再判断.

（9）二重积分是一元函数定积分的推广与发展, 它们都是某种形式的和的极限, 即分割求和、取极限, 故可用微元法的思想来理解二重积分的概念与性质.

（10）直角坐标系中二重积分的计算问题关键是如何确定积分区域及确定 X 型区域还是 Y 型区域, 这也是本章的难点.

（11）直角坐标系中计算二重积分的基本技巧如下.

1）在定积分计算中, 如果 D 的形状不能简单地用类似 $\begin{cases} \varphi_1(x) \leqslant y \leqslant \varphi_2(x) \\ a \leqslant x \leqslant b \end{cases}$ 或 $\begin{cases} \phi_1(y) \leqslant x \leqslant \phi_2(y) \\ c \leqslant y \leqslant d \end{cases}$ 的形式来表示, 那么可以将 D 分成若干块, 并由积分性质

$$\iint_D f(x,y) \mathrm{d}\sigma = \iint_{D_1} f(x,y) \mathrm{d}\sigma + \iint_{D_2} f(x,y) \mathrm{d}\sigma$$

对右端各式进行计算.

2）交换积分次序不仅要考虑到区域 D 的形状, 还要考虑被积函数的特点. 如果按照某一积分次序的积分比较困难, 那么交换积分次序后, 由于累次积分的积分函数（一元

积分）形式发生变化，可能会使新的积分次序下的积分容易计算，从而完成积分的求解. 但是无论是先对 x 积分，再对 y 积分，还是先对 y 积分，再对 x 积分，最终计算的结果应该是相同的. 一般的处理方法是由积分限确定积分区域 D，并按照新的积分次序将二重积分化成二次积分.

在选择积分次序时，应考虑以下几个方面的内容：①保证各层积分的原函数能够求出；②若 D 为 X 型 (Y 型)，则先对 $x(y)$ 积分；③若 D 既为 X 型又为 Y 型，且满足①时，则要使对 D 的分块最少.

3）利用对称性等公式简化计算.

（12）极坐标系中计算二重积分的基本技巧如下.

一般地，如果积分区域是圆域、扇形域或圆环形域，且被积函数为 $f(x^2+y^2)$、$f\left(\dfrac{y}{x}\right)$、$f\left(\dfrac{x}{y}\right)$ 等形式，往往采用极坐标系来计算二重积分.

（13）二重积分的应用主要在几何方面和物理方面. 几何应用之一是求曲线所围成平面图形的面积，应用之二是求曲面所围成的立体的体积；物理应用主要是求平面薄片的质量.

参考文献

［1］张巧文.《喜羊羊与灰太狼》营销启示录[J]. 中国商界，2009.
［2］佘志坤. 全国大学生数学竞赛指南[M]. 北京：科学出版社，2022.
［3］陆海霞，赵士银. 高等数学（上册）[M]. 上海：上海交通大学出版社，2021.
［4］陆海霞，赵士银. 高等数学（下册）[M]. 上海：上海交通大学出版社，2022.
［5］同济大学数学系. 高等数学（上册）[M]. 北京：高等教育出版社，2017.
［6］同济大学数学系. 高等数学（下册）[M]. 北京：高等教育出版社，2018.
［7］赵树嫄. 微积分[M]. 北京：中国人民大学出版社，2016.
［8］上海财经大学数学学院. 高等数学（上册）[M]. 北京：人民邮电出版社，2022.
［9］上海财经大学数学学院. 高等数学（下册）[M]. 北京：人民邮电出版社，2021.
［10］张天德，黄宗媛. 高等数学（上册）[M]. 北京：人民邮电出版社，2020.
［11］陈仲. 高等数学竞赛题解析教程[M]. 南京：东南大学出版社，2020.
［12］张圣勤，孙福兴，王星，等. 实用数学练习册：工程类[M]. 上海：复旦大学出版社，2015.